한국의 정체성 재정립과 사회통합을 위한

간문화주의와 다양성관리

Interculturalism and Diversity Management for the Reestablishment of Korean Identity and Social Integration

공저자

허영식 | 정창화 | 최치원 | 김진희 | 게오르크 바이세노(Georg Weißeno)

(주)박영story

머 리 말

우리 한국사회는 오늘날 세계화와 더불어 다문화사회를 향한 역동적인 변동과정을 겪고 있다. 체류 외국인이 점증하고, 인종·민족·종교·언어·사상이 상이한 사회구성원이 늘어나면서 단일민족과 단일문화에 기반을 두었던 기존의 사고방식과 생활방식이 상당 부분 도전을 받고 있다. 다문화와 한국의 정체성이라는 의제(agenda)에 비추어 볼 때, 특히 한국사회는 문화적 차이와 다양성의 증가를 경험하게 되면서, 우리 사회 및 구성원의 정체성 개념 역시 상당한 변화를 가져올 것으로 보인다.

근자에 문화적 차이와 다양성을 반영하거나 고려한 정체성개념으로는 혼성정체성, 다중정체성, 조망정체성, 이동정체성, 초국가정체성, 블러(blur)정체성, 하이픈(hyphenated)정체성, 다문화정체성, 간문화정체성, 포용정체성, 역동적 정체성, 디아스포라 정체성, 혼합된 혹은 파편화된 민족정체성, 그리고 심지어 디지털공간에서 작용하는 가상적 집단정체성 등이 거론되고 있다. 여기서 열거한 정체성 개념의 대부분은 단일문화 대신에 다문화주의·간문화주의·초문화주의와 긴밀하게 연관되며, 동화 대신에 다원주의, 배제나 배척 대신에 통합이나 포용을 더 많이 강조하는 경향이 있다.

이 맥락에서 특히 간문화주의의 이론적 기초를 살펴볼 때, 다문화적 현실(다문화성)에 대하여 여러 사회과학자들과 전문가들이 간문화담론·소통·대화를 통하여 보다 더 적절하게 대처해야 한다는 견해를 피력하고 있다. 이러한 지점에서 간문화만남·선택·변형을 확장하고 심화시키기 위한 탐색운동과 시험적 운동이 존재한다. 이러한 시도와 움직임은 네 가지 측면, 즉 사이에서 생각하고 행한다는 의미에서의 간성(interity), 인간과 환경 사이의 관계를 구성한다는 의미에서의 간문화성(inter-culturality), 투쟁과 대화로서의 간문화적 만남, 그리고 토론과 논쟁으로서의 간문화적 선택과 변형에서 다문화주의 및 초문화주의와 구별할 수 있다.

단일한 통일성(단일문화)과 다양성(다문화)으로 환원시킬 수 없는 간성 혹은 사이공간(space-in-between)은 우리 중 어느 누구도 홀로 무엇인가를 달성할 수 없는 것을 의미하며, 따라서 그 발생과정을 제3자가 임의로 조정할 수 없다는 점을 함축하고 있다. 또한 우리가 타자를 만날 경우, 단순히 바깥에서 만나는 것이 아니라, 오히려 우리가 살고 있는 생활세계의 내부에서, 우리가 살고 있는 나라와 문화에서 만나는 경우가 적지 않으며, 이때 낯섦의 정도도 역시 매우 다양한 양상을 띨 수 있다. 이것은 결국 자기 자신과 타자 사이의 연결과 결합 혹은 뒤얽힌 관계에서 연유한다.

간문화상황에서 발생할 수 있는 몰이해나 갈등의 잠재성이 노골적인 불쾌감으로 표출하거나 아니면 당사자나 참여자에게 심각한 피해와 고통을 주는 완력·폭력으로 비화되지 않도록 하기 위해서는 어떻게 해야 할 것인가? 예방적 차원에서 몰이해의 원인이나 출처를 일방적으로 타자에게서 찾거나 아니면 타자에게 화살을 돌리거나 하지 말고, 오히려 타자의 눈으로 바라보면서, 즉 타자의 시각·관점에서 자기 자신의 이해의 문제로 바라보려는 성찰적 자세와 태도가 요청된다. 진정한 의미에서 간문화이해가 성공적으로 이루어질 수 있는 개연성을 제고시키기 위해서는 사회적 관점취득과 더불어 필요한 경우 관점을 수정하고 전환하는 유연한 자세와 태도가 중요하다.

유럽에서는 네덜란드와 더불어 영국이 다문화주의 정책을 표방하고 실행에 옮긴 대표적인 나라로 간주되어 왔다. 그런데 2000년대에 접어들면서 일련의 사회적·정치적 사건을 배경으로 하여, 반(反)이민정책이 힘을 얻고 덩달아 다문화주의에 대한 비판 여론이 조성되었다. 특히 다문화주의가 분리주의의 조장, 공동의 사회적 가치 위협, 정치적 이유로 건전한 민주적 토론 방해, 극단주의 테러분자 양산, 흑인 청소년의 범죄 묵인, 여성억압의 기제로 이용된다는 점이 비판점으로 거론되었다. 한편 독일에서는 2000년대에 접어들어 다문화사회의 사회통합 및 국가정체성 문제와 관련하여 주도문화에 대한 논쟁이 시작되었다. 여기서 서로 대립한 대표적인 입장으로는 주도문화 대신에 헌정애국주의를 사회통합의 관건으로 간주하자는 관점과 헌정애국주의를 넘어서서 추가로 공통의 역사·전통·언어·종교 등 문화적인 요소를 사회통합을 위한 주도문화에 포함시켜야 한다는 관점을 들 수 있다.

다문화사회에서 각종 요인에 의해 당사자가 봉착할 수 있는 장애물을 최대한 제거하거나 감소시키는 데 중점을 두는 정책 프로그램을 간문화로 이해할 경우, 간문화에 입각한 아이디어와 조치는 현실적 사태에서 출발하며, 실용적인 관점을 취해야 하며, 여기서 제도가 준거점으로 작용한다. 장애물제거에 중점을 두고 간문화를 이해할 경우, 문화의 개념은 일차적으로 조직의 구성·운영원칙에 대한 질문과 관련이 있다. 이런 점에서 간문화를 '사이에 놓인 문화' 또는 '변동의 과정에 놓여 있는 구조'로 이해할 수 있다. 제도의 변화는 제도의 문화(조직원칙, 규칙과 규범), 인적자원의 구성, 물질적인 기초. 그리고 제도의 기본적인 전략 추진방향의 네 가지 차원에서 요청된다.

유럽은 문화적으로 점점 더 다양해지고 있다. 유럽연합(EU)의 확대, 유럽 내 시장에서 근로자의 자유로운 이동, 그리고 세계화는 많은 나라의 다문화적 성격을 강화시켰으며, 언어와 종교, 민족적·문화적 집단의 다양성을 증가시켰다. 이 맥락에서 유럽의 여러 사회는 기존의 다문화주의 및 동화주의 모형과 작별을 고하고 있다. 즉, 서로 상호작용하지 않는 상태에서 서로 다른 여러 문화가 병존하는 사회, 그리고 이주자로 하여금 다수의 정주민이 지배하는 주류문화에 적응하도록 기대하는 사회와는 거리를 두고자 하는 것이다.

이러한 의미에서 오늘날 다문화사회는 필수불가결하게 간문화소통을 하지 않으면 안 되는 상황에 놓여 있다고 할 수 있으며, 이를 적절하게 관리하고 대응하기 위해서 사회구성원들은 간문화능력을 갖출 것을 요구받고 있다. 다문화사회가 수반하는 사회통합의 여러 가지 문제를 해결하기 위한 관건은 바로 간문화에 방점을 두고 있으며, 특히 이론적으로 성찰된 실천적 간문화가 우리에게 요청된다. 결국 여러 문화의 만남을 위한 교차점도 간문화소통이고, 다문화적 공동생활의 구조를 위한 접점 혹은 연결고리도 역시 언제나 간문화소통인 것이다.

이러한 배경과 문제의식에서 출발하여, 이 책에서는 한국의 정체성 재정립과 사회통합을 위한 간문화주의와 다양성관리에 중점을 두고, 관련된 이론적 기초와 더불어 제도적·실천적 과제를 위해 탐색하고자 한다. 이러한 연구목적에 도달하기 위하여 우선 '간문화적 성찰과 시민교육 그리고 정체성 문제 고찰'(최치원)과 '대한민국 헌법 그리고 정체성에 대한 간문화적 성찰'(최치원)의 주제에 주의를 기울인다(제1장~제2장). 이어서 '간문화능력과 간문화교육에 대한 동향과 함의'(허영식·김진희), '다문화교육과 세계시민교육의 담론과 함의 고찰'(김진희·허영식), '다문화시대의 한국과 호주의 국제이해교육 특성과 과제'(김진희), 그리고 '간문화성과 유럽연합의 인권정책'(정창화·허영식)의 주제에 대해 논의한다(제3장~제6장). 그 다음 '사회통합방안으로서의 다양성관리에 대한 동향과 함의'(허영식·김진희), 그리고 '다문화사회에서 편견의 문제와 다양성관리'(허영식·정창화·김진희)의 주제를 다룬다(제7장~제8장).

이 책의 발간을 맡아주신 박영스토리 대표님과 편집 및 교정을 담당해주신 편집진에게 진심으로 감사의 말씀을 드린다. 또한 이 책의 원고를 쓰는 동안 옆에서 필자를 격려해주고 도움말을 주신 박영무·강현석·장준호 교수님에게도 감사드린다. 그리고 세심한 지원을 아끼지 않은 이도영·박푸름·최용민 선생님에게도 고마운 마음을 전하고 싶다.

2014년 4월

허영식·정창화·최치원·김진희·게오르크 바이세노

목 차

제 1 장

간문화적 성찰과 시민교육 그리고 정체성 문제 고찰[1)]

1) 제1장의 내용은 『인문과학연구』 제36집(2013.03.)에 게재한 필자의 글을 부분적으로 수정·보완한 것임.

〈국문초록〉

본 연구는 문화의 다양성과 공존을 인정하는 다문화주의적인 전제는 받아들이지만, 다른 한편 이 전제를 가지고는 문화들의 '사이'의 의미와 '사이'에서 나타나는 문제를 이해하고 해결하는 데는 한계가 있다는 '간문화성'의 입장에서 문화의 문제에 접근한다. 문화는 그 자체로 존재하기 보다는 과정적이며 구성적인 존재로서 현상하며, 현상된 문화들은 '사이(inter-, 혹은 in-between)'로 일컬어질 수 있는 관계의 망을 만들어 낸다. 본 연구는 우선 문화의 의미가 그 자체로 존재하고 있는 단위로서의 문화가 아니라 서로 관계를 맺는 문화들 '사이'에서 찾아진다는 것을 제시한다. 그리고 '간문화적 능력'과 '간문화적 의사소통' 개념의 맥락에서 '사이'의 영역이 문화들의 '소통'의 영역임을 밝힌다. 마지막으로 본 논의는 '간문화적 능력'과 '간문화적 의사소통'의 외연을 확장시켜 문화의 의미를 정체성 형성을 위한 시민교육 내지는 정치교육의 맥락에서 탐구한다. 이를 통해 본 연구는 문화는 독자적이고 고립된 실체가 아니라 교육을 통해 뒷받침되어진 정치적 행위의 맥락 속에서 '사이'에서 재구성될 수 있는 속성을 가진 하나의 현상이라는 점을 제시한다.

[주제어] 다문화주의, 간문화주의, 상호문화주의, 초문화주의,
시민교육, 정치교육, 정체성

I. 문제제기

‘시간되시면 언제 한 번 놀러오세요’라는 말은 한국인에게 꼭 놀러 오라는 말로 받아들여질 수도 있고, 아니면 의례적으로 헤어질 때 하는 인사말로 받아들여질 수도 있다. 이 말을 영어로 글자그대로 옮긴다면 ‘Please visit me, when you have time’이 될 것이다. 이 말이 한국말을 글자 그대로 정확하게 번역한 것이지는 하지만, 문화적 뉘앙스를 제대로 담고 있는지에 관해서는 아무도 확신할 수 없다. 마찬가지로 ‘식사하러 갑시다’라는 말 역시 여러 가지 뉘앙스를 가진 문화적 의미를 담고 있다. 이러한 제안을 한 사람이 예컨대 상대방보다 사회적으로 높은 지위에 있거나 혹은 연령이 많다면 한국인은 보통 그가 식사비를 내는 것으로 이해한다. 그러나 만약 이러한 맥락을 전혀 모르는 외국인에게 식사를 같이 할 것을 제안한다면, 그 외국인은 여기에 대해 어떻게 반응해야할지를 몰라 당황해 할 수도 있고 의아해 할 수도 있으며 어쩌면 불쾌하게 생각할 수도 있을 것이다. 부조금이나 결혼축의금 등도 여기에 익숙하지 않은 외국인들에게는 이해하기 힘든 문화적 현상이 될 것이다. 흑인을 깜둥이라고 부르면 인종차별적인 발언이 된다. 돼지를 신성시하는 이슬람 사람들을 빗대어 돼지를 비하하는 식의 농담을 하거나 아니면 삼겹살 먹으로 가자고 제안하자면 이들은 심한 모욕을 느낄 것이다.

이상과 같은 맥락에서 맞부딪힐 수 있는 문화의 문제는 삶의 세계 곳곳에 산재해 있다. 여기서 분명해지는 것이 있다. 즉 특정의 사람 혹은 집단이 자신과는 다른 역사와 관습 속에서 형성된 문화와 관계해서 이해하지 못하거나 당황하는 상황이 발생한다는 점이다. 특정의 종교에 대한 반감 혹은 냄새나는 음식에 대한 혐오 등도 이러한 맥락을 갖는다. 한 문화권에서 자명하게 받아들여지는 얼굴표정, 동작이나 제스처, 목소리의 크기와 색조 등은 다른 문화권에서 오해와 편견을 불러일으킬 수 있다. 일상생활이란 맥락에서 본다면 문화에 대한 이해방식이나 이해부족으로 인해 나타날 수 있는 이러한 문제는 그럴 수도 있는 사소한 것일 수 있다. 그러나 이 문제가 민족주의나 인종주의와 결부되어 정치적 맥락으로 표출되는 경우에는 사정이 다르다. 즉 별 것 아닌 것 같았던 문화적 차이가 내전을 불러낼 수도 있고, 타 집단이나 민족에 대한 집단적인 폭력 혹은 대량학살이라는 극단으로도 귀결될 수도 있다. 문화적 차이가 정치적으로 표현되지 않아도 폭력적 에너지가 잠재해 있다면 문제가 된다. 식생활에 관계되는 것이든 종교와 관계되는 것이든 삶의 과정 속에서 자연적으로 형성된 정서적·문화적 차이가 바람직스럽지 못한 상황을 만들어 내는 이면에 문화를 모태로 형성되는 정체성의 문제가 자리하고 있다. 자아(나) 정체성과 집단(우리) 정체성은 특정의 문화를 토대로 형성되며, 그것들은 개인과 개인 집단과 집단 그리고 국가와 국가 간의 갈등과 충돌의 원인이 된다. 자문화의 가치와 의미에 대한 집착과 우월감 그리고 타문화에 대한 무시와 멸시도 문제가 되지만 ('enclave'라는 의미에서) 타문화에 대한 완전한 무관심과 이로 인해 나타나는 문화적 고립의 상황도 문제가 된다.

문화의 특성과 관련해서 몇 가지 형식의 근본적인 의문이 제기될 수 있다. 첫 번째 수준에서 제기될 수 있는 의문은, 자신이 이해하지 못하는 문화는 하나의 차이로서 받아들여지고 자신의 문화와 병존하도록 내버려 두어야 하는가 아니면 자신의 문화와의 소통이 이루어지도록 노력을 해야 하는가라는 문제이다. 만약 후자의 경우라면 소통의 의미는 무엇이며 그것은 어떻게 탐구될 수 있는가라는 문제가 제기될 수 있을 것이다. 이러한 실천지향적인 의문은 메타 수준에서 보다 사변적인 문제를 제기시킨다: 문화는 근본적으로 소통이 가능한 것인가 아니면 소통이 불가능한 것인가? 어떤 문화가 소통이 가능한 것이고 또 어떤 문화는 소통이 불가능한 것인가? 문화를 가치의 맥락에서 볼 때 소통가능한 문화는 그렇지 않은 문화보다 가치 있는 것인가? 바꾸어 말하면 소통이 불가능한 문화는 무가치한 것인가?

앞서 제기된 물음들은 대략 세 가지의 핵심적 문제의식이 반영되어 있다. 첫째, 문화적 차이에 대한 입장 문제, 둘째, 문화에서 소통의 의미에 대한 이해 문제 그리고 마지막으로 문화에 내재한 가치의 문제가 그것이다. 이러한 세 가지 문제의식의 맥락에서 주목해 볼만한 네 개의 중요한 문화개념들이 있다. 그것들은 '다(multi)문화성', '간(inter)문화성', '초(trans)문화성', '복수(pluri) 문화성'이다.[2] 문화를 이해하고 고찰하는 데 있어 문화들의 융합(Verschmelzung)이 아니라 병존을 염두에 두고 있고, 그래서 문화를 특정의 조직이나 사회의 구조의 맥락에서 이해한다면 그것은 '다문화성' 혹은 다문화적 고찰방식을 의미한다. 구조라기보다는 상황의 측면에 유의

2) 이상과 같은 4 가지 분류 방식은 독일 카셀(Kassel)에 있는 '간문화적 능력과 교수법 연구소[Institut für Interkulturelle Kompetenz und Didaktik e.V. (IIKD)]'의 'Multikulturalität, Interkulturalität, Transkulturalität, Plurikulturalität' (http://www.ikud.de/Multikulturalitaet-Interkulturalitaet-Transkulturalitaet-und-Plurikulturalitaet.html)에 따른 것이다. 이하의 설명은 이 분류 방식과 Welsch(1994; 1995: 39-44)의 설명을 토대로 필자가 나름대로 해석하여 정리한 것임을 밝힌다.

하여 둘 혹은 그 이상의 문화들의 만남 내지는 대면(Aufeinandertreffen)이라는 맥락에서 문화에 접근한다면, 그것은 '간문화성'을 의미한다. '다문화성'과 '간문화성'은 문화들을 동질적이며 분명하게 경계지을 수 있는 하나의 통일적인 개별 단위들로 이해한다는 점에서 공통점을 갖는다. 그러나 '다문화성'이 문화에 대한 이상주의를 의미한다면, '간문화성'은 문화에 대한 현실주의를 의미한다. 즉 양자가 문화를 기본적으로 다양성의 관점에서 바라보고 있다는 데서는 유사하지만 후자가 문화 사이에서 일어나는 현상을 적극적으로 다룰 것을 요구로 한다는 점에서 좀 더 실천적이고 행위지향적인 측면을 지닌다. '다문화성'과 '간문화성'에 반대하여, 문화들이 (세계화의 과정 속에서) 점차 서로 얽히고(vernetzt) 섞여 간다는 (vermischt) 맥락에서, 그리고 궁극적으로는 세계화의 추세 속에서 개별문화들이 하나의 전지구적 문화(Globalkultur)로 발전해 간다는 맥락에서 문화를 이해하고 고찰한다면 그것은 '초문화성'을 의미한다. 상호작용이나 융합의 측면에 관심을 두지 않고 상이한 여러 문화들이 현존(Vorhandensein)하고 있다는 맥락에서 문화를 파악한다면, 그것은 '복수문화성'을 의미한다. 이점에서 '복수문화성'과 '다문화성'은 유사하다.

이상에서 알 수 있지만, 첫째, '다문화성', '간문화성' 그리고 '초문화성'은 문화적 차이 문제에 대해 서로 상이한 입장을 보여주고 있다. 둘째, 문화 간의 소통의 필요성 문제에 대해 이들 각각의 개념들은 각기 다른 입장을 담고 있다. 예컨대 '다문화성'에 비해서 '간문화성'과 '초문화성'은 문화의 다양한 존재양상에 주목하기 보다는 문화 간의 소통의 필요성에 더 많은 무게를 두고 있다. 셋째, 문화에 내재한 가치의 문제에 대해 '다문화성', '간문화성' 그리고 '초문화성'은 어느 한 문화가 다른 한 문화보다 우월하거나 열등하다는 입장을 취하고 있지 않다. 즉 세 개념들 모두가 문화들에 내재한 가치들의 등가성을 전제하고 있다. 세 측면들(문화적 차이, 문화 간의 소통의 필요성, 문화에 내재한 가치) 중에서 가장 중요한 것은 두 번째 것이다. 왜냐하면 문화를 역동적이며 과정적이고 구성적인 측면에서 이해하기 위한 필수불가결한 요소는 다른 어느 것보다 문화 간의 소통의 필요성이라는 전제에서 찾아지기 때문이다. 물론 소통으로부터 어떤 결과가 얻어지느냐의 문제는 별개의 문제이다. 유럽의 여러 국가들이 다문화적인 이상 대신에 간문화적인 현실에 관심을 가지고 문화의 문제를 해결하려는 노력이 나오는 것 그리고 국내에서 이에 관한 논의가 정치학, 교육학, 철학 등의 다양한 방면에서 이루어지는 것[3]은 이상과 같은 맥락에서 이해될 수 있을 것이다.

본 연구는 이상과 같은 문제의식으로부터 출발하여 첫째로 문화들 간의 소통을 이해하기 위한 전제로서 문화 그리고 문화들 '사이'의 의미에 대해 탐구한다(Ⅱ장). 이를 통해 문화의 의미가 하나의 독자적이고 고립된 단위로서의 문화 자체에서가 아니라 서로 관계를 맺는 문화들 '사이'에서 찾아진다는 것이 제시될 것이다. 둘째, 본 연구는 문화들 간의 소통의 능력이 어떻게 가능할 수 있고 향상될 수 있는지라는 의미에서 '간문화적 능력'과 '간문화적 의사소통'

3) 이상과 같은 노력에 관해서는 다음의 글들을 참조 할 것. 최재식(2006: 1-30), 홍경자(2008: 407-428), 허영식·정창화(2009: 31-58), 허영식(2009: 237-266), 오영훈(2009: 27-44), 장한업(2009: 633-656), 최현덕(2009: 301-329), 김상무(2010: 65-89), 박인철(2010: 129-157), 이화도(2011: 171-193), 정창호(2011: 75-102), 박영자(2012: 299-333).

개념을 논의한다(Ⅲ장). 셋째, 본 연구는 문화들 간의 소통의 문제를 '간문화적 능력'과 '간문화적 의사소통'에 한정시키지 않고, 그 외연을 확장시켜 정체성 형성의 맥락에서 시민교육 내지는 정치교육의 맥락에서 다룬다(Ⅳ장). '간문화적 능력'과 '간문화적 의사소통'은 보다 포괄적인 시민교육 내지는 정치교육의 맥락에서 탐구될 필요가 있다. 요약하자면 본 연구가 주목하고 밝히고자 하는 것은 문화는 세계관과 행위의 맥락에서 구체적이고 다양하게 현상하며, 현상된 문화들은 '사이'로 일컬어질 수 있는 (멀든 가깝든 간에) 서로 간의 관계들을 만들어 내며, 바로 이 '사이' 영역이 문화들의 '소통'을 위한 영역이며, 소통에 중요한 역할을 하는 것이 대화·소통능력이고, 시민교육 내지는 정치교육이라는 점이다.

Ⅱ. 문화 그리고 문화들 '사이'의 의미

문화는 인간 행위의 관계망 속에서 변화하는 과정으로서 이해되는 삶의 제반 양태이다. 그러나 그러한 제반 양태를 향해 제기되는 물음들 혹은 그것에 대한 시각이나 입장 자체도 하나의 문화가 된다. 예컨대 빵을 주식으로 하는 문화 혹은 밥을 주식으로 하는 문화라고 일컬어지는 것은 빵과 밥이라는 객관성이 주관적인 (심미적) 판단(빵이 맛있다 혹은 빵이 좋다 혹은 빵보다는 밥이 낫다)과 결부되어있기에 그리고 그것이 일종의 '공통감각'으로 나타나기에 문화이다. 즉 객관적으로 존재하는 삶의 양식이 주관적인 판단과 감각의 영역과 교차되어 만들어 내는 모든 현상적 상황이 문화가 된다. 그런데 주관적 판단의 근저에 자리하고 있는 것이 판단을 내리는 당사자가 속해 있는 사회나 집단의 (공통감각적) 세계관이다. 세계관은 "보다 포괄적인 가정(Annahme)을 통해 우리의 현존의 모든 문제들을 일괄적으로 해소"시키는 정신적 구성물이다. 인간은 이러한 세계관에 대한 "믿음 속에서 삶이 안전하다고 느낄 수 있고, 무엇을 위해 노력해야 할지를 그리고 어떻게 자신의 감정과 이해관계를 가장 합목적적으로 조정(unterbringen) 할지를 알 수 있다"(Freud, 1973 [1944]: 170).

모든 인간들은 태어나서는 가족에서 그리고 이후에 학교와 직장 등 인간이 모여 사는 곳이면 어디서나 세계관이라고 불리는 감정과 사고 그리고 행위의 양식을 전개시킨다. 그래서 세계관은 "한 집단 혹은 한 부류의 구성원이 자신을 다른 구성원과 구분 짓게 하는 집단적 정신의 프로그래밍"(Hofstede, 1997: 4)이다. 겉으로 보기에 중립적일뿐만 아니라 인간이 사는 곳이면 어디서나 인지할 수 있기에 보편적인 것일 것 같은 문화는 음식, 복장 그리고 예절 같은 삶의 기본적인 것들에 대해서 뿐만 아니라 성, 계급, 인종, 권력 관계 등에 대한 특정의 (편향된) 세계관과 결부되어 있다(필자가 세계관이란 용어를 사용할 때는 항상 이상과 같은 복잡한 측면을 염두에 두고 있다는 점을 강조한다). 물론 인간은 예기치 않은 방식으로 기존의 세계관으로부터 벗어나 새로운 행위와 사고를 전개시킬 수도 있다. 그 전제는 낡은 양식을 더 이상 따르지 않은 데 있다.

객관적으로 존재하고 있다는 사실뿐만 아니라 이 사실에 대한 시각이나 입장 혹은 판단 그리고 더 나아가 이러한 시각이나 판단의 기저로서 복합적 세계관이 문화를 이해하는 데 중요한 역할을 하는 것으로 받아들여지는 한, 여러 문화가 항상 중립적인 상황을 연출하여 병존하기를 기대한다는 것은 (이론적이면 몰라도) 현실세계에서는 불가능하다. 이 점은 하나의 문화가 다른 하나의 이질적인 문화와 관계할 때 더욱 그렇다. 물론 이러한 주장은 암묵적으로 문화에 대해 어느 정도의 편파성을 전제하고 있다. 그러나 이것은 그 자체로는 문제가 되지 않는다. 왜냐하면 특정의 문화에 대한 편파적 입장이 어떤 문화들끼리는 서로 병존할 수 있는 가능성을 가지고 있을 수 있다는 점을 전적으로 부정하는 것은 아니기 때문이다. 다만 문제가 되는 것은 여러 문화 혹은 모든 문화가 평화적으로 공존할 수는 없고 갈등하거나 필연적으로 '충돌'(Huntington)할 수밖에 없다는 편견이다. 이러한 헌팅톤식의 문화 이해 방식의 문제는 단일적(monolithic) 문화개념들이 무용지물이 되고 "다른 문화적 배경들 안으로 개인들을 포섭"하는 국제화와 세계화의 시대와는 동떨어진 "폐물이 된 문화관"에 토대를 두고 있다(De Florio-Hansen, 2011: 8). 그러나 헌팅톤식 문화 개념의 가장 커다란 문제는 문화들 '사이'에서 나타나는 역동적 현상을 직·간접적으로 무시함으로써 바로 이 '사이'에서 일어나고 있는 행위와 반성적 성찰의 의미를 무의미하고 무가치한 것으로 만들어 버릴 수 있는 잠재적 위험성이다.

세계관은 (그것이 한 개인의 것이든 아니면 잡단과 사회의 것이든) 인간의 행위를 조건 짓고, 반대로 인간의 행위는 경험 속에서 세계관의 모습에 영향을 미친다. 문화는 세계관과 그리고 이것들과 밀접하게 연관되어 있는 행위를 매개로 해서 구체적으로 드러나는 하나의 현상이다. 그리고 문화는 그 자체로서 직접적으로 존재하기보다는 특정의 (편파적) 세계관이 문화에 개입되었을 때 문화로서

의미를 가지며 존재한다. 그런데 여기서 문제의 핵심이 나타난다. 즉 독립적인, 보편의 단일한 문화라는 것은 처음부터 성립할 수는 없다는 점이다. 동일한 문화라고 해도 거기에 세계관이 어떤 양태로 개입되어 있느냐 혹은 행위가 무엇을 지향하고 있느냐에 따라 하나가 아니라 여러 개로 현상할 수 있다. 문화(c)는 세계관(w)과 행위(a)를 매개로 문화들(c1, c2, c3 등등)로 현상한다. 단순한 문화현실로부터 복잡한 문화현실이 얻어질 수 있다. 하나의 문화(c)와 다른 또 하나의 문화(c′)를 생각해 볼 경우, 이 문화는 이와 관계를 맺는 세계관(w′)과 행위(a′)를 매개로 문화(c1′), 문화(c2′), 문화(c3′) 등등으로 현상할 것이다.

이상에서 보듯 문화들(c1, c2, c3, c1′, c2′, c3′ 등등)은 서로가 서로에 대해 현상하고 있고 멀든 가깝든 하나의 관계 속에서 하나의 조합을 형성하고 있다. 예컨대 문화(c1)과 문화(c1′)는 관계라는 측면에서 서로가 가장 멀리 떨어져 있을 수도 있고, 서로에 대해 가장 가까이 위치해 있을 수도 있다. 문화들(c1, c2, c3, c1′, c2′, c3′ 등등)이 서로 관계를 맺고 어떤 형태의 조합을 형성하든 간에, 서로는 서로에 대해 타자 혹은 낯선 것일 뿐이며, 이러한 타자들이 전체로서 하나의 집단을 구성한다. 짐멜(Georg Simmel)의 표현을 빌자면, “타자(Der Fremde)는 집단자체의 한 요소인데, [...] 이 요소에 내재된 것과 구성요소(Gliedstellung)는 외부적인 것(Außerhalb)과 대립적인 것(Gegenüber)을 동시에 포괄하고 있다”(Simmel, 1992[1908]: 765).

문화들이 만들어 내는 제반 관계는 가장 이상적으로 본다면 (문화들이 서로 병존하고 있다는 의미에서) 다문화적 상황을 의미한다.

혹은 문화(c1)와 문화(c1′)는 서로가 겹쳐져 있을 수도 있다. 이러한 관계 역시 다문화적인 상황으로 해석될 수 있을 것이다. 즉 비록 두 개의 문화가 서로 겹쳐져 있다 해도 서로가 서로를 인정해 줌으로써 문화들의 공존이 가능할 수 있다. 문화를 좀 더 동적인 의미로 이해한다면, 겹쳐진 두 개의 문화가 서로 영향을 미치고 있다고 생각할 수 있다. 이렇게 가정해도 다문화적인 이해 방식은 나름의 장점을 갖는다. 그것은 문화가 서로가 서로에 대해 영향을 미치고 있지만, 하나의 문화가 다른 하나의 문화를 지배하려 하거나 그것에 대해 배타적인 입장을 취하지 않는다는 이해방식이다.

이러한 다문화적 이해방식은 그것이 최대한도로 확장되었을 때 겹쳐진 두 개의 문화가 융합되어 (예컨대 정치적 맥락에서 공화주의나 혹은 세계시민주의 같은 보편적 원칙의 주도하에 하나의 다른 문화로 현상할 수도 있다는) 초문화주의적인 이해방식의 가능성을 열어두고 있다. 물론 상세히 들어가면 다문화주의적 이해방식과 초문화주의적 이해방식 사이에는 차이가 있다. 벨쉬(Wolfgang Welsch)의 초문화주의적 문제틀은 이러한 맥락에서 주목해 볼 만한 가치가 있다. 벨쉬는 헤르더(Johann Gottfried Herder)의 '인간성의 역사철학을 위한 이념들(Ideen zur Philosophie der Geschichte der Menschheit)' (1784-1791)에 특징적으로 나타나는 고전적인 문화이해방식, 즉 문화들은 단지 "닫혀진 공들"이나 "독립된 섬들"로 간주하는 문화이해방식은 "고도로 공상적이고 가공적인"것이라는 것이다.(Welsch, 1999: 48)[4] 실제로 헤르더는 '자칭 인간성 교육을 위한 역사철학(Auch eine Philosophie der Geschichte

4) 헤르더에 대한 비판은 Welsch(1994)도 참조할 것.

zur Bildung der Menschheit)' (1774-1787)에서 "각각의 민족은 마치 각각의 공이 자신만의 중심점(Schwerpunkt)을 갖는 것처럼 그 자신의 행복(Glückseligkeit)의 *중심(Mittelpunkt)을 자신* 속에 가지고 있다"(Herder, 1994: 39)라는 점을 분명히 밝히고 있다. 다문화주의가 문화를 한 국가 내지는 사회 내에서 서로 분명하게 구획지어지고 동질적인 것으로 이해하는 데서 출발하는 한, 벨쉬의 초문화주의적 문제틀은 문화를 새롭게 이해하는 단서가 된다. 벨쉬의 생각은 일반적으로 생각되는 것과는 반대로 언어나 영토가 문화의 기초가 될 수 없다는 점을 분명히 하고 있다. 그의 비판은 무엇보다 (한 나라의 동질적인) 언어로부터 (이에 상응하는 동질적인) "문화가 출발" (Herder, 1965: 139)한다는 헤르더의 생각을 직접적으로 염두에 둔 듯하다.

문화들이 분리되어 있기 보다는 사실상 서로 "섞이고 침투해 들어간다"(Welsch, 1999: 51) 벨쉬의 생각은 '사이'의 의미를 상기시켜 준다. 그것은 일견 간문화주의적 접근을 생각나게 한다. 그러나 벨쉬의 초문화주의적 문제틀은 다문화주의뿐만 아니라 간문화주의도 비판하고 있다. 이것은 예컨대 그가 일본문화조차도 중국, 한국, 인도뿐만 아니라 헬레니즘 및 유럽문화와 "뒤얽혀 있다는 것(Verflechtung)을 고려하지 않고서는 재구성하기가 명백히 불가능하다"(Welsch, 1999: 55)는 논리나 티벳같이 (문화적으로) 동질적인 사람들로 구성된 곳에서 조차도 "다른 문화적 기원의 요소들이 최소한 어느 정도는 있다는 점을 알아챌 수 있으며 그리고 그 요소들 중의 적지 않은 부분을 [자신의 문화 속으로] 병합했기에 그 일부는 상당히 초문화적으로 되어 있다는 점" (Welsch, 2009: 53f.)을 인식할 수 있다는 논리에서도 확인된다. 요컨대 벨쉬에 따르면 간문화주의도 결국은 (문화를 민족문화의 경계내에서 파악한다는 의미에서 다문화주의와 마찬가지로) 문화를 동질적인 것으로 전제하는 문제가 있다: "아직도 문화를 섬 내지는 공과 같은 것으로 파악하는 데서 출발점을 삼고 있다는 사실 속에 간문화성의 비참함이 숨겨져 있다"(Welsch, 1999: 48).

다문화성과 간문화성에 대한 비판에서 더 나아가 벨쉬는 초문화성의 "실제적 성과(pragmatische Leistungen)가 문화의 "경계 짓기가 아니라 연결과 이행"(Welsch, 2005: 332-333)에 있으며, 다음 세대들은 이러한 "초문화적 형태의 소통과 상호작용을 형성하게 될 것"이라는 과감하고도 낙관적인 전망을 하고 있다. 벨쉬의 초문화적 문제틀은 간문성과 관계해서 몇 가지 중요한 단서를 담고 있다.

첫째, 문화가 뒤섞이고 얽혀있다는 그의 생각은 문화를 *혼성적인 것*으로 파악한다는 것을 의미한다고 할 수 있는 데, 바로 이러한 측면이 간문화적 맥락에 가까이 닿아 있다. 즉 문화의 영역에서는 "딱 잘라 말할 수 있는(strikt) 타자도 없을 뿐만 아니라, 딱 잘라 말할 수 있는 고유의 것도 더 이상 없다"[5]고 할 수 있다. 문화의 혼성 개념은 '순수한' 혹은 '본질적인' 문화를 상정하는 것을 근본적으로 문제시하고 있다.[6] 이처럼 문화의 혼성 개념은 특히 순수한 문화적 혈통에 집착하고 자문화와 타문화 간의 분명한 경계를 지으

5) 벨쉬(Welsch, 1994: 11)는 이처럼 이주과정과 경제발전 그리고 기술발전과정 속에서 "개별문화들의 혼성화(Hybridisierung)"가 나타나고 있다는 것을 언급한다.
6) Ackermann(2004: 139-154) 참조.

려는 민족주의나 인종주의를 비판하는 설득력이 있는 논리가 된다.[7)]

둘째, 벨쉬의 초문화적 문제틀은 문화의 다양성을 거부하는 단원적인 그리고 본질주의적 문화개념을 '구성주의적'[8)] 문화이해의 맥락에서 비판적으로 고찰하는 데 도움이 되고 있다. 다시 강조 하자면, 문화는 현재에 실제적으로 존재하고 있는 것으로도 이해될 수 있지만, 그보다는 실재와의 관계 속에서 사고를 통해 구성된 것으로 이해될 필요가 있다. 이렇게 본다면 벨쉬의 초문화적 문제틀은 그 나름대로 다문화주의뿐만 아니라 무엇보다도 간문화주의적 문화 이해를 풍성하게 하는 데 중요한 기여를 하고 있는 것이라 할 수 있다. 관건은 문화들 '사이'에서 발생하는 (혼합, 침투, 갈등 등의) 현상을 어떻게 현실적으로 드러낼 수 있느냐에 있다.

다문화주의는 문화들이 서로 섞이고, 침투해 들어가고 뒤얽히는가의 여부와는 별개로 서로 공존하고 있다는 측면을 그리고 초문화주의는 이에 반해 문화들이 서로 공존하고 있느냐의 여부와는 별개로 서로 섞이고 침투해 들어가고 뒤얽혀 있다는 점을 강조하고 있다. 전자는 문화들의 이상적 균형상태를 후자는 문화들의 혼합적 균형상태를 염두에 둔다. 문제는 다문화주의이든 초문화주의든 문화들이 일상적 삶 속에서 갈등없이 공존하고 있거나 섞여져 있다는 이상적인 상황을 연출하지 않는 데서 나타난다. 이 문제에 대해 다문화주의적 접근은 낙관적 전망을 특징으로 한다. 즉 상이한 문화들의 사회내적인 병존 내지는 공존을 전제하는 다문화주의적 이상의

7) 이에 관해서는 Guthmann(2003) 참조.
8) Denisova-Schmidt·Willems(2008) 참조.

맥락에서 보았을 때 문화가 그렇게 존재하고 있고 그래야만 한다는 논리 그 자체가 이미 하나의 해결책이 된다. 다르게 표현한다면 문화들이 존재하고 있는 그 자체를 (때로는 관용이라는 원칙하에서) 있는 그대로 받아들이는 것 내지는 방치하는 것이 해결책이 된다.

다문화주의적인 이해방식을 논외로 한다면, 문화들의 갈등 내지는 부조화 문제를 이해하기 위한 두 가지 대안적 모델을 생각해 볼 수 있다. 하나는 문화적 통일성의 이념 하에서 하나의 보편적 문화가 다른 하나의 문화를 이끌어 가야된다는 전제 하에서 문제를 해결하려는 논리이다. 예컨대 다문화주의에 반대하는 논리로 자주 동원되는 소위 말하는 '주도문화(Leitkultur)' 개념이 그것이다. 그러나 '주도문화'에는 문화의 교화 내지는 동화의 논리가 내재해 있는데, 사실상 소수집단의 문화를 주류문화에 강요하는 논리라고 비판받고 있다. '주도문화' 개념은 "사회에서 소수 그 자체가 문제가 아니라, 소수와 관계한 다수가 항상 문제"(Nowak, 2006: 2)라는 점을 간과하고 있다. 하버마스(Jürgen Habermas)는 "민주주의적 헌법국가에서 다수는 소수에 대해 자신의 고유의 문화적 삶의 형태를 [...] 소위 말하는 주도문화로 처방 내려서는 않된다"(Habermas, 2002: 13)고 주장한다. 다른 하나는 문화를 주도하고, 교화시키고, 동화시킨다는 목적과는 별개로 문화들을 '사이'에서 이해하려는 그리고 이해시킨다는 논리에 입각한 모델이다. 이 논리는 차이성과 공통성에 대한 인식을 통해 자신의 입장과 타자의 입장이 고려될 수 있고, 경우에 따라서는 새로운 문제해결전략이 인식되어질 수 있다는 점을 강조한다. 이것은 간문화적인 이해방식이다.

간문화적 이해방식은 문화들이 병존해 있든 섞여있든 상관없이 문화들 '사이'에서 문화들을 이해하려 한다. 그것은 모든 문화가 동등한 권리를 가지고 병존하고 있으며 학습과정이 모든 측면에서 발견될 수 있다는 교육논리로 연결된다. 아래의 장에서는 이에 관한 논의가 진행된다.

Ⅲ. 간문화성의 이상: 간문화적 능력과 간문화적 의사소통

간문화성 혹은 간문화적 이해방식은 문화들의 병존 혹은 교차가 문화에 대한 무관심 혹은 이해부족을 불러내어 갈등관계로 나아갈 수 있을 가능성을 고려하여 문화들의 '사이'를 방치하기 보다는 '사이'를, 다시 말해 "고유의 해석 및 경험의 영역(신뢰된 것)과 문화적으로 다른 것의 영역(낯선 것)" 사이에 나타나는 "추측되거나 가정된 혹은 명시적으로 이름 붙여진 차이관계들"(Otten, 2009: 50)을 파악하려 한다. 또한 그것은 문화들을 동등한 권리를 가진 것으로 그리고 관계의 망 속에서 끊임없이 서로가 부딪히고 서로를 인식해 가는 것으로, 더 나아가 교육과 학습과정을 통해 생성되는 것으로 간주한다. 가다머(Hans-Georg Gadamer)의 용어로 표현하자면, "생성(Werden)"이라는 의미에서 교육은 인간을 "형성(Bildung)"해 가는 것이다(Gadamer, 1990[1960]: 17).

교육과 학습과정에 모든 당사자들이 참여할 수 있고, 있어야 한다. 각자는 상이한 문화적 배경을 가지고 있기에 교육과 학습과정 속에서 차이성뿐만 아니라 공통성을 인지할 수 있고, 이를 통해 각자의 입장을 정리하고 성찰하며 당연시했던 것을 의문시하고 문제화할 수 있으며, 경우에 따라서는 문화 간의 갈등·차이·몰이해·오해 등으로 야기된 문제들에 대해 적절한 해결책을 도출해 낼 수 있다. 이러한 방식은 꼭 겹쳐진 사이에서뿐만 아니라 서로 일정한 간격을 유지하고 있는 문화 사이에서도 유효하다.

간문화성 혹은 간문화적 이해방식에 내재한 교육과 학습이념은 이처럼 '간문화적 능력을 요구로 한다. 간문화적 능력은 "일정한 행위·반성능력에 토대를 두고 간문화적 상황 속에서 효과적으로 그리고 적절히 상호작용(interagieren)하는 능력"(Interkulturelle Kompetenz, 2006: 5)으로 규정된다. 그것은 과정적 문화개념에 기초하고 있으며, 끊임없는 이주민의 흐름, 금융 및 상품시장의 확산 및 전세계적인 통신매체의 네트워크 형성 속에서 문화가 고정되고 불변적이며 멈추어 있는 것이 아니라 유동적이며 변화하고 역동적인 것으로 나타나고 있는 현재적 상황에서 요구되고 있는 하나의 행위능력이다. 요컨대 '문화의 차이' 자체가 '간문화적 능력'에 대한 학습과 육성을 요구한다.[9] 중요한 점은 '간문화적 능력'의 주체는 자율적 개인이지 구조는 아니며, 기본적으로 인간관계의 맥락에서 구체적으로 현상한다는 점이다.: "간문화적 능력은 개인들의 상호작용과 관계하는 것이지, 기업문화나 민족문화들 같은 시스템들의 상호작용과 관계하는 것은 아니다. 그렇지만 각각의 인간들 간의 만남(zwischenmenschliche Begnungen)은 그때마다의 시스템들내에서 [이루어지는] 의지의 형성과 규범의 제공을 통해 형성되는 제반 틀속에서 일어난다"(Interkulturelle Kompetenz, 2006: 5f.).

문제는 이러한 '간문화적 능력'의 표출을 어렵게 하는 상황이 존

9) Kammhuber(2000) 참조.

재한다는 점이다. 그것은 예컨대 다음과 같은 경우이다: "만약 시스템의 틀이 무엇인가 지배관계를 내포하고 있고, 특정의 정체성 개념하에서 동화를 요구로 하거나 혹은 분배와 인정을 요구하는 갈등을 끌어들인다면(nach sich zieht), 간문화적으로 최고의 능력을 가진 행위자들의 상호작용 자체가 어려워질 수 있거나 불가능하게 될 수도 있고 아니면 아예 정반대로 대립적인 행위로 바뀔 수도 있다. 문화적으로 다양하고 갈등적이기도 한 환경에서 이러한 틀들을 형성하는 것은 기업의 지도부의 책임에 해당되거나 사회정책적 과제가 되는 것이지 간문화적 능력은 결코 아니다"(Interkulturelle Kompetenz, 2006: 5f.). 이것은 '간문화적 능력'이 경제적 분배와 사회적 정의실현 그리고 더 나아가 지배관계의 철폐나 완화 등을 목표로 하고 있지는 않다는 것을 의미한다. 그러한 목표는 사회정책적 과제들 중의 하나가 될 것이다.

사회정책과 관련하여 (사회정책은 물론 교육의 문제를 포함하고 있다) 덧붙일 수 있는 중요한 점은, 그것이 행위를 위한 기본적인 틀을 마련해주어 '간문화적 능력'의 표출을 촉진시켜준다는 의미에서 '간문화적 능력'과 불가분의 관계에 있다는 사실이다. 다시 말해, 사회정책이 "사회적 기회균등에 대한 기본적인 이해"를 심화시키는 결과를 가져왔을 경우에 그리고 간문화적 상황에 참여하고 있는 행위자들이 ('사회적 기회균등'의 결과로) "눈높이"에서 서로 만날 경우에 문제해결에 "도움이 되는 틀"로서 간문화적 능력이 생긴다는 것이다. '사회적 기회균등에 대한 기본적인 이해'는 "사회의 모든 구성원을 포괄"하거나 "문화적으로 동질적인 집단을 고안"해 내는 것을 목적으로 하지 않는다(Interkulturelle Kompetenz, 2006: 5).

오늘날 우리는 이주해 가고 오는 사람들과 함께 함께 살고 있고 우리의 언어와 가치 그리고 종교는 이들의 것들과 함께 뒤섞여 있다. 문화는 특정의 공간이나 집단 혹은 사회 국가와 총체적 통일성 너머에 존재하고 있다. 간문화적 능력은 나와 타자의 경계가 점차 무디어져 가고 있는 오늘날의 다문화사회에서 중요한 의미를 갖고 있다. 독일은 '간문화적 능력'을 아예 법률적으로 정의내리고 있다. 예컨대 베를린의 '참여 및 통합 법(Partizipations- und Integrationsgesetz)'[10]은 '공공분야에 종사하는 사람들'이 갖추어야 할 '간문화적 능력'의 핵심을 문화를 '이방인의(fremd)' 문화나 '타인의(anders)' 문화 등으로 지칭하는 것을 없애고 해석의 여지를 제공하는 데서 찾고, 그 의미를 다음과 같이 분명하게 하고 있다: "간문화적 능력은 문화적으로 특징지어지는 규정, 규범, 가치보존 그리고 상징에 대한 앎에 토대를 둔 전문적이고 사회적인 능력의 한 형태이다. 간문화적 능력의 획득과 재교육은 추가교육의 제공과 자격취득의 조치를 통해 모든 종사자들에게 확보되어져야 한다. 간문화적 능력은 공공분야에 종사하는 모든 사람들의 고용과 승진이라는 테두리 내에서 적성과 자격 그리고 전문적 업적을 평가하는 데 있어 근본적으로 고려되어져야 한다"(Vorlage – zur Beschlussfassung – Gesetz zur Regelung von Partizipation und Integration in Berlin: 18). '노르트라인-베스트팔렌 주의 사회적 참여와 통합의 촉진을 위한 법(Gesetzes zur Förderung der gesellschaftlichen Teilhabe und Integration in Nordrhein-Westfalen)' 역시 이와 비슷한 맥락에서 '간문화적 능력'을 다음과 같이 3가지 측면에서

10) 이법은 2010년 12월에 의결되어 2011년 11월 법률적 효력이 발생했다.

제시하고 있다. 그것은 "1. 무엇보다 이주배경을 가진 그리고 가지지 않은 사람들과의 직업적 대면(Situationen)에 있어 성공적이고도 상호간에 만족스럽게 대응할 수 있는 능력, 2. 각종의 계획과 조치 그리고 프로그램 등이 이주배경을 가진 그리고 가지지 않은 사람들에게 미치는 상이한 영향을 평가할 수 있는 능력, 그리고 3. 차별과 분리를 통해 생겨나는, 통합을 헤치는 효과들을 인식하고 극복할 수 있는 능력을 포괄한다"(Gesetzes zur Förderung der gesellschaftlichen Teilhabe und Integration in Nordrhein-Westfalen: 46).

'간문화적 능력'의 예에서 볼 수 있지만 '간문화'라는 용어에는 교육과 학습의 맥락에서 선언적이며 이상적인 측면이 내포되어 있다. 이것은 '간문화'가 한 문화 내부의 의사소통이 아니라 문화들 간의 (이상적) 의사소통에 보다 중요한 의미를 부여하고 있다는 사실에서 설명될 수 있다. 문화들 간의 의사소통 내지는 대화가 필요하다는 것은 윤리적·실천적 요구이다. '의사소통' 개념의 기원을 들어가서 이해하면 이 요구가 갖는 그 의미가 보다 분명히 드러난다. 의사소통(Kommuniation/ communication)은 ~누구에게 ~을 전하다, 알리다, 연락하다 혹은 함께하다 그리고 더 나아가 ~을 연결하다, 결합시키다, 관련시키다, 접촉시키다 등을 의미하는 라틴어 'communicare'(명사형은 communicatio)에서 나온 말이기 때문이다. 따라서 '간문화' 개념 안에는, 다른 문화에 대한 지식이나 이해의 결여 내지는 부족뿐만 아니라 자신의 문화를 타 문화에 대한 척도로 간주하거나 자신의 문화를 옳은 것으로 타문화는 잘못된 것으로 간주하는 것이 오해와 갈등을 불러일으킬 수 있다는 전제가 내재해 있다. 어느 경우이든 오해와 갈등 문제의 책임은 의사소통, 즉 간문화적 능력의 배양을 위한 교육과 학습의 부족에 놓여진다.

이런 이유로 인해 간문화적 능력은 행위자로 하여금 각각의 상황에 적합한 의사소통의 형식으로 문제해결에 적극적으로 참여해야 한다는 것을 강조하는 '간문화적 의사소통'으로도 이해된다. '간문화적 의사소통'은 "문화적 의미들을 중재하고 [상호작용하는] 사람과 상황에 따른(*partner- und situationsbezogen*) 효과적인 소통의 방식들을 전개시키는 능력"(Schenk, 2001: 59)이다. 문화 간의 의사소통의 특징들을 고찰하고 문화에 대한 근본인식과 문제 해결의 능력을 체득하는 것을 지향한다는 점에서는 '간문화적 능력'과 '간문화적 의사소통' 간에는 본질적인 차이가 없다고 할 수 있다. 인문·사회과학에서 '간문화적 의사소통(Interkulturelle Kommunikation)'을 말할 경우에 그것은 "상이한 문화들로 구성된 행위자들(개인들, 사회집단들, 조직들, 공동체들, 사회들, 국가들)의 사회적 상호작용"11)을 의미한다. 독일 뮌헨대학(Ludwig-Maximilians-Universität München)의 문화학부(Fakultät für Kulturwissenschaften)의 간문화의사소통연구소(Institut für interkulturelle Kommunikation)는 간문화적 의사소통이 3가지 영역("간문화적 상황에서 인간의 행위, 행위에 대한 문화적 다양성의 영향, 문화적 차이의 구성과정")을 다루고 있으며, 그 목적이 "간문화적인 행위와 맥락을 분석할 수 있고, 문화적으로 상이한 행위자의 의미지평을 해석할 수 있으며, 행위자 스스로 간문화적으로 유능하게 행위

11) Interkulturelle Kommunikation (http://de.wikipedia.org/wiki/Interkulturelle_Kommunikation).

할 수 있게 하는 이론적, 방법적 그리고 실제적(sachinhaltliche) 도구를 배우는 데"[12] 있다고 밝히고 있다.

'간문화적 의사소통'은 문화에 대한 '편견'과 '고정관념'을 구분해서 이해하고 있다. 특히 인종주의는 극복되어야 할 가장 중요한 편견들 중의 하나가 된다: "간문화적 의사소통에서 편견은 문제로 귀결될 수 있다. 편견은 고정관념과는 반대로 항상 부정적인 함축성을 가지므로 종종 오해로 귀결될 수 있다. 간문화적 의사소통은 점증하는 세계화를 통해 이 세계화의 일부로서 그 의미가 점점 커가고 있다. 게다가 전 세계적인 노동분업과 유동성 그리고 여행의 자유와 대중여행 및 (이메일 등과 같은) 새로운 의사소통의 기술의 발전을 통해 상이한 문화권의 사람들 사이에 점점 접촉이 증대되고 있다. 문화적으로 다른 것을 이해하기 위해서는 인종중심주의의 극복이 필수적이다."[13]

위에서도 나와 있지만, 간문화적 의사소통에서 '문화적 맥락' 혹은 행위자의 '의미지평'을 이해한다는 것은 중요하다. '문화적 맥락' 혹은 행위자의 '의미지평'을 이해한다는 것은 명시적 언어형식뿐만 아니라 무언의 형식으로 이루어지는 의사소통의 형식도 고려한다는 것을 의미하기 때문이다. 소통의 과정은 "비언어적인 표형양식" 속에서 자주 무의식적(unbewusst)"(Broszinsky-Schwabe, 2011: 27)으로 드러나지 않고 진행되는 경우가 있다. 즉 '의사소통'이라는 개념에 특별히 '간문화적'이라는 수식어가 붙었을 때 염두에 두고

12) Institut für interkulturelle Kommunikation (http://www.ikk.uni-muenchen.de/index.html)
13) Interkulturelle Kommunikation (http://de.wikipedia.org/wiki/Interkulturelle_Kommunikation).

있는 것은, '간문화적 의사소통'이 인간에게만 특별하게 존재하는 언어와 같은 의사소통의 수단에만 국한되지 않고 인간들과 문화들 간의 상호적 연결과 접촉 그리고 전달과 관계하는 유형·무형의 모든 것을 고려한다는 점이다. 이것은 (간문화적인 상황에서) 한 문화에서 통용되는 "표시들과 상징들의 의미에 상응하는 것들이 타문화에 없을 때"(Broszinsky-Schwabe, 2011: 27) 타문화에 대한 오해와 불이해가 나타나며 이러한 상황은 언어의 다양성 자체만큼이나 간문화적인 의사소통을 어렵게 한다는 현실을 반영하고 있다.

Ⅳ. 간문화적 현실에 대한 고려: 시민교육 혹은 정치교육의 의미

포괄적 의미에서는 '간문화성' 일반 그리고 특수하게는 '간문화적 능력' 및 '간문화적 의사소통'과 관련하여 제기되는 하나의 근본적인 물음은 과연 이러한 것들이 지향하는 바가 무엇이냐의 문제이다. 이것은 '간문화성'과 '간문화적 능력'/'간문화적 의사소통'에 내재한 철학적 시각의 문제이다. 말(Ram Ahar Mall)의 입장은 이와 관련하여 주목해 볼만하다. 그는 예컨대 "간문화적 철학"에는 철학적, 신학적, 정치적 그리고 교육적 시각 등 네 가지 시각이 있는 데, 이 중에서 교육적 시각이 가장 중요하다고 주장한다. 교육적 시각은 "가족과 사회에 관한 다른 세 가지 시각들의 제반 통찰과 견해를 유치원에서 대학에 이르기까지 사고와 행위 속에서 배우고 가르치는 실천적 시도"이며, "오직 그렇게 했을 경우에만 모든 영역에서의 근본주의들에 대항하는 효과"를 가질 수 있다는 것이다. 그는 근본주의자들이 "실천적-정치적 무대를 일단 지배하게 되면, 그것은 교육학에 대해 [해결하기에는] 너무 늦다"라고 결론 내린다(Mall, 1998: 9f).

그러나 교육적 시각과 정치적 시각은 전혀 다른 것으로 이해될 필요는 없을 것이다. 양자는 서로가 보완관계에 있어야 할 것이다. 여기서는 양자 간의 관계에 대해 다루지 않을 것이다. 단지 본 논의의 맥락에서 강조하고 싶은 것은 교육적 시각과 정치적 시각이 어떤 형태의 '근본주의'에도 반대한다는 의미에서 서로 다른 것일 수 없다는 점이다. 사실 문화들 '사이'에서 사고하고 행위한다는 '간문화성' 그리고 바로 이러한 이념을 구체적 교육으로 구체화시킨 '간문화적 능력'/'간문화적 '의사소통'은 다문화사회를 근본적으로 위협하는 근본주의를 포함하는 여러 종류의 시도에 대항하는 중요 개념들이다.

교육적 시각은 자칫 문화의 문제를 교육의 이름으로 탈정치화시키는 결과를 만들어 낼 수도 있다. 교육적 시각은 정치적 시각으로 정치적 시각으로 보완 내지는 발전해 나아갈 필요가 있다. 타자를 이해하지 않으려는 자세는 자문화에 대한 가치절상과 타문화에 대한 지나친 가치절하 및 편견을 특징으로 한다. 이러한 자세의 근저에서 볼 수 있는 것이 정체성으로 이해되는 '나' 혹은 '우리' 의식(혹은 행위의 핵심으로서 세계관)이다. 근본주의도 이러한 정체성의 한 표현물이다. 정체성이 어떻게 표현되느냐에 따라 그것이 정치적 근본주의나 종교적 근본주의로 나아갈 수도 있으며 타문화를 억압하고 동화시키려하거나 파괴하려는 행위로 나아갈 수 있다.

특정의 문화에 대한 명백한 소속감 그리고 이것이 초래하는 정체성의 문제를 다루기 위해서는 '간문화적 능력'/'간문화적 '의사소통'

이라는 순수 교육적 시각을 넘어 보다 고차원적인 정체성의 형성을 위한 정치적 시각이 필요하다. 이것의 핵심에 '시민교육' 내지는 '정치교육' 개념이 있다.

시민교육(civic education)은 "영미 언어권에서 탄생한 교육 모델"로서, 그 목적은 "전생애에 걸친 [...] 학습을 통해서 민주적인 행위와 사고를 익히도록 하며, 이를 통해서 민주주의와 시민사회가 실제적으로 작동하는 것을 보장"하게 하는 데 있다.[14] 시민교육은 특별한 사회적 문제(이민 문제, 인종주의, 불관용, 이기주의, 세계화 등)에 대한 반응으로 나온 것이며, 특히 청소년들(미래의 시민)로 하여금 적극적으로 민주주의와 사회를 함께 만들어 가도록 하는 과제를 짊어지고 있다.[15] 요컨대, 시민교육은 "훌륭한(good) 시민"의 육성을 목적으로 한다.[16] 시민교육과 동일한 의미로 사용되는 것이 정치교육(Politische Bildung)이다. 정치교육은 "정치학, 역사학 그리고 교육학"에 뿌리를 두고 있는 인간형성 모델로서, 그 목적은 "정치적 사건들의 관계들에 대한 분별력" 그리고 "관용과 비판능력'을 키워주고, 이를 통해 "능동적 시민의 형성과 발전과 사회적 참여에 기여"하는 데 있다. 정치교육은 '정치사회화'의 부분영역인데, 정치사회화는 1차적 정치사회화의 장소인 가족에서 그리고 2차적 정치사회화의 장소인, 유치원, 학교, 미디어 등을 통해 유아기부터 시

14) Civic Education,
http://de.wikipedia.org/wiki/Civic_Education(검색일: 2012.3.5).

15) Civic Education,
http://de.wikipedia.org/wiki/Civic_Education(검색일: 2012.3.5).

16) Civic Education,
http://plato.stanford.edu/entries/civic-education/(검색일: 2012.3.12).

작된다(Calderón-Grossenbacher, 1998: 7).

시민교육 혹은 정치교육은 민주주의와 인권에서부터 의견형성과 결정과정에 이르기까지 다양한 주제들을 다룬다. 예컨대 스위스의 경우를 소개해보면 정치교육이 다루는 주제들과 하위주제들은 다음과 같다(Calderón-Grossenbacher, 1998: 32 참조).

주제들	하위주제들
역동적 국가형태로서 민주주의	권력 분립(입법부 사법부 행정부)의 모델, 시민의 의무와 권리, 정치적 참여의 가능성, 정치적 책임, 국가이론(국가의 역사적 발전, 국가의 형태, 국가의 변동), 국가적, 지역적, 국제적 정치 제도들
인권	인권선언 헌장, 양성 평등, 정치적 망명 제도, 외국인법, 관용과 타자(장애인, 소수집단, 주변집단, 타민족)에 대한 존경
평화와 안보	법과 법의 관철, 경찰과 군대, (일상적, 정치적, 전시상황적, 국가적 그리고 국제적) 갈등과 갈등의 해결
연대	사회보장, 공적 부조 (실업, 질병, 빈곤), 남북문제 (공정한 무역거래, 지원), 인도적인 지원
자연자원, 기술자원 그리고 금융자원에 대한 관계	자연보호, 경제질서(노동분업, 이윤의 분배, 노동의 권리), 소비 행태, 소비자단체
의견형성과 결정과정	정치적 의견 형성과 결정과정에서 의사소통의 형태, 정치적 의지의 형성과 민주적 절차, 정치에서 언론의 역할

정치교육은 특히 청소년들의 "정치적 판단력과 사회적 책임감"을 길러주는 교육을 의미한다. 정치교육은 궁극적으로는 시민을 정치적으로 "성숙(Mündigkeit)"하게 하는 데 있다. 시민은 정치적으로 성숙할 필요가 있으며, 정치적 성숙은 구체적으로 다음과 같은 3가

지 능력(Kompetenz)을 갖추는 것을 의미한다. 첫째, 그것은 자기책임을 인식하고 자기책임에 따라 행위할 수 있는 능력이다. 이것이 "자기능력(Selbstkompetenz)"이다. 둘째, 자신은 다른 사람과 사회적 관계를 맺고 있다는 것을 자각하고 그에 상응해 행위 할 수 있는 능력인데, 이것은 "사회적 능력(Soziale Komepetenz)"이다. 마지막으로 "객관화능력(Sachkompetenz)"이 있는 데, 이것은 객관 혹은 사실에 입각해 판단하고 행위할 수 있는 능력을 의미한다(Calderón-Grossenbacher, 1998: 15-16).

자기능력은 "세계와 일(Arbeit)에 대한 개인의 자세"로서, "개인능력(Individualkompetenz)"혹은 "인격능력(Personenkomeptenz)"으로도 불리어 진다.[17] 자기능력은 무엇보다 "자신의 행위과정을 조절하고 건강한 삶을 꾸려가는 것을 존중"[18]하는 자세이다. 자기능력은 자긍심, 유연성, 창조성, 자립성, 인내성, 배움의 의지, 의무감, 책임감, 반성능력 등과 같은 속성에서 구체적으로 표상될 수 있다.

사회적 능력은 자기능력을 전제로 전개된다. 사회적 능력의 사례는 예컨대, '아니오'라고 말하기, 희망이나 요구를 표현하기, 대화를 시작하고 끝내기, 부정적 혹은 긍정적 생각을 솔직히 말하기 등의 행위에서 볼 수 있다. 사회적 능력은 인간의 사회적 관계라는 맥락이 고려된다. 이점에서 그것은 특히 오늘날과 같이 '간문화'적 상황에서 중요한 의미를 갖는다고 할 수 있다. 간문화적 상황은 사회적 능력을 발전시킬 수 있는 좋은 기회를 제공해 준다. 우리는 (타문화

17) Schlüsselqualifikation
(http://de.wikipedia.org/wiki/Schl%C3%BCsselqualifikation)
18) Selbstkompetenz(http://de.wikipedia.org/wiki/Selbstkompetenz)

의 가시적 부분과 관련하여 대화를 통해) "서로로 부터 배우고", (타문화의 비가시적 부분과 관련하여 질문을 통해) "서로에 관해 배우며", (현재와 미래의 문제에 관한 프로그램을 공동으로 만듦으로써) "서로 함께 배운다."19) 이러한 배움의 과정은 사회적 능력의 성숙화 과정이다.

객관화 능력은 앞서 언급했듯이 객관 혹은 사실에 근거해서 판단하는 능력이다. 그것은 "정치적인 것의 범주들과 정치적인 것에 내재해 있는 개념들을 이해하고 이것들을 자유자재로 구사할 수 있을 뿐만 아니라 비판적으로 발전시킬 수 있는" 능력과 관계한다(Krammer, 2008: 9). 객관화 능력은 인문사회과학에 대한 어느 정도의 지식이 갖추어져 있을 때 가능하다고 할 수 있다. 왜냐면 정치적인 것(예컨대 정치적 상황 혹은 정치과정)을 이해하기 위해서는 그에 상응하는 전문적인 식견이 필요하기 때문이다. 정치적인 것의 범주들은 세 가지 차원으로 구성되어 있다: 형식적, 내용적 그리고 과정적 차원. 형식적 차원(정체, polity)은 헌법에 따른 정치의 구조와 질서(정부형태, 정당, 국제조직 등) 및 법질서(헌법, 법령, 규정 등)와 관계한다. 형식적 차원은 규범적 수준을 포괄하고 있다. 둘째, 내용적 차원(정책, policy)은 정치행위자의 과제와 목표와 관계한다. 내용적 차원은 문제해결과 사회관계의 형성을 목표로 하고 있으며, 이해관계의 갈등 및 목표를 둘러싼 갈등의 표현이다. 셋째, 과정적 차원(정치, politics)은 정치적 의사형성의 과정(선거, 투표, 로비 등) 및 정치적 결정(입법, 회담 등)과 관계한다. 과정적 차원은 이익

19) Arbeitsgemeinschaft katholisch-sozialer Bildungswerke in der Bundesrepublik Deutschland(2005: 3).

집단들이 자신들의 이해관계를 어떻게 관철시키려고 하는가라는 문제를 다루고 있다(Krammer, 2008: 9 참조).

자기능력, 사회적 능력 그리고 객관화 능력을 묶고 있는 공통의 요소는 앞서 살펴보았지만 '행위'이다. 다시 말해 자기책임의 인식, 사회적 관계의 자각 그리고 사실 판단의 문제는 인간의 내면에만 국한되는 순수한 추상적 사유의 문제라기보다는 궁극적으로는 행위의 문제이기 때문이다. 시민이 정치적으로 성숙했다는 것을 실제로 알게 되는 경우는 그(녀)가 자신의 '자기능력', '사회적 능력' 그리고 '객관화능력'을 행위로 구체화하였을 때이다. 여기서 행위는 정치교육이라는 맥락에서 본다면 일반적인 인간의 행위가 아니라, '정치적' 성격을 갖는 행위이다. 정치적 행위로 구체화되지 않는다면, 어떤 능력도 시민의 정치적 성숙의 지표가 될 수 없다.

행위가 시민교육 내지는 정치교육의 중요한 개념으로 자리 잡을 수밖에 없는 것은, 정치가 "사실에 관한 지식과 전문적인 지식을 순전히 지적으로 습득하는 것 이상이어야 한다"[20]는 근본적 고려에 기인한다. 요컨대 정치적 행위는 '자기능력', '사회적 능력' 그리고 '객관화능력'과 마찬가지로 시민의 정치적 성숙과 밀접하게 연관되어 있는, 그 자체로 독립적인 의미를 지니고 있는 능력으로 이해될 필요가 있다. 정치적 행위능력은 자기능력, 사회적 능력 그리고 객관화 능력을 포괄하는 시민의 정치적 성숙의 4번째 요소가 된다. 정치적 행위능력은 "정치적 갈등을 해소하고, 자신의 고유한 입장을 명확히 표현하며, 다른 사람의 정치적 입장을 이해하고 수용할 뿐만

20) Handlungsorientierte Methoden im Politikunterricht, 1/1995 (http://www.wochenschau-verlag.de/downloads/methoden.pdf).

아니라 사회 문제의 해결에 동참할 수 있는 능력과 능숙함 그리고 용의"(Krammer, 2008: 3, 7)이다. 정치적 행위능력에서 중요한 점은 단순한 지식의 암기가 아니라, 실제의 정치적 삶 속에서 나타나는 문제점들을 구체적으로 인식하고, 설명하며 토론하는 것이다. 그것은 다음과 같은 5개의 구체적 영역 속에서 발휘된다.[21]

이해관계와 의견을 명료하게 표출하기	- 자신의 의견, 가치판단 그리고 이해관계를 분명하게 표현하고 (공적으로) 대변하기 - 독자적으로 혹은 타인과 함께 공동의 이해관계 그리고/ 혹은 다른 사람들의 이해관계를 지지하기 - 타협을 수용하기
정치적 이해관계를 대변하고 관철하기 위한 활동	- 자신의 관심사를 관철하기 위한 민주적 수단 (예컨대 서명운동, 전단지 돌리기, 청원 등)을 이용하기 - 자신(혹은 타인)의 정치적 의견과 관심사를 널리 알리기 위해 매체를 이용하기 (예컨대 독자의 편지란, 채팅방 등) - 정치과정에 참여하여 여러 가지 정치적 책임을 떠맡기
의식적(자각적)으로 결정하기	- 정치적 의사 형성과정에 참여하는 것(예컨대 선거, 시위, 국민투표)을 자각적으로 결정하기 - 소비자로서 의식적인 결정을 내리기 - 여러 가지 입장들을 곰곰이 생각해 보고 결정하기 - 그 밖의 삶의 문제(교육, 직업)에 대해 근거있는(합리적인) 결정하기
정치적 공공영역의 제도들 및 인물들과 접촉하기	- 지역과 중앙 수준에서의 국가 제도들 그리고/혹은 정치적 관계자들과 접촉하기
각종의 제도들과 기구들이 제공하는 것을 이용하기	- 정부기구와 비정부기구 및 여타의 다른 제도들이 제공하는 것(예컨대 정당, 유아 및 청소년 변호사, 여성 긴급구조전화, 평화환경단체, 의회 등) 이용하기

21) Krammer(2008: 7)의 도표를 재구성 함.

오늘날 문화는 개인과 집단 그리고 국가 및 초국가적 수준에서의 정체성 문제와 사회의 통합 그리고 인권 및 민주주의의 문제와 밀접하게 관련을 맺고 있는 성찰적 반성과 토론의 핵심적인 키워드가 된다. '간문화성' 그리고 '간문화적 능력'/'간문화적 의사소통'의 맥락에서 시민교육 내지는 정치교육의 의미를 이해하는 것은 필요하다. 즉 문화들 '사이'의 문제가 갈등이나 반목 혹은 충돌로 나아갈 때 혹은 그러한 것으로 나아갈 잠재성을 가지고 있을 때, 그것은 단지 삶의 방식의 차이에 기인하는 순수한 문화의 문제는 더 이상 아니며, 정치적인 행위를 통해 해소될 필요가 있는 지극히 정치적인 문제가 된다. 이점에서 시민교육 혹은 정치교육은 '간문화적 능력'/'간문화적 의사소통'과 훌륭히 양립할 수 있다.

시민교육 혹은 정치교육 개념은 앞서 강조했듯이 고차원적인 정체성의 형성을 통해 문화들 사이에서 정치적으로 나타날 수 있는 문제의 해결에 기여할 수 있다. 고차원적인 정체성에 대립해 있는 것이 '우리'라는 집단 정체성이다. '우리라는 집단'의 최고 구현체는 물론 국가이다. 그러므로 고차원적인 정체성을 형성한다는 것은 국가정체성과는 다른 정체성을 형성한다는 것을 의미한다. 다시 말해 그것은 한 인간으로 하여금 특정 국가의 정체성(여기에는 정서적·자연적 감정이 정치적 반감 혹은 편견과 결부되어 있다)을 벗어나게 하거나 또는 다양한 정체성들이 섞여 있다는 의미에서 최소한 하나의 혼성적 정체성을 가지게 한다는 것을 의미한다. 물론 이러한 고차원적인 정체성의 형성이 이론으로 생각하는 것만큼 그리 단순한 것은 아니다. 무엇보다 다음과 같은 현실이 있기 존재하기 때문이다: "'우리'라는 집단은 한 인간의 정체성의 주요원천이자 삶의 위험으로부터 그 인간을 유일하게 확실히 보호해 주는 주요원천이다. 그렇기에 인간은 '우리'라는 집단에 평생동안 충성할 의무가 있다. 이러한 충성을 깨는 것은 인간의 가장 최악의 위반행위이다"(Hofstede, 1997: 65).

시민교육 혹은 정치교육 개념은 문제해결을 위한 무수히 많은 모델 중에 하나일 뿐이다. 이를 통해 문제가 실제로 얼마나 잘 해결되느냐는 별개의 문제이다. 그럼에도 강조할 수 있는 것은 시민교육 내지는 정치교육이 목적으로 하는 '시민적 성숙'이 문화들 간에 나타나는 정치적 문제 해결을 위한 출발점이 될 수 있다는 점이다. '정치적'이라는 말이 내포하고 있는 것은 중립적인 것으로 보이는 문화가 자세히 들여다보면 (불편부당한 것이든 편파적인 것이든 상관없이) 하나의 정치적 정향을 갖는다는 점이며, 따라서 문화들의 관계의 맥락에서 볼 때 세계관과 행위 자체는 항상 정치적 해결책을 자신 안에 내포하고 있다는 점에 있다. '정치적'이라는 것은 '다원적'을 의미한다. 현상되는 문화만큼이나 그것에 개입해 있는 세계관과 행위는 다원적인 것이다. 요컨대, 문화들 사이에서 현상하는 갈등이란 정체성(세계관과 행위)에 있어 갈등이며, 그것은 정치적 해결을 요구로 한다. 특히 문화의 문제가 인권이나 민주주의에 기반을 둔 주체의 구성 그리고 정체성 형성을 의미할 때 간문화성이란 의미에서 '사이'에서 이루어지는 시민교육 혹은 정치교육은 중요한 의미를 갖는다. '최악의 위반행위'를 피하려는 의도에서 행해지는 타문화에 대한 무시, 곡해, 억압, 파괴만큼이나 최악의 위반행위도 없을 것이다.

V. 맺는 말

본 연구는 다문화주의적인 전제는 받아들이지만, 다른 한편 이 전제를 가지고는 문화들의 관계를 통해 나타날 수 있는 문제를 이해하고 더 나아가 해결하는 데는 한계가 있다는 입장에서 문화의 문제에 접근했으며, 이를 위해 간문화성의 의미를 살펴보았고, 더 나아가 초문화적 문제틀 속에서 간문화성의 위상을 논의해 보았다. 그러나 본 연구는 다양한 문화의 존재(이것은 '다문화성'의 가장 중요한 강조점이다)라는 맥락에서 문화 간의 소통이 필요하다(이것은 '간문화성'의 가장 중요한 강조점이다)는 입장에서 출발하였지만, 소통의 결과로 합의에 도달하여 하나의 보편적인 문화로 나아가야 한다는 (이것은 '초문화성'의 가장 중요한 강조점이다) 당위를 입증하려는 입장은 취하지 않았다. 또한 간문화성에 내재한 교육의 이념을 간문화적 능력과 간문화적 의사소통의 맥락에서 탐구했으며, 이를 정체성 문제와 관련하여 시민교육 내지는 정치교육과 연계시켜 논의해 보았다. 이를 통해 문화는 독자적이고 고립된 실체가 아니라 교육을 통해 뒷받침되어진 정치적 행위의 맥락 속에서 '사이'에서 재구성될 수 있는 속성을 가진 하나의 현상이라는 점을 보여 주었다. 특히 문화가 인간 행위의 관계망 속에서 변화하는 과정으로서 이해되는 삶의 제반 양태이며, 이러한 양태를 향해 제기되는 물음들 혹은 그것에 대한 시각이나 입장 자체도 하나의 문화가 된다는 점에서 본 연구와 같은 시도는 문화를 이해하는 데 기여를 할 수 있을 것이다.

기본적으로 모든 인간은 같다는 의미에서 '사람은 사람이다'와 같은 "유사성의 가정"은 사람들에게 매력적으로 나타나는 데, 그 이유는 그러한 가정이 차이를 접할 때 나타나는 불편함을 감소시켜주기 때문이다. 그러나 '유사성의 가정'에 근거한 생각과 현실과의 거리는 너무 멀다. 즉 문화들 간의 관계 속에서 항상 내재해 있는 문제는 우리가 다른 사람을 (우리와는 다르게) 이상하게 행동한다고 여긴다든지 아니면 이러한 행동을 "'잘못된' 것으로 평가하고 '인종중심적으로' 다루게 될 가능성"(Barna, 2005: 337)이다. 이러한 문제의 해결이 앞에서 살펴보았듯이 간문화적 능력과 의사소통의 배양을 통해 어느 정도 해결될 수 있을 거라는 기대는 가능하다. 그러나 간문화적 고찰방법에 내재한 이러한 논리는 실상 학교에서 실제적으로 나타나는 구조적인 차별과 불이익뿐만 아니라 이주사회에 부과된 국가중심적인 사회정책적 및 경제적인 틀을 "분명하게 인식하지 못하게(ausblende)"[22)]하는 문제를 갖는다. 뒤집어 말하면 '간문화적 능력'과 '간문화적 의사소통'은 사회정책적이거나 경제적인 맥락에서 나타나는 문화의 문제를 해결하기에는 많은 한계가 있다. 이 경우에 간문화적 능력과 의사소통에 대한 강조는 근본적인 문제해결을 피해가려는 내용 없는 시도일 수가 있다. 예컨대 앞서 논의했지만 '간문화적 능력'이 기본적으로 분배와 사회정의의 실현 혹은 기존의 지배관계의 변화와 철폐 등을 목표로 하고 있지는 않다는 점을 고려한다면 그 한계는 더욱 분명해 진다. 각종의 사회정책을 통해서 간문화적 상황에서 행위하고 있는 참여자들로 하여금 자신들의 간문화적 능력을 갖출 수 있게 하고 잘 발휘될 수 있도록 하는 틀이 제공될 수 있다고는 하나, 이것이 앞서 언급된 한계를 극복하

22) Interkulturelle Erziehung
(http://de.wikipedia.org/wiki/Interkulturelle_Erziehung).

는 어느 정도 도움이 될지는 미지수이다.

'간문화성' 혹은 간문화적인 고찰방법은 문화들 '사이'에서 나타나는 문제가 동등한 권리가 확보되어 있는 공동학습과 의사소통을 통해서 해결될 수 있을 것이라는 낙관주의를 특징으로 한다. 이러한 낙관주의는 문화본질주의에 반대하는 다문화주의적 요구에도 적절히 상응하고 있다. 이러한 낙관주의가 가지는 단점은 동질적 문화를 전제하거나 정체성을 국가(민족)에 돌리는 방식에서 나타난다. 즉 간문화주의적 학습과 교육은 오히려 "문화주의적 스테레오타입을 고착시키고 편견을 전승시키는 데 기여"23)를 한다는 것이다. 그러나 모든 문화들이 동등한 권리를 가진 병존할 수 있으며 학습과정은 모든 측면에서 이루어 질 수 있다라는 간문화적인 고찰방법은 장점도 있다. 이 장점은 그것이 민주적 참여와 의사소통 그리고 편협한 국가주의를 뛰어 넘는 보편적 '인권'과 민주주의를 강조하는 교육개념으로 연결될 된다는 점에서 나타난다(Lohrenscheit, 2004 참조). 시민교육 내지는 정치 교육 개념은 이런 의미에서 간문화적인 고찰방법에 내재한 (적어도 간문화적 능력 및 간문화적 의사소통과 관련된 교육이 탈정치화의 가능성을 항상 내재하고 있다면) 교육의 이념을 적절히 보완해 줄 수 있다. 간문화성이라는 의미에서 문화들 '사이'에서 이루어지는 '시민교육' 혹은 '정치교육'은 개인과 집단 그리고 국가 및 초국가적 수준에서의 정체성 문제를 이해하고 문화들 사이에 나타나는 문제들에 대해 적절히 대응하는 데 중요한 기여를 할 수가 있다.

23) Interkulturelle Erziehung
(http://de.wikipedia.org/wiki/Interkulturelle_Erziehung).

간문화적 이해방식은 다양한 문화현상과 문화들 간의 관계를 매개하는 원천이 되는 인간의 세계관과 능동적 활동과 실천 및 소통을 전제하고 있다. 본 연구는 이 점에서 '간문화적 의사소통'에 내재한 무궁무진한 가능성에 관해 언급하고 논의를 마치겠다: "전반적으로 본다면, 간문화적 의사소통에는 오해의 여지를 엄청나게 많이 있지만, '장애들(Barrieren)'이 극복되자마자 당연히 엄청난 잠재성이 만남들 속에 있게 된다."[24)]

24) Interkulturelle Kommunikation (http://de.wikipedia.org/wiki/Interkulturelle_Kommunikation).

참고문헌

김상무. "독일의 상호문화교육정책이 한국 다문화교육정책에 주는 시사점."『교육사상연구』. 24-3호(2010), pp. 65-89.

박영자. "다문화시대 한반도 통일·통합의 가치 및 정책방향: 상호문화주의 시각과 교훈을 중심으로."『국제관계연구』. 17-1호(2010), pp.299-333.

박인철. "상호문화성과 윤리: 후설 현상학을 중심으로."『철학』. 103호(2010), pp. 129-157.

오영훈. "다문화교육으로서 상호문화교육: 독일의 상호문화교육을 중심으로."『교육문화연구』. 15-2호(2009), pp. 27-44.

이화도. "상호문화성에 근거한 다문화교육의 이해." 『비교교육연구』. 21-5호(2011), pp. 171-193.

장한업. "프랑스의 이민정책과 상호문화교육 -한국 사회에 주는 시사점을 중심으로."『불어불문학연구』. 79호(2009), pp. 633-656.

정창호. "독일의 상호문화교육과 타자의 문제."『교육의 이론과 실천』. 16-1호(2011), pp. 75-102.

최재식. "상호문화성의 현상학: 문화중심주의를 넘어 상호문화성으로."『철학과 현상학 연구』. 30호(2006), pp. 1-30.

최현덕. "경계와 상호문화성: 상호문화 철학의 기본 과제."『코기토』. 67호(2009), pp. 301-329.

허영식. "간문화성의 역사·행위영역·기본개념: 유럽과 독일의 동향을 중심으로."『한독사회과학논총』. 19-4호(2009), pp. 237-266.

허영식·정창화. "다문화사회에서 간문화교육의 현장착근방안 - 유럽과 독일의 동향을 중심으로."『한독사회과학논총』. 19-3호(2009), pp. 31-58.

홍경자. "야스퍼스에서의 세계철학의 이념과 전망 - 세계화시대의 상호문화철학을 중심으로."『철학연구』. 106호(2008), pp. 407-428.

Ackermann, Andreas. "Das Eigene und das Fremde: Hybridität,

Vielfalt und Kulturtransfer". *Handbuch der Kulturwissenschaften*(Bd. 3: Themen und Tendenzen). Friedrich Jaeger·Jörn Rüsen Hrsg. Stuttgart: Metzler, 2004, pp. 139-154.

Arbeitsgemeinschaft katholisch-sozialer Bildungswerke in der Bundesrepublik Deutschland, Sammlung interessanter Materialien und Methoden zur interkulturellen politischen Bildung (Projekt interkulturelle politische Bildung, Alfons Scholten c/o arbeitsstelle für jugendseelsorge, Carl--Mosterts--Platz 1, 40477 Düsseldorf), 2005.

Barna, Laray M. "Stumbling Blocks in Intercultural Communication". *Intercultural Communication: A Reader*, Larry A. Samovar·Richard E. Porter (Hrsg.). 7th edition. Belmont, CA: Wadsworth Pubishing Company, 2005, pp. 337-346.

Broszinsky-Schwabe, Edith. *Interkulturelle Kommunikation, Missverständnisse und Verständigung*. Wiesbaden: VS Verlag für Sozialwissenschaften, 2011.

Calderón-Grossenbacher, Ruth. *Politische Bildung in der Schweiz. Analyse des Lehrplans auf Sekundarstufe I im Kanton Bern*. Köniz: Ed. Soziothek, 1998.

"Civic Education." http://de.wikipedia.org/wiki/Civic_Education(2012년 3월 5일 검색).

"Civic Education." http://plato.stanford.edu/entries/civic-education/(2012년 3월 12일 검색).

De Florio-Hansen, Inez. "Introduction." *Towards Multilingualism and the Inclusion of Cultural Diversity*. Inez De Florio-Hansen (Hrsg.) Kassel: Kassel University Press, 2011, pp. 7-19.

Denisova-Schmidt, Elena·Willems, Joachim. *Interkulturalität und Interreligiosität. Eine konstruktivistische Perspektive*. Nordhausen: Traugott Bautz, 2008.

Freud, Sigmund. “Über eine Weltanschauung,” *Gesammelte Werke Bd. 15*. Frankfurt am Main: Fischer, 6. Aufl., 1973[1944].

Gadamer, Hans-Georg. *Hermeneutik I: Wahrheit und Methode - Grundzüge einer philosophischen Hermeneutik*. Tübingen: J.C.B. Mohr, 1990[1960].

"Gesetzes zur Förderung der gesellschaftlichen Teilhabe und Integration in Nordrhein-Westfalen." Landtag Nordrhein-Westfalen, 15. Wahlperiode(Drucksache 15/2944 05.10.2011) http://www.juramagazin.de/Interkulturelle-Kompetenz-im-Sinne-dieses-Gesetzes-umfasst-1-die-F%C3%A4higkeit-in-beruflichen-Situationen-mit-Menschen-mit-und-ohne-Migrationshintergrund-erfolgreich-und-zur-gegenseitigen-Zufriedenheit-agieren-zu-k%C3%B6nnen-2-die-F%C3%A4higkeit(2012년 11월 19일 검색).

Guthmann, Thomas. *Globalität, Rassismus, Hybridität: Interkulturelle Pädagogik im Zeichen von rassistischem Diskurs und hybrider Identität*. Hannover: ibidem-Verlag, 2003.

Habermas, Jürgen. *Die Zukunft der menschlichen Natur. Auf dem Weg zu einer liberalen Eugenik?*. Frankfurt am Main: Shurkamp, 2002.

“Handlungsorientierte Methoden im Politikunterricht.” 1/1995. http://www.wochenschau-verlag.de/downloads/methoden.pdf(2012년 3월 25일).

Herder, Johann Gottfried. *Band 1: Ideen zur Philosophie der Geschichte der Menschheit* (Ausgewählte Werke in Einzelausgaben Band 1 und 2). Berlin und Weimar: Aufbau-Verlag, 1965.

Herder, Johann Gottfried. *Auch eine Philosophie der Geschichte zur Bildung der Menschheit* (Johann Gottfried Herder Werke 4. Schriften zu Philosophie, Literatur, Kunst und Altertum 1774-1787). Jürgen Brummack·Martin Bollacher Hrsg. Frankfurt am Main: Suhrkamp, 1994.

Hofstede, Geert. *Lokales Denken, globales Handeln - Kulturen, Zusammenarbeit und Management.* Munchen: C.H.Beck, 1997.

"Institut für interkulturelle Kommunikation." http://www.ikk.uni-muenchen.de/index.html (2012년 12월 7일 검색).

"Interkulturelle Erziehung." http://de.wikipedia.org/wiki/Interkulturelle_Erziehung (2013년 1월 18일 검색).

"Interkulturelle Kompetenz - Schlüsselkompetenz des 21. Jahrhunderts, Thesenpapier der Bertelsmann Stiftung auf Basis der Interkulturellen-Kompetenz-Modelle von Dr. Darla K. Deardorff." Bertelsmann Stiftung, 2006.

"Interkulturelle Kommunikation." http://de.wikipedia.org/wiki/Interkulturelle_Kommunikation (2012년 12월 2일 검색).

Kammhuber, Stefan. *Interkulturelles Lernen und Lehren.* Wiesbaden: DUV, 2000.

Krammer, Reinhard. *Ein Kompetenz-Strukturmodell, Ein Projekt im Rahmen der Demokratie-Initiative der Bundesregierung, Bundesministerium für Unterricht, Kunst und Kultur.* Wien: Bundesministerium für Unterricht, Kunst und Kultur, 2008.

Lohrenscheit, Claudia. *Das Recht auf Menschenrechtsbildung - Grundlagen und Ansätze einer Pädagogik der Menschenrechte: Mit einer Studie über aktuelle Entwicklungslinien der 'Human Rights Education' in Südafrika.* Frankfurt am

Main/London: IKO-Verlag für interkulturelle Kommunikation, 2004.

Mall, Ram Ahar. "Philosophie im Vergleich der Kulturen. Interkulturelle Philosophie". *Polylog. Zeitschrift für interkulturelles Philosophieren.* No.1(1998), pp. 5-12.

"Multikulturalität, Interkulturalität, Transkulturalität, Plurikulturalität" http://www.ikud.de/Multikulturalitaet-Interkulturalitaet-Transkulturalitaet-und-Plurikulturalitaet.html (2012년 10월 6일 검색).

Nowak, Jürgen. *Leitkultur und Parallelgesellschaft. Argumente wider einen deutschen Mythos.* Frankfurt am Main: Brandes & Apsel Verlag, 2006.

Otten, Matthias. "Was kommt nach der Differenz? Anmerkungen zur konzeptionellen und praktischen Relevanz des Theorieangebots der Transkulturalität im Kontext der interkulturellen Kommunikation". *Konzepte kulturelle Differenz.* Alois Moosmüller Hrsg. Münster: Waxmann, 2009, pp. 47-66.

Schenk, Eberhard. "Interkulturelle Kompetenz," *Im Netzwerk interkulturellen Handelns: Theoretische und praktische Perspektiven der interkulturellen Kommunikationsforschung.* Jürgen Bolten·Daniela Schröter Hrsg. Sternenfels: Verlag Wissenschaft & Praxis, 2001, pp. 52-61.

"Schlüsselqualifikation." http://de.wikipedia.org/wiki/Schl%C3%BCsselqualifikation (2012년 3월 13일 검색).

"Selbstkompetenz." http://de.wikipedia.org/wiki/Selbstkompetenz(2012년 3월 20일 검색).

Simmel, Georg. "Exkurs über den Fremden". *Gesamtausgabe Bd.1,* O. Rammstedt Hrsg. Frankfurt am Main: Suhrkamp., 992[1908], pp. 767-771.

"Vorlage - zur Beschlussfassung - Gesetz zur Regelung von Partizipation und Integration in Berlin." Abgeordnete Haus Berlin, 15. Wahlperiode(Drucksache 16/3524 29.09.2010). http://www.parlament-berlin.de/ados/16/IIIPlen/vorgang/d16-3524.pdf (2012년 11월 5일 검색).

Welsch, Wolfgang. "Transkulturalität - die veränderte Verfassung heutiger Kulturen," Ein Diskurs mit Johann Gottfried Herder, *VIA REGIA - Blätter für internationale kulturelle Kommunikation.* No. 20, 1994. http://via-regia-kulturstrasse.org/bibliothek/pdf/heft20/welsch_transkulti.pdf(2012년 10월 21일 검색).

Welsch, Wolfgang. "Transkulturalität. Zur veränderten Verfaßtheit heutiger Kulturen." *Zeitschrift für Kulturaustausch,* No.1, 1995, pp. 39-44.

Welsch, Wolfgang. "Transkulturalität: zwischen Globalisierung und Partikularisierung, Interkulturalität - Grundprobleme der Kulturbegegnungen." *Studium generale der Johannes Gutenberg Universität Mainz*(Mainzer Universitätsgespräche SS 1998). Alois Wierlacher (Hrsg.). Mainz, 1999, pp. 45-72.

Welsch, Wolfgang. "Auf dem Weg zu transkulturellen Gesellschaften," *Differenzen anders denken. Bausteine zu einer Kulturtheorie der Transdifferenz.* Lars Allolio-Näcke·Britta Kalscheuer·Arne Manzeschke (Hrsg.). Frankurt am Main: Campus, 2005, pp. 314-341.

Welsch, Wolfgang. "Was ist eigentlich Transkulturalität?". *Hochschule als transkultureller Raum? Beiträge zu Kultur, Bildung und Differenz.* Lucyna Darowska·Claudia Machold (Hrsg.). Bielefeld: transcript-Verlag, 2009, pp. 39-66.

〈Abstract〉

Intercultural Reflection, Civic Education and Identity Problem

In the multicultural preposition of plurality of cultures, there is an idea of the coexistence of cultures. However, the problem in such a preposition is that it has the limit in understanding the meaning of 'between' of cultures and solving problems which appear 'between' of cultures. Thus this paper approaches to the question of the culture, based on the concept of 'interculturality'. Culture is not a reality that exists as it is. It is rather a procedural and constructive phenomenon. Cultures which come into phenomenon form a network of relationship called 'inter' or 'in-between'. This paper explores the meaning of this 'inter' or 'in-between' of cultures and deepens this subject in the context of 'intercultural competence'/ 'intercultural communication', 'civic education'/ 'politische Bilduing' and identity: Culture is not an independent and isolated unit but a phenomenon that can be constructed in-between - in the context of the education combined with political action.

[Key words] multiculturalism, interculturalism, transculturalism, civic education, identity

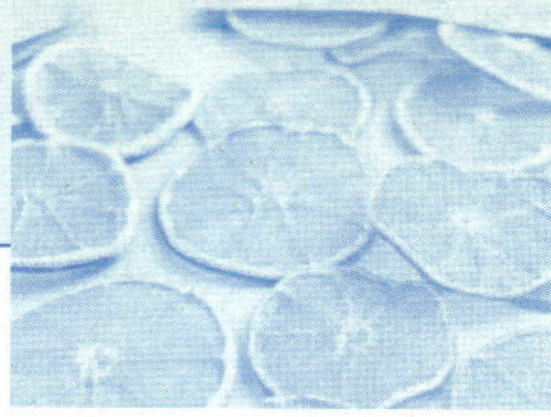

제 2 장

대한민국 헌법 그리고 정체성에 대한 간문화적 성찰[1)]

1) 제2장의 내용은 『민족연구』 제57호(2014.03.)에 게재한 필자의 글을 부분적으로 수정·보완한 것임.

〈국문초록〉

본 연구는 헌법에 규정된 '우리 대한민국'의 정체성과 '그들' 혹은 '너희들'의 사이를 어떻게 이해할 수 있을까라는 간문화적 문제의식에 입각에 헌법 전문에 구현된 범주들과 가치들에 관해 성찰적이고 비판적인 논의를 했다. 간문화적 입장이 중요한 이유는 '다문화사회'라는 것은 자연적인 특성뿐만 아니라 (인간 및 시민의 기본적 권리문제를 유발시키는) 정치적 요소를 포함하고 있는 복합적이고 다층적 개념이므로 문화에 대한 보다 섬세한 이해를 필요로 하기 때문이다. 본 연구가 주장하고자 한 것은 ('전통문화' 혹은 '민족문화'와 그렇지 않은) 문화들 사이의 시각에서 대한민국의 헌법의 의미를 이해한다면, 그동안 당연시되어온 것들이 문제시될 수 있으며 다문화시대에 상응하여 문화에 대해 새로운 의미 부여의 가능성이 열린다는 점이다. 이 경우 대한민국의 헌법은 '우리 대한민국'이라는 고유의 정체성에 의해 장악되어 있어 '사이'라는 의미에서 '문화들의 소통의 영역'이 현상하기 매우 힘든 특성을 가지고 있다. 부연하자면, 대한민국 헌법에는 다문화사회가 실현하고자 하는 목적과 양립하기에는 시대착오적 요소들이 녹아들어가 있다. 헤겔은 근대 국가의 이념을 개별 국가 속에서 보고 있다. 헤겔은 서술적 이해를 넘어 헌법의 개념을 규범적으로 파악하고 있는데, 헌법은 국가가 자신의 작용을 자신 속에서 구분하고 규정하는 한에 있어 이성적이라는 것이다. 그렇다면 다음과 같은 의문이 제기될 수 있을 것이다: 다문화시대에 상응하는 '국가의 작용'이 국가(헌법)에 '구분'되어 있지 않고 '규정'되어 있지 않은 대한민국이 과연 '이성적'인가?

[주제어] 간문화주의, 다문화주의, 대한민국 헌법, 한국의 정체성

I. 문제제기

1987년에서 정점을 이룬 한국 민주주의의 이념과 민주화 운동의 현실은 대한민국 헌법의 개정(1987년 10월 29일, 시행은 1988년 2월 25일)으로 일단 결실을 맺게 되었다. 87년 개정헌법이 한국 민주주의의 이념과 민주화운동의 현실을 제대로 반영하고 있는가라는 문제는 오늘날까지도 논란의 대상이 되고 있다. 각 분야에서 헌법 전반에 관해 학문적 탐구가 진행되어 오는 것이 이를 말해 주고 있다. '87년 체제'라고 불리어지는 학술용어의 핵심에 1987년에 개정되어 오늘에 존재하고 있는 대한민국헌법이 있다. 헌법에 대한 학문적 탐구의 대상은 87년 헌법에만 국한되어 있지 않다. 그것은 제헌헌법과 더 거슬러 올라가 대한 제국기의 '만민공동회'(1898)의 활동에 까지 이르고 있으며, 그 주제도 헌법의 역사적 기원, 정치권력의 구조와 이념, 경제이념, 건국이념, 역사적 정통성, 민주주의의 제도적 내용과 구성요소, 국가 정체성 문제 등 다양한 영역을 포괄하고 있다.

오늘날 헌법(constitution)으로 변역되어 우리가 알고 있는 용어의 어원은 전체 시민의 공동체, 시민적(정치적) 삶의 국가질서, 통치 내지는 지배 행사의 형태 등을 뜻하는 그리스어 'politeia'이다. 아리스토텔레스의 '정치학'은 'politeia'의 의미를 당대의 맥락에서 드러내 보여주고 있다. 그에 따르면 헌법은 한 국가내의 "여러 직권들(authorities)의 조직이자 특히 모든 직권들 중 최고(sovereign) 직권"의 조직이고, 최고 직권은 "정부(citizenbody)"이며 "헌법은 사실상 정부(the sum total of *politeuma*)"라는 것이다. 이처럼 "민주적 헌법들에서는 시민 혹은 다수(people or demos)가 최고(supreme)이고, 과두정에서는 소수"가 최고가 된다(Aristotle, 1972[1962]: Book Ⅲ. 6, 113). 이것은 국가질서의 상태에 대한 중립적 서술이다. 아리스토텔레스는 다른 곳에서, "헌법은 국가가 관직(offices of power)의 배분과 최고권(sovereignty)의 규정을 위해서 그리고 사회전체(social complex)가 각각의 경우에 실현하고자 하는 목적의 규정을 위해서 채택한 배열"(Aristotle, 1972 [1962], Book Ⅳ: 1, 151)이라고 적고 있다. 이것은 헌법에 대한 가치 규범적 서술이다.

아리스토텔레스의 '정치학'에 담겨 있는 헌법 개념은 수천 년 전에 노예제 사회를 토대로 했었던 그리고 여성들을 시민의 범주에서 배제시켰던 역사적 상황을 반영하고 있다. 그러나 오늘날에도 우리가 헌법을 이해하는 데 변함없이 중요한 역할을 하고 있다. 즉 그것은 국가의 통치 내지는 지배 행사의 형태라는 측면에서 뿐만 아니라 한 국가가 '실현하고자 하는 목적'의 측면에서도 헌법의 의미를 이해하는 데 지침이 되고 있다.

이러한 헌법 서술의 맥락(특히 후자의 맥락)에서 고려되어야 할 하나의 사실이 있는 데, 그것이 바로 대한민국 헌법이 마지막으로 개정된 지 이미 30년을 바라보고 있다는 것이다. 한국사회는 오늘날 국제결혼을 통한 결혼이민자와 외국인 노동자의 증가 속에서 87년에는 상상 할 수도 없었던 새로운 삶의 양식을 접하고 있다. 이러한 삶의 양식은 '다문화주의' 혹은 '다문화사회'로 개념화되고 있다. 이러한 변화는 꼭 '다문화사회'에서만 관찰가능한 것이 아니라 세계화 지구화의 영향하에 있는 지역 어디서든지 관찰가능한 것이다. 중요한 것은 변화의 중심에 한국이 서 있다는 점이다. '다문화사회'라는 새로운 삶의 양식은 '관직의 조직' 내지는 '최고 직권'으로서 정부의 변화라는 측면에서는 포착될 수 없는 것이다. 그러므로 이 새로운 삶의 양식은 '사회전체가 각각의 경우에 실현하고자 하는 목적의 규정'이라는 규범적인 의미에서 성찰될 필요가 있다. 즉 다음과 같은 물음이 중요해 진다: '다문화사회' 속의 대한민국 헌법은 이 사회가 실현하고자 하는 '목적'을 어떻게 규정하고 있는가?

한국이 호주나 미국 혹은 캐나다와 같이 (이주민이 원주민을 몰아내고 만든) 다문화사회로 나아간다는 것은 기대할 수는 없다할지라도, 적어도 (이주민이 사회내에서 소수로 존재하고 있는) 독일이나 영국 혹은 프랑스와 유사한 형태의 다문화사회로 나아갈 가능성이 있다는 것은 충분히 감지가 가능하다. 여러 법학자들 사이에서 다문화주의를 '문화국가원리' 속으로 해소시키려는 입장(김선택, 2010: 18-23; 성선제, 2012: 125-130)이 나타나고 있는 것은 우연이 아니다.

또한 "동화주의와 다문화주의 사이의 중간" 혹은 "'동화금지'와 '다문화주의' 사이의 어느 지점"을 다문화사회의 문제 해결을 위해 선택할 필요가 있다(김선택, 2010, 11: 34)는 주장과 독일의 경험에 비추어 '헌법교육'의 맥락에서 '헌법애국주의'를 다문화사회의 대응책으로 제시(오승호, 2011: 77-111)하는 입장 그리고 "다문화 가족에 대한 헌법적 배려의 출발점"을 '사회적 기본권'의 보장에 찾을 필요가 있다는 입장(전광석, 2010: 141) 등도 제기되고 있다. 더 나아가 "변화된 시대정신"에 상응하여 "세계인권선언, 인종차별철폐협약, 경제적·사회적 및 문화적 권리에 관한 국제규약, 시민적 및 정치적 권리에 관한 국제규약, 이주노동자권리협약 등의 국제인권법" 등을 "다문화사회의 헌법적 기초"로 삼을 필요가 있다(성선제, 2012: 140-141)는 주장도 제기된다. 마지막으로 언급될 것은, 탈북민 문제가 대한민국의 "헌법적 정체성"의 확립이라는 맥락에서 "본격적으로 다문화사회로 접어든 우리사회에서 가장 전형적인 '다문화사회문제'로 접근"되어야 한다(이덕연, 2013: 57-58)는 주장이다.

그러나 한국이 다문화사회냐 그렇다면 얼마만큼 다문화사회냐 혹은 다른 다문화사회와 어떤 공통의 그리고 차별적 측면을 갖느냐 그리고 이것의 해결책이 무엇이냐라는 물음 혹은 "다문화라는 용어가 정부의 정책집행의 수단으로 채택되어 관주도적인" 해결이 이루어지고 있다(최경옥, 2010: 8)는 등의 물음과는 별개로 '다문화'라는 개념이 학계와 일상생활 속에서 다양한 방식으로 사용되고 이해되고 있다는 현실 자체는 대한민국의 헌법의 의미를 다른 시각에서 새롭게 이해될 수 있고, 그동안 당연시되어온 것들이 문제시될 수 있는 단서를 마련해 준다.

본 연구는 이상과 같은 문제의식 하에서 대한민국의 헌법을 간문화적 입장에서 성찰해 본다. 성찰의 중심은 헌법 전문이다. 헌법에 대한 성찰의 목적은 현실문제의 해결을 위한 어떤 (정책적, 법률적) 대안을 제시하는 데 목적이 있는 것이 아니라, 과거와 현재 그리고 미래 사회에 대한 시각과 사유의 폭과 깊이를 키우는 데 있다. 즉 본 연구는 앞서 제기된 질문인 '다문화사회' 속의 대한민국 헌법은 이 사회가 실현하고자 하는 '목적'을 어떻게 규정하고 있는가?에 대한 대답을 직접적으로 제시하는 것이 아니라, 이러한 '목적'과 대한민국 헌법이 양립할 수 있는가의 여부를 비판적으로 성찰해 보고자 한다. 중요한 점은 문화의 현실문제에 대한 해결에 급급한 나머지 정책적 법률적 대안을 서둘러 제시하려는 자세는 바로 문화들 사이의 의미를 이해하는 것을 놓치게 된다는 것이다.

간문화적 입장을 취한다는 것은 특정의 문화적 실체에 입각해 다른 특정의 문화를 인식하고 평가한다는 것이 아니라(이러한 자세는 문화들이 처음부터 서로 고립되어 존재한다는 입장과 관계한다), 이러한 실체의 여부와는 상관없이 문화와 문화들 사이에서 문화를 이해한다는 것을 의미한다. 즉 "문화는 그 자체로 존재하기 보다는 과정적이고 구성적인 존재로서 현상하며, 현상된 문화들 '사이(inter-, 혹은 in-between)'로 일컬어 질 수 있는 관계의 망을 형성"한다. 바로 이 "'사이'의 영역이 문화들의 '소통'의 영역"이 된다(최치원, 2013: 375). 부연하자면 간문화적 입장은 다문화주의가 전제하고 있는 문화적 다양성을 인정하는 데서 출발한다는 점에서 유사한 측면을 갖지만, 하나의 특정 문화에서 다른 특정 문화를 바라보지 않는다는 점에서 차이를 갖는다.[2)]

이 맥락에서 본 연구가 중심주제로 삼고 있는 앞서의 질문('다문화사회' 속의 대한민국 헌법은 이 사회가 실현하고자 하는 '목적'을 어떻게 규정하고 있는가?)을 다시 구성하면 다음과 같다: '다문화사회' 속의 대한민국 헌법은 '사이'라는 의미에서 '문화들의 소통의 영역'이 현상하고 있는가?

---

2) 이것은 초문화적 입장인데, 간문화적 입장은 다문화와 초문화적 입장의 중간형태로 이해될 수도 있다. 이에 관해서는 최치원(2013, 특히 376-387) 참조.

헌법은 규범적 의미에서 한 국가의 지도 이념이자 정책의 방향을 제시해 주는 지침이며, 서술적 의미에서는 한 국가의 기본적인 정치적 질서와 기능 및 역할을 구분해 놓는 분류양식이자 국민 전체를 법과 권리의 이름으로 묶어 놓는 틀이지만, 학문적 연구자에게 그것은 시대에 상응하여 단지 하나의 독해 내지는 해석을 요구로 하는 사상적 그리고 철학적 텍스트일 뿐이다. 학자적 시각에서 볼 때 헌법에 내재한 각종의 이념이나 분류양식 혹은 틀이나 지침 등이 시대와 맞지 않으면 않을수록 그것은 보다 냉철한 비판의 대상이 될 수 있을 것이다. 이러한 비판은 헌법재판소의 권위 있는 법률적 해석이나 법학자들의 학설과도 관계가 없다.

II. 헌법에 나타난 대한민국의 정체성에 대한 비판적 고찰

1. 주어 혹은 주체 '우리 대한민국'의 정체성 문제

"유구한 역사와 전통에 빛나는 우리 대한국민은 3·1운동으로 건립된 대한민국임시정부의 법통과 불의에 항거한 4·19민주이념을 계승하고, 조국의 민주개혁과 평화적 통일의 사명에 입각하여 정의·인도와 동포애로써 민족의 단결을 공고히 하고, 모든 사회적 폐습과 불의를 타파하며, 자율과 조화를 바탕으로 자유민주적 기본질서를 더욱 확고히 하여 정치·경제·사회·문화의 모든 영역에 있어서 각인의 기회를 균등히 하고, 능력을 최고도로 발휘하게 하며, 자유와 권리에 따르는 책임과 의무를 완수하게 하여, 안으로는 국민생활의 균등한 향상을 기하고 밖으로는 항구적인 세계평화와 인류공영에 이

바지함으로써 우리들과 우리들의 자손의 안전과 자유와 행복을 영원히 확보할 것을 다짐하면서 1948년 7월 12일에 제정되고 8차에 걸쳐 개정된 헌법을 이제 국회의 의결을 거쳐 국민투표에 의하여 개정한다."[3]

대한민국 헌법은 위의 전문에서 보듯 '유구한 역사와 전통에 빛나는 우리 대한민국'을 주어 혹은 주체로 하여 자신의 이야기를 끌어가고 있다. 그리고 이 이야기는 '헌법을 이제 국회의 의결을 거쳐 국민투표로 개정한다'라는 술어로서 끝을 맺고 있다. 하나의 집합적인 정치적 의지로서 '우리 대한민국'은 헌법에 개입할 수 있는 권위와 권력을 가진 유일한 행위자가 된다. 즉 '우리 대한민국'은 민주주의의 원칙에 상응하여 헌법 개정의 주체로서 그러므로 헌법 제정과 수호의 주체로서 그 정당성을 부여받고 있다. 군주국이나 이와 유사한 국가체제에서는 전체로서 국민의 집합적 의지는 인정되지 않고 군주 혹은 소수의 지배자들의 의지가 우선적으로 고려되므로, '우리 대한민국'을 헌법 개정과 제정 그리고 수호의 주체로서 상정하고 있는 것은 규범적으로 정당하다.

헌법을 통해 전체 국민('우리 대한민국')과 민주주의적 질서가 매개되어 있다는 사실로부터 알 수 있는 것은 헌법에 내재한 규범적 정당성이 전혀 문제가 되지 않는다는 점이다. 이처럼 제1조 1항과 2항은 각각 '대한민국은 민주공화국이다'와 '대한민국의 주권은 국민에게 있고, 모든 권력은 국민으로부터 나온다'라는 점을 밝히고

3) 이하 '대한민국 헌법'의 원문은 http://www.law.go.kr/lsEfInfoP.do?lsiSeq=61603#AJAX (법제처/국가법령정보센터)에서 인용함.

있다. 이러한 헌법 제정권력의 규정과는 별개로 문제는 현실적으로 과연 누가 '우리 대한민국'인가라는 점이다. 예컨대 인간은 태어나면서부터 자유롭다라는 정당성의 문제는 인간이 과연 나면서부터 실제로 자유로운가라는 현실적 문제와 항상 상충이 된다. 마찬가지로 '우리 대한민국'이 전체 국민이라는 정당성의 문제는 실제로 누가 '우리 대한민국'인지라는 현실적 문제와 부딪히게 된다.

이 문제에 대해 헌법은 말 그대로 교과서적인 해결을 내 놓고 있다. 즉 헌법은 '대한민국의 국민이 되는 요건은 법률로 정한다'(제1장 제2조 1항)라고 규정해 놓고 있는 데, '법률'만이 '우리 대한민국'의 정체성을 규정하는 유일한 근거가 된다. '법률'에 묶여진 단수의 인간 존재가 대한민국의 전체 실존을 규정하고 있다. 이러한 규정은 국적 개념을 법으로 확실하게 자리매김하려는 지나치게 근대적인 일국중심적 사고를 반영하고 있다. '법률'에 묶여진 단수의 인간 존재가 대한민국의 전체 실존을 규정하고 있다는 것은 ('대한민국 제헌헌법' 혹은 '건국헌법'으로 불리어 지는) '대한민국 헌법 제1호'(1948)로 돌아가 보면 알 수 있다. 제헌헌법은 헌법의 이야기의 주어를 '우리들 대한민국'으로 설정하고 있는 데, 여기서 '우리들 대한민국'이란 "일제의 〈조선호적령〉에 의존"하고 있는, "실정법상 '북위 38도선이남 한반도 지역에 본적지를 둔 조선호적을 가진 자'"(김성호·최명호, 2008: 100-101)[4]이다.

4) 실정법상으로 '우리 대한민국'이 규정됨으로써 나타날 수 있는 현실적 그리고 잠재적 문제점들은 다음과 같다: "'우리(들) 대한국민'과 한국인 내지는 전체 한국민족 사이의 범주적 일치와 균열에 관한 고민은 1948년의 시원적 상황에서 해소되지 않은 상태로 지금까지 이어지고 있다. 일례로 재외국민의 투표권이나 이주노동자의 참정권, 또 재외교포의 이중국적 등 당면해 있는 법정책상 현안도 헌법전문에 규정된 '우리(들) 대한국민'의 정체성에 대한 법적•정치적

이러한 실정법상의 대답이외에도 누가 '우리 대한민국'인가라는 물음에 대해서는 다른 시각에서도 대답이 주어지고 있다. 예컨대 "대한민국 특유의 정체성 확보에 관한 논제들 즉 국시, 국어, 국가, 국기, 수도"을 헌법에 확실히 하여 "다문화사회의 급속한 전개에 부응하여 국가로서의 대한민국의 정체성을 강화하는 방향으로 전환" 되야 한다는 것을 요청(성낙인, 2011: 101)하는 연구나 혹은 한국의 정당들에 표방된 '역사의식'이나 '이념'을 확고히 해서 정체성을 새롭게 정립해야 한다는 것을 요청(양승태, 2011: 5-27)하는 연구가 그것이다.

그런데 누가 '우리 대한민국'인가의 문제는 이상에서와 같은 실정법적 이해나 법률적 혹은 정치적 요청 이상의 성찰이 요구되는 문제이다. 결론적으로 말하자면, 대한민국의 헌법은 대한민국의 모든 인간을 '우리 대한민국'이라는 하나의 인간으로 묶어서 이야기함으로써 인간 속에서 다양성의 의미를 제거시키고 있다. 만약 '우리 대한민국'과 '그들' 혹은 '너희들' (대한민국이 아닌 것들) 사이에서 양자를 바라다보면, '우리 대한민국'이라는 것은 하나의 차별적인 단수의 정체성 개념임이 드러난다. '우리 대한민국'에서 바라다 본 '그들' 혹은 '너희들'이 이야기에 끼일 자리는 없다.

의미부여를 비껴가기 어렵다. 이는 대한민국의 미래를 그리는데 있어서도 마찬가지다. 현재 헌법규범화 되어있는 통일의 당위성 역시 대한민국 건국 이래 변함없는 헌법전문의 '우리(들) 대한국민'의 정체성과 결부시켜 해석해야 할지도 모른다. 통일의 헌법규범적 당위성을 인정하고 보더라도, 평화적 통일방안으로 논의되는 1민족2국가2체제론이나 1민족1국가2체제론 역시 결국 대한민국 헌법의 정신과 부합하기 위해서는 '우리(들) 대한국민'의 정체성 문제를 외면할 수는 없을 것이다."(김성호·최명호, 2008: 108).

이 문제는 미국 헌법(the United States Constitution)의 전문을 비교의 관점에서 살펴보면 확연하게 드러난다.

"We the People of the United States, in Order to form a more perfect Union, establish Justice, insure domestic Tranquility, provide for the common defence, promote the general Welfare, and secure the Blessings of Liberty to ourselves and our Posterity, do ordain and establish this Constitution for the United States of America."5)

미국의 헌법 역시 '우리 미국 국민(We the People of the United States)'이라는 주어를 설정하여 헌법의 이야기를 시작하고 있다. 겉보기에 '우리 미국 국민'은 대한민국 헌법의 주어와 공통점을 보이고 있다. 그러나 미국이라는 국가가 여러 이주민과 원주민이 섞여진 다인종·다민족의 조건 속에서 출발하였다는 점이 고려된다면, 이 공통점은 차이로 바뀌게 된다. 다시 말해 '우리 미국 국민'이라는 주어는 한국의 경우에서와는 달리 단수의 정체성이 아니라 출발점에서부터 이미 복수의 정체성이 내재해 있는 개념인 것이다. '우리 미국 국민'은 '우리 대한민국'과는 달리 '너희들' 혹은 '그들'이라는 타자를 포섭할 수 있는 공간을 자신 속에 이미 갖추고 있는, 다층적 정체성의 주어인 것이다.

이 맥락에서 본다면 "다문화주의의 헌법적 수권 근거를 헌법 전문에서 찾을 수 있는지는 의문"(최윤철, 2012: 17)이라는 주장 혹은 대한민국 헌법에 명시된 '민족' 개념을 "대체하고 국민을 보완할 개

5) The United States Constitution, http://constitutionus.com/

념으로서 시민" 개념(즉 "외국인, 여성, 소수, 인종, 언론, 성적 소수자, 인권, 노인, 교육 등 각종 사회문제와 연관된 시민사회단체들"의 맥락에서 이해될 수 있는 "우리사회의 모든 분야와 모든 구성원을 아우를 수 있는" 시민 개념)을 받아들일 필요가 있다(이한태, 2013: 437)는 주장은 전혀 이상할 것이 없다.

그러나 이 모든 문제는 법학적인 해석이상의 의미를 가지고 있다. 우선적으로 강조될 것은 다음과 같은 것인데, 즉 '우리 대한민국'이 차별적인 단수의 정체성 개념이라는 점이 바로 이 주어를 꾸미는 형용구, 즉 '유구한 역사와 전통에 빛나는'을 들여다보면 구체화 된다는 점이다. 사실 '유구한 역사와 전통에 빛나는'이라는 형용구는 너무 독특하다. 그것은 한편에서 너무 추상적이며, 다른 한편에서 너무 자기 역사중심적이다. '유구한 역사'와 '빛나는 전통'이라는 것은 문화들 사이의 입장에서 본다면 '너희들' 혹은 '그들'을 소외시키고 있다는 의미를 갖는다. 혹은 그것은 형용구라는 단순한 의미를 넘어 '너희들' 혹은 '그들'을 암암리에 역사와 전통이라는 이름의 위계질서 속으로 편입 내지는 동화시키고자 의도를 숨기고 있다. '빛나는' 전통의 '빛'은 겉보기에는 '너희들' 혹은 '그들'을 비춰 주는 일종의 영적인 기운 같은 뉘앙스도 풍기지만, '빛나야' 할 것은 전통이라기보다는 자유나 정의 같은 보편적 가치이다. 이제 대한민국 헌법의 영문번역본을 살펴보자.

"We, the people of Korea, proud of a resplendent history and traditions dating from time immemorial, upholding the cause of the Provisional Republic of Korea Government born of the March First Independence Movement of 1919 and the democratic ideals of the April Nineteenth Uprising of 1960 against injustice, having assumed the mission of democratic reform and peaceful unification of our homeland and having determined to consolidate national unity with justice, humanitarianism and brotherly love, and

To destroy all social vices and injustice, and

To afford equal opportunities to every person and provide for the fullest development of individual capabilities in all fields, including political, economic, social and cultural life by further strengthening the basic free and democratic order conducive to private initiative and public harmony, and To help each discharge those duties and responsibilities concomitant to freedoms and rights, and

To elevate the quality of life for all citizens and contribute to lasting world peace and the common prosperity of mankind and thereby to ensure security, liberty and happiness for ourselves and our posterity forever, Do hereby amend, through national referendum following a resolution by the National Assembly, the Constitution, ordained and established on the Twelfth Day of July anno Domini Nineteen hundred and forty-eight, and amended eight times subsequently."[6)]

이상에서 보듯 문제의 주어와 형용구의 영어 번역은 'We, the

6) The Constitution of the Republic of Korea, http://ri.ccourt.go.kr/eng/ccourt/news/related.html.

people of Korea, proud of a resplendent history and traditions dating from time immemorial'이다. '유구한'의 영어 번역이 'dating from time immemorial'인데, 사전적 의미로 풀어쓰면, 'extending back beyond memory, record, or knowledge', 즉 '기억이나 기록 혹은 앎을 넘어서 돌아가 있는'이다.

도대체 기억이나 기록과는 무관한 혹은 우리가 전혀 알지 못하는 '우리 대한민국'의 역사와 전통이라는 것이 무엇인가? '우리 대한민국'의 역사와 전통이 네안데르탈인이나 호모사피엔스가 살던 선사시대부터 이미 존재하여 '빛'을 발하였다는 것인가?

정도의 차이는 있겠지만 세계의 많은 국가들 중에서 유구한 역사와 전통이 없는 나라는 없을 것이며, 또한 그러한 역사와 전통이 빛나지 않은 나라도 없을 것이며, 그것에 대해 자부하지 않는 나라도 없을 것이다. '유구한 역사와 전통에 빛나는'이라는 형용구에는 과거에 대한민국이 주변국에 당했던 치욕에 대한 콤플렉스를 감추고, 역사적으로 받아온 고통을 정신적으로 보상받고, 난관을 헤쳐 왔다는 자부심을 천하에 과시하는 효과를 불러내고 있다. 이 자부심은 민족의식 혹은 민족정신으로 이해될 수 있다. "다소 국민과 민족에 충실한 우리의 현행 헌법적 사고"(서보건, 2013: 294)의 껍데기를 뚫고 심층부에 이르면, 과거 조선 500년의 정신사를 끈끈하게 엮어온 문화적 우월주의로서 일종의 소중화의식이 자리하고 있는 듯하다. (단일의 혈통적 순수성을 상기시키는) 단수의 정체성에 (역사적 단일민족을 상기시키는) 단수의 민족정체성이 서로 톱니처럼 꽉 물리어져 있고, 거기다 전통과 역사로 촘촘하게 짜여진 필연성의 그물에 '우리 대한민국'에 '그들' 혹은 '너희들'이 들어설 공간은 없는 듯하다.

유럽에서 전통적으로 '문화민족(Kulturnation)'[7]을 자부했던 독일연방공화국 헌법(das Grundgesetz für die Bundesrepublik Deutschland)의 전문을 보자.

"Im Bewußtsein seiner Verantwortung vor Gott und den Menschen, von dem Willen beseelt, als gleichberechtigtes Glied in einem vereinten Europa dem Frieden der Welt zu dienen, hat sich das Deutsche Volk kraft seiner verfassungsgebenden Gewalt dieses Grundgesetz gegeben.

Die Deutschen in den Ländern Baden-Württemberg, Bayern, Berlin, Brandenburg, Bremen, Hamburg, Hessen, Mecklenburg-Vorpommern, Niedersachsen, Nordrhein-Westfalen, Rheinland-Pfalz, Saarland, Sachsen, Sachsen-Anhalt, Schleswig-Holstein und Thüringen haben in freier Selbstbestimmung die Einheit und Freiheit Deutschlands vollendet. Damit gilt dieses Grundgesetz für das gesamte Deutsche Volk."[8]

독일연방공화국 헌법도 '독일 국민(das Deutsche Volk)'을 주어로 헌법의 이야기를 시작하지만, 전문 어디에도 독일 국민의 문화적 그리고 민족적 자긍심을 고무시키는 형용구가 없다. 전문은 '독일

7) 이에 관해서는 Choi(2002, 111-116) 참조.
8) Das Grundgesetz für die Bundesrepublik Deutschland http://www.bundestag.de/bundestag/aufgaben/rechtsgrundlagen/grundgesetz/index.html

국민'이 '인간과 신에 대한 책임'을 의식하고 있으며, '통합된 유럽의 동등한 구성원으로서 세계평화에 봉사'하려는 의지에 의해 고무되어(beseelt) 있다는 것만을 밝히고 있을 뿐이다.

다음은 파시스트와의 투쟁을 통해 성립된 사회주의 구동독(독일민주주의 공화국)의 헌법(die Verfassung der Deutschen Demokratischen Republik) 전문이다.

"Von dem Willen erfüllt, die Freiheit und die Rechte des Menschen zu verbürgen, das Gemeinschafts- und Wirtschaftsleben in sozialer Gerechtigkeit zu gestalten, dem gesellschaftlichen Fortschritt zu dienen, die Freundschaft mit anderen Völkern zu fördern und den Frieden zu sichern, hat sich das deutsche Volk diese Verfassung gegeben."[9)]

구동독의 헌법도 역시 '독일 국민(das deutsche Volk)'을 주어로 헌법의 이야기를 시작하지만, 전문 어디에도 파시스트와의 영웅적 투쟁의 기억을 상기시키려고 하거나 민족적 혹은 역사적 자긍심을 주입시키려는 형용구가 없다. 전문은 '독일 국민'을 '인간의 자유와 권리들', '사회정의', '사회진보', '타국민들과의 우정과 평화' 등과 같은 보편적 가치들과 연결시키고 있다. 요컨대 현재의 통일된 독일 연방공화국이든, 아니면 통일 이전의 구동독이든 민족이나 계급을 상기시키면서 국가적 배타성을 주장하는 이야기가 없다. "한국인이 어떠한 형태의 노예상태도 죽음으로써 저항하겠다는 결의에 찬 행

9) Die Verfassung der Deutschen Demokratischen Republik (http://www.documentarchiv.de/ddr/verfddr1949.html)

위"를 보여준 3.1운동(서희경, 2006: 154)이 헌법의 전체를 규정하는 이념적 출발점이 되고 있다는 사실을 고려한다면, 이러함 문제는 더욱 크게 드러난다.

헌법의 이야기를 이끌어 가는 주어가 어느 누구에 의해서도 독점될 수는 없다. 이 주어는 구체적 인간의 삶의 현실을 반영해 가면서 자신을 끊임없이 바꾸어 가고 재구성하기 때문이다. 헌법의 이야기를 독점한 개인이나 집단 혹은 민족이나 국가에게 가장 효과적인 수단을 제공해 주는 것은 역사와 전통이다. 이야기의 독점자는 역사와 전통의 이름으로 '우리' 역사가 아닌 것과 전통이 아닌 것(다시 말해 그들의 것 혹은 너희들의 것)을 구별하고 차별하게 된다. '우리 대한민국'은 역사와 전통을 통해 자신의 정체성을 고정된 실체로 규정함으로써 유동적이고, 가변적이며 혼성화되는 정체성의 구성과정을 출발점부터 봉쇄하고 있다. 그것은 미래사회에 대한 상상력을 빼앗아 버리고 있다.

2. 주어 혹은 주체 '우리 대한민국'의 정체성 계보 문제

이제 이 문제에 대한 논의를 보다 구체화시키기 위해 '우리 대한민국'이 관계하는 범주들과 가치들에 관해 열거해 보자. 전문에서 볼 수 있듯이 '유구한 역사와 전통에 빛나는 우리 대한국민'은 다음과 같은 범주들과 가치들과 연관을 맺고 있다. 이 범주들과 가치들은 '우리 대한민국'이 과연 누구냐라는 정체성의 질문에 대답을 줄 수 있는 기본 요소들이다.

- '3·1운동으로 건립된 대한민국임시정부의 법통'
- '불의에 항거한 4·19민주이념'
- 이러한 법통과 이념의 '계승'
- '조국의 민주개혁과 평화적 통일의 사명'
- 이에 '입각하여 정의·인도와 동포애로써 민족의 단결을 공고'히 함
- '모든 사회적 폐습과 불의를 타파'
- '자율과 조화'
- 이를 '바탕으로 자유민주적 기본질서를 더욱 확고'히 함
- '정치·경제·사회·문화의 모든 영역에 있어서 각인의 기회를 균등'하게 함
- (각인의) '능력을 최고도로 발휘'하게 함
- '자유와 권리'
- 이에 따르는 '책임과 의무를 완수'하게 함
- '안으로는 국민생활의 균등한 향상을 기'함
- '밖으로는 항구적인 세계평화와 인류공영에 이바지'
- '우리들과 우리들의 자손의 안전과 자유와 행복을 영원히 확보할 것을 다짐'

이상에서 보듯 '우리 대한민국'은 각종의 범주들과 가치들로 이루어진 하나의 정체성 개념이다. 그런데 대한민국의 정체성을 구성하는 범주들과 가치들은 앞서 소개한 미국과 독일의 헌법 전문과 비교했을 때 다소 과장되었다고 할 정도로 너무 많고 난삽하며, 그것들이 만들어 내는 이야기도 너무 길다. 어쨌거나 이 범주들과 가치들

은 하나의 위계질서를 만들어 내고 있는데, (분석을 위해) 다음의 세 가지 수준으로 정리가 될 수 있다. 물론 이 세 가지 수준은 서로 분리되어 있는 것이 아니라 맥락적으로 연관이 되어 있다.

1.1. 「계보 1」 '3·1운동'을 출발로 하는 '임시정부의 법통'과 연관되는 범주들과 가치들: '평화적 통일의 사명', '정의·인도와 동포애로써 민족의 단결', '항구적인 세계평화와 인류공영에 이바지', '우리들과 우리들의 자손의 안전과 자유와 행복을 영원히 확보'
1.2. 「계보 2」 '4·19민주이념'과 연관되는 범주들과 가치들: '조국의 민주개혁', '모든 사회적 폐습과 불의를 타파', '자유민주적 기본질서', '자유와 권리'(이에 따른 '책임과 의무를 완수')
1.3. 「기타」계보 1에도 2에도 속하지 않는 중간 범주들과 가치들: '자율과 조화', '정치·경제·사회·문화의 모든 영역에 있어서 각인의 기회를 균등', '능력을 최고도로 발휘', '국민생활의 균등한 향상'

'우리 대한민국'이 '유구한 역사와 전통에 빛나는' 정체성을 가지고 있음에도, 이 정체성의 출발점은 '3·1운동'을 기점으로 하는 '임시정부의 법통'과 '4·19민주이념'이라는 비교적 근래의 사건들로 삼고 있는 것은 모순적이라 할 수 있다. '유구한 역사와 전통'이라면 더 근원으로 올라가서 '우리 대한민국'의 정체성을 주장해야 그 의미가 합당할 것이다.

'계보 1'이 말해 주듯 '우리 대한민국'의 정체성의 핵심은 과거(일제의 식민지배와 이에 대한 민족적 저항)에 대한 기억에 있다. 그러므로 정체성을 구성하는 범주들과 가치들이 민족의 독립과 단결 및 안전 그리고 이를 전제로 하는 평화의 가치 실현을 통해 자손을 보존하는 것을 최우선으로 하고 있다는 것은 당연하다고 할 수 있다. 실제로 기미 '3·1 독립선언서'(1919.3.1.)는 "구시대의 유물인 침략주의와 강권주의"를 강력히 규탄하면서, 한편에서는 "민족적 독립", "민족자존의 정권(正權)", "민족의 항구여일(恒久如一)한 자유발전" 그리고 "민족적 존영(尊榮)"의 필요성과 다른 한편에서는 "전인류 공존동생권(共存同生權)", "인류평등의 대의" 그리고 "세계문화의 대조류에 기여보비(寄與補裨)" 등의 필요성을 강조하고, 궁극적으로는 "자자손손의 영구완전(永久完全)한 경사스러운 복(慶福)을 인도하여 맞이할 것(導迎)"을 주장하고 있다.[10] 대한민국 임시정부의 헌법인 '대한민국 임시헌장'(1919. 4. 11) 역시 "동양의 독일인인 일본의 비인도적 폭행", "일본의 야만" 그리고 "일본의 폭력"을 고발하고, "국제도덕의 명(命)하는 바를 존수(遵守)"하여 "우리(我) 민족의 독립과 자유"를 되찾고 "자손만대의 자유와 복영(福榮)"을 누릴 것을 주장하고 있다.[11]

'계보 2'는 '우리 대한민국'의 정체성이 자유와 민주 그리고 인간존엄에 대한 염원에 있다는 것을 보여주고 있다. 이 염원은 4·19 혁명 당시에 유포된 수많은 성명서, 선언문, 결의문, 구호, 호소문 등[12]에 나타나 있다. '기타'는 '계보 1'에도 '계보 2'에도 끼일 수

10) 3·1 독립선언서
http://mtcha.com.ne.kr/korea-term/sosun/term3-1-31dogribsununsu.htm

11) 대한민국임시정부 헌법,
http://www.ccourt.go.kr/home/main/download/opencase/document/03_edit.jsp

없는 어중간한 범주들과 가치들이다. 경우에 따라서는, 예컨대 '정치·경제·사회·문화의 모든 영역에 있어서 각인의 기회를 균등'은 '계보 2'를 특징짓는 민주 혹은 인간 존엄 개념에 속할 수도 있을 것이고, '능력을 최고도로 발휘'는 자유 개념에 속할 수도 있을 것이다. 그러나 4·19 혁명이 '정치·경제·사회·문화의 모든 영역에 있어서 각인의 기회를 균등'이라든지 '능력을 최고도로 발휘'와 같은 가치를 실현시키려 했다고 보기는 어렵다. '자율과 조화' 그리고 '국민생활의 균등한 향상' 역시 이 경우 마찬가지이다.

인상학적으로 보자면, '우리 대한민국'의 정체성을 구성하는 '계보 1'과 '계보 2'의 범주들과 가치들은 대한민국이라는 얼굴의 전체 윤곽과 눈, 코, 입 그리고 귀에 해당한다고 할 수 있다. 다시 말해 이미 '계보 1'과 '계보 2'를 들여다보면 대한민국이 어떤 모습을 하고 있는 누구인지가 확인된다는 것이다. 그러나 어느 국가나 마찬가지이겠지만 그 얼굴(정체성)은 시대와 조건에 따라 변화할 수밖에 없고 변화해야 한다. 여기서 제기될 수 있는 문제는 '우리 대한민국'에 '다문화사회'나 '다문화주의'라는 범주나 가치가 들어설 여지가 아주 적다는 점이다. 아니 거의 없다고 하는 것이 보다 정확한 표현이 될 것이다.

하나의 국가가 자신의 민족적 정체성을 확보하기 위해 여러 가치들과 범주들을 헌법에 열거해 놓을 수는 있을 것이다. 그러나 다시 한 번 강조하자면, 대한민국의 헌법은 앞서의 미국과 독일의 헌법과 비교했을 때 그 전문에 너무나 많은 것들이 장황하게 열거되어 있다. 이렇다보니 헌법의 핵심을 찾기가 힘들 뿐만 아니라 정말로 헌

12) 4.19 공식문, http://www.419revolution.org/morgue/morgue_02.asp

법이 가져야할 진중한 의미가 사라지고 경박스럽게 보이게 까지 한다. 헌법 전문의 많은 가치들과 범주들이 단지 치장효과만을 불러내는 것은 아닌가라는 의문도 들게 한다. 특히 과거를 상기시키면서 처음부터 끝까지 '우리 대한민국'이 누구인지를 끊임없이 묻게 하면서 민족 관념을 불러내고 분열(분단)되지 않았던 과거의 건강한 원시적 정체성을 온전히 회복할 수 있다는 강력한 암시를 주는 방식이 오늘날과 같은 문화 다양성의 시대에 상응할 수 있는지는 의문이다.

그럼에도 '우리 대한민국'의 정체성에 확실하게 못을 박아 놓기 위해 헌법은 "국가는 전통문화의 계승·발전과 민족문화의 창달에 노력하여야 한다"(9조)는 조항을 달아 놓고 있다. 더구나 헌법은 대통령을 이러한 노력의 중심에 세워 놓고 있는데, "대통령은 취임에 즈음하여" "나는 [...] 민족문화의 창달에 노력하여 대통령으로서의 직책을 성실히 수행할 것을 국민 앞에 엄숙히 선서"(69조)해야 한다는 것을 밝히고 있다.

니체(Friedrich Nietzsche)는 우리에게 속한 것이 무엇인지를 생각하고 그렇지 않은 것은 무엇인지를 차별하던 독일 국민의 자세를 다음과 같이 비판한 적이 있다: "'독일이란 무엇인가'라는 물음이 독일인들에게서 결코 소진되지 않는다는 것이 독일인을 특징짓고 있다"(Nietzsche, 1968[1886]: 192). 니체가 미래적 시각에서 문제 삼았던 것은 끊임없이 민족이나 국가의 고유의 정체성을 불러내면서 과거를 이상화하려했던 독일인의 삶의 방식과 이를 이론적으로 정당화시키려 했던 지식인들의 독일중심적 사유세계였다. 니체의 이러한 비판은 독일이 나중에 치루어야 했던 커다란 댓가(즉 주변국에 대한 침략전쟁들을 통해 오히려 자기파멸을 맞이했다는 사실)를 고려한다면 적절한 문제제기였다고 할 수 있다. 그의 '미래철학'은 단 하나의 국가적 그리고 민족적 삶 이전에 고려해야 하는 인간의 삶의 다양성의 문제를 되돌아보게 한다.

물론 대한민국 헌법은 전문에 과거의 아픈 희생의 기억으로부터 평화주의적 이념을 명시해 놓고 있고, 또한 이것의 연장선상에서 '대한민국은 국제평화의 유지에 노력하고 침략적 전쟁을 부인한다'(5조 1항)라고 밝히고 있으므로 극단의 길을 택했던 과거 독일의 경험과는 비교되어서는 안 될 것이다. 아무튼 문제의 핵심은 다문화시대 속을 살아가는 '우리 대한민국'이 과거의 기억에만 의존하는 것이 정체성의 문제와 관련하여 어떤 의미를 갖느냐이다.

이 문제는 '계보 2'의 문제를 고려할 때도 적용이 된다. '계보 2'의 범주들과 가치들, 즉 '조국의 민주개혁', '모든 사회적 폐습과 불의를 타파', '자유민주적 기본질서', '자유와 권리'(이에 따른 '책임과 의무를 완수') 중에서 어느 것도 다문화 시대를 포용할 수 있는 것이 없다. 설혹 '자유와 권리'가 다문화시대에 상응할 수 있는 가치가 될 수 있을 것이라는 주장이 제기될 수 있을지도 모르겠지만, 반드시 그렇다고는 할 수 없다. 하나의 특정의 문화의 시각에서가 아니라 문화들 사이의 시각에서 본다면, 대한민국 헌법이 말하는 '자유와 권리'라는 것은 인간의 보편적 이념에 기반을 두기 보다는, '4·19민주이념'이라는 대한민국의 특수성을 더 반영하고 있는 개념이기 때문이다. 다시 말해 문제는 '4·19민주이념'이라는 특수성에서 출발하는 '자유와 권리'가 어떻게 다문화사회의 보편적인 자유와 권리를 포용할 수 있냐는 데 있다. 이 경우 '자유와 권리'는 '우리 대한민국'의 '자유와 권리'가 될 뿐이다. 뒤집어 말한다면, '그들' 혹은 '너희들'이 (동화 내지는 흡수를 통해서) '우리 대한민국'과 일치가 되었을 때 이들은 '자유와 권리'가 갖는다고 할 수 있다.

이상의 논의를 종합해 본다면, '3·1운동', '대한민국 임시정부의 법통' 및 '4·19민주이념' 그리고 이에 따르는 여러 범주들과 가치들은 '우리 대한민국'의 시각에서 본다면 당연한 것이고 전혀 문제될 것이 없는 것들이지만, 문화들 사이의 시각에서 본다면 그것들은 '우리 대한민국'이 '그들' 혹은 '너희들'과는 분명히 다르다는 것을 명확하게 하기 위해 있는 것들이다. 이 맥락에서 다문화 시대와 양립하기에 문제가 있는 범주들 내지는 가치들의 맥락에서 다음과 같은 의문들이 제기될 수 있다.

- '자유와 권리'라는 훨씬 탄력적이고 포괄적인 총괄개념을 가지고도 충분히 이해가 가능한 '우리 대한민국'의 정체성을 구태여 '자유민주적 기본질서'라는 편협한 가치의 틀에 가두어 놓는 이유는 무엇인가?
- '자유민주적 기본질서'가 과연 다문화시대의 문화적 다양성과 얼마나 양립이 가능할 수 있는가? 문화적 다양성을 견지하는 입장이 '자유민주적 기본질서'에 소위 말해서 위배되면 탄압의 대상이 된다는 것인가? 다시 말해 문화적 다양성보다 '자유민주적 기본질서'가 선행하기에 전자는 후자의 틀 속에서 표현되어야 한다는 것인가?
- 특히 '정치·경제·사회·문화의 모든 영역에 있어서 각인의 기회를 균등'히 하고 '능력을 최고도로 발휘'하게 하는 것이 '자유민주적 기본질서'의 틀 속에서 이루어지는 경우 오히려 다양한 문

화적 창발성에 장애가 되지는 않는가?

- ‘자유와 권리’에 (이에 따른) ‘책임과 의무를 완수’라는 범주를 부가하고 있는데, 이것보다는 ‘다문화적 표현’과 같은 범주가 보다 시대에 상응하지 않는가?
- ‘평화적 통일의 사명’이 ‘우리 대한민국’에 부여되어 있는데, 이 경우 ‘통일’의 이름으로 가치가 독점되고 다양한 문화적 목소리가 억압되거나 왜곡될 수 있는 위험은 없는가?
- ‘조국의 민주개혁’과 ‘모든 사회적 폐습과 불의를 타파’가 ‘자유민주적 기본질서’와 맞물려져 다양한 문화적 실존을 개혁과 폐습의 대상으로 몰고 갈 위험은 없는가?
- 다문화시대에 ‘자율과 조화’ 그리고 ‘국민생활의 균등한 향상’의 의미는 무엇인가?

만약 ‘우리 대한민국’이 다문화시대에 상응하여 미래를 전망하고자 한다면, 이러한 문제들에 대한 진지한 고민과 성찰이 필요할 것이다. 이것은 ‘우리 대한민국’의 정체성의 출발로 제시되는 ‘3·1운동’, ‘대한민국 임시정부의 법통’ 및 ‘4·19민주이념’이라는 특수성에 대해서도 마찬가지이다. 즉 이러한 특수성은 다른 어떤 나라와도 비할 수 없는 ‘우리 대한민국’만의 고유 경험이라는 의미에서 전문에 유지될 수는 있을 것이나, 그러기 위해서는 이러한 특수성이 인간보편적인 다문화적 시대에 어떻게 상응할 수 있는지에 관한 ‘우리 대한민국’의 진지한 고민과 성찰이 필요할 것이다.

III. 맺는 말

'다문화주의' 혹은 '다문화사회'는 마지막 헌법 개정 당시에는 일반인들에서뿐만 아니라 학계에서조차 거의 인지되지 않았던 개념이었다. 민족독립이라는 역사적 삶의 문제를 풀어가는 과정 속에서 3·1운동이, 그리고 민주주의와 민주화라는 정치적 삶의 문제를 풀어가는 과정 속에서 4·19 혁명과 5·18 민주화 운동 그리고 6월 항쟁이 표출되어 대한민국 헌법의 기본적 틀이 형성되고 유지되었다면, '다문화주의' 혹은 '다문화사회'는 그러한 정치적이고 역사적인 사건들과는 달리 자신의 존재의 의미를 헌법 속에 각인시키기에는 너무나 미미해 보이는 듯하다. 이것은 '다문화'와 접맥되어 있는 현재의 삶의 양식이 자신을 밖으로 드러내기 보다는 조용히 사회와 역사의 저변을 흐르고 있으며, 이에 따라 미시적으로는 식생활과 의복생활의 유형에서부터 거시적으로는 국민과 국가 혹은 민족의 의미가 보이지 않게 변해가고 있다는 사실과 연관되어 있다.

본 연구는 헌법에 규정된 '우리 대한민국'의 정체성과 '그들' 혹은 '너희들'의 사이를 어떻게 이해할 수 있을까라는 간문화적 문제의식에 입각에 헌법 전문에 구현된 범주들과 가치들에 관해 성찰적이고 비판적인 논의를 했다. '문화들 사이'의 입장에서 문화를 이해하는 방식의 장점은 다음과 같은 데서 나타나고 있는 데, 예컨대 하나의 문화(문화A)에게 문제로 비추어질 수 있는 다른 하나의 문화(문화B)라는 것은 어디까지나 고립된 것으로서 '문화A'를 상정하고 이 전제로부터 출발하여 '문화B'(이 경우 문화B 역시 고립된 것으로 간주된다)를 바라보는 것의 표현일 뿐인데, 만약 두 문화들 사이(문화C)에서 '문화A'와 '문화B'를 본다면 '문화B'는 문제가 되지 않을 뿐만 아니라, 두 개의 문화를 사이에서 두 문화를 생동감있고 역동적으로 이해할 수 있는 단서도 찾아질 수 있다는 것이다. 가령 하나의 문화(예컨대 대한민국의 문화)로부터 출발하여 다른 하나의 문화(예컨대 베트남 혹은 파키스탄의 문화)를 이해한다든지 혹은 이 다른 하나의 문화의 문제가 무엇인지 등등을 따지는 것이 아니라, 처음부터 두 개의 문화들 사이에 서서 문화들을 이해하는 입장이다. 따라서 대한민국의 문화의 속성의 문제나 베트남의 문화의 속성의 문제는 다문화주의에서 상정되는 것과는 달리 처음부터 커다란 의미를 갖지 않는다. 이러한 간문화적 입장이 중요한 이유는 '다문화사회'라는 것은 자연적인 특성뿐만 아니라 (인간 및 시민의 기본적 권리 문제를 유발시키는) 정치적 요소를 포함하고 있는 복합적이고 다층적 개념이므로 문화에 대한 보다 섬세한 이해를 필요로 하기 때문이다.

본 연구가 주장하고자 한 것은 ('전통문화' 혹은 '민족문화'와 그렇지 않은) 문화들 사이의 시각에서 대한민국의 헌법의 의미를 이해한다면, 그동안 당연시되어온 것들이 문제시될 수 있으며 다문화시대에 상응하여 문화에 대해 새로운 의미 부여의 가능성이 열린다는 점이다. 이 경우 대한민국의 헌법은 '우리 대한민국'이라는 고유의 정체성에 의해 장악되어 있어 '사이'라는 의미에서 '문화들의 소통의 영역'이 현상하기 매우 힘든 특성을 가지고 있다. 부연하자면, 대한민국 헌법에는 '다문화사회'가 실현하고자 하는 '목적'과 양립하기에는 시대착오적 요소들이 녹아들어가 있다.

헤겔은 근대 "국가의 이념"을 "개별 국가" 속에서 보고 있다. 그는 이 개별 국가가 "그 자체로 자신과 관계하는 구조물(Organismus)

인 헌법 혹은 [한 국가의] 내적 국법(Staatsrecht)"(Hegel 1967: § 259)이라고 규정함으로써 헌법과 국가를 동일시했다. 헤겔은 이러한 서술적 이해를 넘어 헌법의 개념을 규범적으로 파악하고 있는데, 헌법은 "국가가 자신의 작용(Wirksamkeit)을 […] 자신 속에서 구분하고 규정하는 한에 있어 이성적"(Hegel 1967: § 272)이라는 것이다. 그렇다면 다음과 같은 마지막 의문이 결론적으로 제기될 수 있을 것이다: 다문화시대에 상응하는 '국가의 작용'이 국가(헌법)에 '구분'되어 있지 않고 '규정'되어 있지 않은 대한민국이 과연 '이성적'인가?[13]

13) 이 마지막 의문은 아리스토텔레스가 헌법의 의미를 '사회전체가 각각의 경우에 실현하고자 하는 목적'을 규정하는 데서 찾고 있다는 방식에 상응하고 있다. 이에 관해서는 본 연구의 1장 문제 제기 부분을 참조할 것.

참고문헌

"대한민국임시정부 헌법."
http://www.ccourt.go.kr/home/main/download/open-case/document/03_edit.jsp(검색일 2014년 1월 6일).

"대한민국헌법." http://www.law.go.kr/lsEfInfoP.do?lsi-Seq=61603#0000(검색일 2013년 9월 6일).

"3·1 독립선언서." http://mtcha.com.ne.kr/korea-term/so-sun/term3-1-31dogribsununsu.htm (2013년 12월 15일 검색).

"4.19 공식문." http://www.419revolution.org/morgue/mor-gue_02.asp(2013년 12월 29일 검색).

"Das Grundgesetz für die Bundesrepublik Deutschland" http://www.bundestag.de/bundestag/aufgaben/re-chtsgrundlagen/grundgesetz/index.html(2013년 10월 11일 검색).

"Die Verfassung der Deutschen Demokratischen Republik." http://www.documentarchiv.de/ddr/verfddr1949.html(2013년 10월 11일 검색).

"The Constitution of the Republic of Korea." http://ri.ccourt.go.kr/eng/ccourt/news/rela-ted.html(2014년 1월 16일 검색).

"The United States Constitution." http://constitutionus.com/ (2013년 10월 11일 검색).

김선택. "다문화사회와 헌법". 『헌법학연구』. 16-2(2010), pp. 1-41.

김성호·최명호. "1948년 건국헌법 전문(前文)에 나타난 우리들 大韓國民의 정체성과 정당성". 『한국정치학회보』. 42-4(2008), pp. 87-112.

서보건. "다문화사회와 헌법상 국민개념의 변용". 『유럽헌법연구』. 13(2013), pp.293-320.

서희경. "한국정치학회보 대한민국 건국헌법의 역사적 기원 (1898-

1919): 만민공동회 · 3.1운동 · 대한민국임시정부헌법의 '민주공화'정체 인식을 중심으로제". 『한국정치학회보』. 40-5(2006), pp. 140-163.

성낙인. "헌법과 국가정체성". 『法學』(서울대학교). 52-1(2011), pp. 101-127.

성선제. "다문화사회의 헌법적 기초". 『홍익법학』(홍익대학교). 13-4(2012), pp. 119-144.

양승태. "국가정체성 문제와 한국의 정당: 거대 담론의 출발을 위한 정치철학적 시론". 『한국정치학회보』. 45-4(2011), pp. 5-27.

오승호. "다문화 사회의 헌법교육 모색: 헌법 애국주의 관점에서". 『법교육연구』. 6-1(2011), pp. 77-111.

이덕연. "헌법적 정체성 확립의 과제와 북한이탈주민의 헌법적 지위". 『저스티스』. 136(2013), pp. 27-63.

이한태. "헌법상 민족 개념에 대한 소고". 『인문사회과학연구』(부경대). 14-2(2013), pp. 415-443.

전광석. "다문화사회와 사회적 기본권: 헌법적 접근을 위한 시론". 『헌법학연구』16-2(2010), pp. 105-146.

최경옥. "韓國에 있어서의 多文化主義에 대한 憲法的 視覺". 『동아법학』. 48(2010), pp. 1-29.

최윤철. "다문화주의의 헌법적 수용에 관한 연구". 『공법연구』 41-2(2012), pp. 1-31.

최치원. "간문화적 성찰과 시민교육 그리고 정체성 문제 고찰."『인문학연구』(강원대). 36(2013), pp. 375-407.

Aristotle. *The Politics*. T. A. Sinclair (Trans.). Baltimore: Penguin Books, 1972[1962].

Choi, Chiwon. *Kulturkonzeptionen deutscher Gesellschaftswissenschaftler und Historiker seit dem späten 19. Jahrhundert*. Aachen: Shaker Verlag, 2002.

Hegel, Georg W. Friedrich. 1967. Grundlinien der Philosophie des Rechts. Johannes Hoffmeister hrsg. Hamburg: Felix

Meiner. unverän. Nachdr. 1967 der 4. Aufl. v. 1955.

Nietzsche, Friedrich. 1968[1886]. "Achtes Hauptstück: Völker und Vaterländer." Jenseits von Gut und Böse. Vorspiel einer Philosophie der Zukunft(1886). Giorgio Colli & Mazzino Montinari (Hrsg.). Nietzsche Werke/Kritische Gesamtausgabe, 6. Abteilung(2.Band). Berlin/New York: Walter de Gruyter.

〈Abstract〉

Intercultural Critics of the Constitution and Identity of the Republic of Korea - A Political Philosophical Interpretation

This study, starting from the perspective of the inter-culturalism, is a critical interpretation of the Constitution of the Republic of Korea and the Korean identity, which are defined in the Constitution. In the middle of the interpretation, there are the questions of We-the-people-Korea-identity and of constitutional values and categories which justify this identity. Through this study, it is intended to claim that the things, which have been granted, could be questioned, thus a horizon could be opened give a new meaning to culture. From this, it becomes clear that the Constitution of the Republic of Korea lacks elements which could generate a space for cultural communication in the sense of 'in-between'. Conversely speaking, it has elements that are too anachronistic to compatible with the 'end' that the multi-cultural society is aiming at realizing.

[Key words] Interulturalism, Multiculturalism, the Constitution of the Republic of Korea, Korean Identity, Aristotle & Hegel, Nietzsche

제 3 장

간문화능력과 간문화교육에 대한 동향과 함의[1]

1) 제3장의 내용은 『한독사회과학논총』 제23권 제3호(2013.09.)에 게재한 필자의 글을 부분적으로 수정·보완한 것임.

〈국문초록〉

다문화사회에서의 사회통합문제와 관련하여 최근의 동향을 살펴볼 때, 간문화능력의 개념이 여러 분야에서 키워드로 사용되고 있지만, 다른 한편으로 간문화능력과 간문화교육에 관한 질문은 내재적 문제점과 복합성을 안고 있다. 이러한 배경과 문제의식에서 출발하여, 이 글은 간문화능력과 간문화교육에 대한 최근의 동향을 독일의 사례를 중심으로 살펴보고, 여기에 기초하여 한국에서의 담론과 실천을 위한 함의를 도출하는 데 목표를 두었다. 본고에서 강조할 사항은 다음과 같다. 첫째, 이론적 구성개념으로서의 간문화능력과 관련해서는 여러 가지 구성요소모형이 존재하며, 이것은 이론적 엄밀성, 일반성과 영역특정성, 보편화가능성의 측면에서 한계와 문제점을 안고 있다. 둘째, 기존의 개념정의와 모형에서 배울 수 있는 사항으로는 인성적 전제조건과 잠재력의 측면을 강조한다는 점, 간문화적 소통·협력·공존을 위해서는 개인적·인성적 요인과 상황적 조건이 중요하다는 점, 간문화능력이라는 구성개념은 단순히 기술적인 개념이 아니라는 점을 들 수 있다. 셋째, 간문화교육의 이론적 기초로서는 타자의 인정문제와 상징적 상호작용론을 들 수 있으며, 간문화교육의 과제를 설정하는 데 있어서는 집단정체성과 개인정체성 사이의 긴장관계와 변증법에 중점을 두어야 한다. 넷째, 방법적 접근방안으로는 이야기, 사회적 관점취득의 기법, 그리고 간문화학습과정을 들 수 있다. 다섯째, 앞으로 간문화능력 및 간문화교육에 대한 담론과 토론의 활성화, 정책적 과제 설정, 구체적인 방법적 접근방안의 탐색 등에 보다 더 많은 관심과 주의를 기울일 필요가 있다.

[주제어] 간문화능력, 간문화교육, 구성요소모형, 상징적 상호작용론, 집단정체성

Ⅰ. 서론

다문화사회에서의 사회통합문제와 관련하여 최근 독일에서 전개되고 있는 동향을 살펴볼 때, 한편으로 간문화능력의 개념은 여러 사회분야에서 키워드나 유행어로 사용되고 있지만, 다른 한편으로 간문화능력이 무엇이고 그것을 어떻게 교육시켜야 할 것인가 하는 질문은 나름대로 다층적인 내재적 문제점과 복합성을 안고 있다.

대학과 다른 교육기관에서 간문화능력의 전달은 이미 상당히 오래전부터 교육프로그램의 구성요소로 간주되고 있다. 여러 대학의 새로운 '능력개발센터'에서 제공하는 교육프로그램에는 일반적인 기본자질·능력으로서 간문화능력이 포함되어 있는 경우가 많다. 국제적인 대학협력에서도 역시 간문화성을 기치로 내거는 경우가 적지 않다. 간문화능력은 여러 대학의 교육과 연구에서뿐만 아니라, 대학의 행정과 홍보의 틀 속에서도 역시 중요한 의미와 중요성을 차지하는 주제로 자리를 잡고 있다(Eril and Gymnich, 2010: 6-9; Hiller, 2010a: 19-22; Straub et al., 2010: 15).

최근에는 정보·기술·자본 등 거의 모든 영역에서 지구화가 확산되면서 대학 이외에도 간문화능력은 사회의 여러 부문에서 유행어로 거론되고 있다. 이와 관련하여 여러 학술회의와 워크숍이 개최되고 있으며, 예를 들면 다문화(작업)팀을 위해 일반적인 능력과 특정한 영역에 해당하는 능력을 전달하고자 하는 훈련프로그램과 강좌가 개설되고 있다. 인터넷에서도 간문화능력과 관련된 사이트와 자료를 상당히 많이 찾아볼 수 있다. 이주민가정의 아동과 청소년을 지원하기 위한 지역센터와 같은 공공시설, 청소년보호시설 이외에 여러 민간단체가 제공하는 프로그램을 인터넷상에서 적지 않게 찾아볼 수 있다. 그만큼 간문화능력 향상이 여기저기서 강조되고 있는 것이다. 이러한 훈련프로그램의 주요대상은 사회복지사업과 경제부문에서 종사하는 사람들이다. 그 이외에도 시장에서 등장하지 않는 조치나 프로그램의 보기로는 여러 기업에서 운영하는 사내연수조치(키워드: 간문화관리 혹은 다양성관리)와 개발협력기구에서 운영하는 훈련프로그램을 들 수 있다(Auernheimer, 2010: 7; Bender-Szymanski, 2010: 201-204; Kraemer, 2009: 211; Lanfranchi, 2010: 233-235; Luesebrink, 2008: 9-10, 75-78).

이러한 맥락에서 본고의 주된 목적은 간문화능력과 간문화교육에 대한 최근의 동향을 살펴보고, 여기에 기초하여 한국에서의 담론과 실천을 위한 함의를 도출하는 데 놓여 있다. 이러한 목적에 도달하기 위하여, 본고에서는 우선 간문화능력의 개념과 일반적인 특징에 주의를 기울이고, 이어서 간문화능력의 함양·신장에 지향을 둔 간문화교육의 이론적 기초와 방법론에 관해 논의한다. 이때 집단정체성과 개인정체성 사이의 긴장관계와 변증법에 중점을 둔다. 그 다음 우리나라에서의 적용가능성을 탐색하는 차원에서 간문화능력 증진을 위한 간문화교육의 실천사례를 예시적으로 소개하기로 한다.

II. 간문화능력의 개념과 특징

1. 구성개념으로서의 간문화능력

간문화능력에 대한 학문적인 담론과 토론에서 대체로 합의된 사항으로 관찰할 수 있는 것은, 어느 정도 역설적이지만, 간문화능력에 대한 간단명료한 개념정의나 진술의 힘이 실질적으로 강한 개념정의는 존재할 수 없다는 점이다. 몇 가지 개념정의가 거론되거나 인용되고 있지만, 거의 모두 전제조건을 상당 부분 포괄하고 있으며, 이러한 이유로 인해서 더 자세한 설명과 해설을 필요로 한다. 이론적 구성개념으로서 간문화능력은 대체로 일련의 가변적인 구성요소를 포함하고 있다.

그리고 이 구성요소는 어떤 개인의 그때그때 상당히 복합적인 자질과 성향(특징·특성·지식·능력·기능(技能))을 지칭하며, 그때그때의 상황에서 적합하게 작용을 하고, 행위를 안내할 수 있는 것으로 간주되고 있다. 하지만 이러한 기대는 늘 실현되는 것이 아니다. 왜냐하면 행위를 결정하는 데 있어서 그때그때의 상황적 요인이 매우 중요한 역할을 수행할 수 있다는 사회심리학적인 통찰이 이미 존재하기 때문이다. 어쨌든 간문화능력은 모든 가능한 것을 포함한 것으로 보이며, 그에 따라 일련의 다채로운 지식과 능력을 전달하고 가르쳐야 한다는 과제 역시 다층적인 양상을 띠게 된다(Straub et al., 2010: 16-17).

우선 상당히 추상적인 수준에서 비교적 간단하게 진술된 개념정의의 한 가지 보기를 소개하면 다음과 같다. 간문화능력을 갖춘 실천은 "특수한 물리적 환경 및 상징적 환경과 동일시하는 사람들 사이에서 이루어지는 효과적이고 적절한 상호작용이다”(Chen and Starosta, 1996: 358; Straub et al., 2010: 17 재인용). 이러한 개념정의는 대인관계에서 작용하는 소통능력이나 상호작용능력과 대체로 유사하며, 이것을 단지 특별한 맥락, 즉 ‘간문화적 교차상황’에 집어넣은 것으로 해석할 수 있다. 하지만 여기서 중요한 사항은 이 개념정의는 간문화능력을 갖춘 행위의 두 가지 핵심적인 기준, 즉 효과성과 적절성을 강조하고 있다는 것이다.

여기서 적절성이란 소통하는 자의 행위가 상황의 기대 및 요구에 들어맞는다는 것을 의미한다. 적절한 소통이란 사람들이 주어진 맥락에서 활용할 것으로 기대되는 상징을 활용한다는 것을 뜻한다. 이에 반해서 효과성은 원했던 결과를 실제로 도달했는지의 여부, 그리고 어느 정도 도달했는지에 비추어 측정된다. 사람들이 다른 사람들과 소통하면서 성취하고자 했던 결과의 보기로는 인간관계에서의 만족 또는 특정한 과제와 관련된 목표의 달성을 들 수 있다.

이 두 가지 기준은 다른 많은 개념정의에서 등장하고 있는데, 종종 매우 명시적으로 드러나지만, 어느 정도 암묵적인 상태로 남아 있는 경우도 있다. 하지만 간문화능력을 갖춘 행위자가 적절하고 효과적으로 행동할 수 있다는 것을 안다고 해서 간문화능력에 대한 개념정의가 충분하게 이루어졌다고 할 수 있는가 하는 의문이 제기된다. 이보다는 좀 더 자세하게 간문화능력의 개념적 특징을 진술한 보기로는 다음과 같은 정의를 들 수 있다.

“간문화능력은 자기 자신과 타자에게서 발생하는 인지·판단·감정·행위에서 작용하는 문화적 조건과 영향을 미치는 요인을 파악·존중하고, 그것의 가치를 인정하고, 생산적으로 이용할 수 있는 능력에서 나타난다. 여기에는 세계에 대한 해석 및 세계의 구성과 관련하여 이루어지는 상호적응, 양립 불가능한 것에 대한 관용, 서로에게 도움이 되는 협력·공동생활의 형태, 그리고 행위로 연결될 수 있는 지향(성향)의 형태가 포함된다"(Thomas, 2003: 139; Straub et al., 2010: 18 재인용).

2. 간문화능력의 구성요소모형

이와 같은 개념정의를 더 잘 이해하기 위해서는 어쩔 수 없이 그 구성요소를 어느 정도 분석하고, 체계적으로 정리하고, 해설을 덧붙이거나 보완할 필요가 있다. 바로 이러한 작업이 간문화능력의 구성요소에 초점을 맞춘 여러 가지 모형에서 이루어지고 있다. 이러한 모형은 가변적이고 체계적인 배열의 틀 속에서 간문화능력이라고 하는 구성개념의 본질적인 측면을 열거한다. 그렇게 함으로써 그 구성개념에 대한 보다 더 구체적이고 상당히 분화된 표상을 얻을 수 있다.

다음에 소개하는 세 가지 사례는 모두 그러한 모형을 예시적 차원에서 보여주고 있다. 이 도식에서 확인할 수 있는 바와 같이, 여러 가지 서로 다른 차원을 통하여 구성요소가 배열된다. 그런데 이와 유사한 다른 모형을 살펴보면, 차원 그 자체뿐만 아니라 차원의 수가 서로 다르게 나타날 수 있으며, 이것은 열거된 구성요소에도 역시 해당하는 이야기이다. 하지만 어쨌든 이와 비슷한 종류의 모형에서 어렵지 않게 확인할 수 있는 사항은 간문화능력이 여러 가지 다양한 심리적 성향·지식·능력·기능(技能)으로 구성되어 있다는 것, 따라서 아주 간단명료하게 기술할 수 없다는 것이다.

〈표 3-1〉 간문화능력의 구성요소모형: 사례 1

정의적·정서적 차원	인지적 차원	행동관련·심동적·실천적 차원
-모호성에 대한 관용 -좌절에 대한 관용 -스트레스 해소 및 복합성 감소 능력 -자기신뢰 -유연성 -공감, 역할거리 -편견에서 벗어남, 개방성, 관용 -근소한 자민족중심주의 -타문화의 수용 및 존중 -간문화학습을 하려는 자세	-인지·사고·태도·행동·행위방식 관련 문화현상의 이해 -타문화 행위맥락의 이해 -자문화 행위맥락의 이해 -상호작용 상대방의 문화적 차이 이해 -간문화소통과정의 특별성 이해 -메타소통능력(자신의 소통을 비평적 거리를 두고 바라볼 수 있는 능력)	-(정의적 차원의 부분적 특징을 실천한다는 의미에서) 소통하려는 의지와 자세 -소통능력 -사회적 능력(타문화의 상호작용 상대방에 대한 관계 및 신뢰를 구축할 수 있는 능력) -행위일관성: (언어적·비언어적 측면에서) 태도를 일관되게 행위로 옮기려는 자세

출처: Bolten, 2006: 63; Straub et al., 2010: 19; Luesebrink, 2008: 77 재인용

〈표 3-2〉 간문화능력의 구성요소모형: 사례 2

간문화적 적실성을 갖춘 인성특징	간문화적 적실성을 갖춘 사회적 능력	특정한 문화능력	일반적 문화능력
-책임(부담)을 감당하는 능력 -불안정과 모호성에 대한 관용 -인지적 유연성 -정서적 탄력성 -개인적인 자율성	(자기 자신 관련) -분화된 자기인지 -현실(주의)적인 자기평가 -정체성관리능력 (상대방·동반자 관련) -역할취득·관점취득능력 (상호작용 관련) -상호 만족할 만한 관계를 받아들이고 유지할 수 있는 능력	-언어능력 -간문화적 선행(先行)경험 -특정한 해석지식	-사고·해석·행위의 일반적 문화 종속성에 대한 지식 혹은 의식 -간문화소통의 기제(機制)에 대한 친숙함 -문화변용의 과정에 대한 친숙함 -일반적인 문화 차이와 그 의미에 대한 지식

출처: Leenen et al., 2010: 111; 허영식·정창화, 2012a: 75 재인용

〈표 3-3〉 간문화능력의 구성요소모형: 사례 3

행위능력	내면적 효과: 성찰능력
-포괄적인 문화지식 -소통능력 -갈등해결능력 -창의성 -행동의 유연성	-준거틀의 상대화 -공감능력 -상호작용 및 가능한 영향의 복합성에 대한 의식 -관점변경능력 -일상적인 사물과 획득한 지식에 대한 성찰능력
자세와 태도	**외면적 효과: 구성적 상호작용**
-다양성의 존중 -모호성에 대한 관용 -타자에 대한 인정·관용·존중 -자기 자신의 한계에 대한 존중 -열린 마음	-규칙위반의 회피 -목표달성

출처: Hiller, 2010b: 47 재구성

상기한 세 가지 모형은 원래 간문화능력을 갖춘 개인의 중요한 특성이라고 간주할 수 있는 사항을 목록화하여 정리하거나 배열한 것이다. 물론 해당하는 지식·능력·기능을 간문화능력의 부분적인 특징으로 받아들여야 하는 데 있어서는 나름대로 충분하고 정당한 이유가 있을 수 있다. 하지만 엄격하고 본격적인 의미에서 간문화능력의 이론이라고 하기에는 아직 부족한 측면이 남아 있다. 왜냐하면 상당히 많은 목록이 이론적으로 충분히 숙고를 거친 다음에 혹은 경험적으로 충분한 검토를 거친 다음에 근거가 수립된 것이라기보다는 오히려 직관적 수준의 신빙성(그럴듯함) 관점에서 작성된 것이기 때문이다.

이와 같은 내재적 문제점에도 불구하고 구성요소모형이 추구하는 전략은 명백하다. 이제까지의 인식이나 자신의 견해에 비추어볼 때, 간문화능력이라는 구성개념이 포함하고 있거나 전제로 하고 있는 것을 지적함으로써 여기서 문제가 되고 있는 개념을 명료화하려는 것이다. 어쨌든 구성요소모형 혹은 목록모형에서 개념적 이해를 위해 결정적으로 중요한 사항은 여러 가지 차원으로 구분하여 배열된 부분적 특징 혹은 구성요소이다. 이렇게 볼 때, 구성요소모형의 관건은 개개 구성요소와 그 관계가 얼마나 정확하게 명료화되어 있는가에 놓여 있다. 이러한 문제점이 여전히 남아 있긴 하지만, 전체적으로 바라볼 때, 어쨌든 구성요소모형은 간문화능력을 갖춘 사람의 특성이 무엇인가 또는 그러한 사람이 행위를 통해 보여주리라고 기대되는 것이 무엇인가를 이해하는 데 도움을 준다(Straub et al., 2010: 18-20).

이 맥락에서 특히 능력(competence)과 수행(performance)의 연결문제를 거론할 필요가 있다(Bender-Szymanski, 2010: 205-206). 사람들이 간문화능력에 대해서 많은 이야기를 할 수는 있지만, 그 개념이 암시하고 있는 바와 같이 그렇게 행위를 하거나 느낄 수 없는 경우가 적지 않다. 의식적인 의도나 지향(志向)이 종종 무의식적인 동기나 사실적인 수행과 일치하지 않는다. 종종 선언적인 의도나 계획보다 오히려 무의식적인 동기가 더 중요한 역할을 수행하고, 어떤 사람이 실제로 하거나 하지 않는 것을 더 강력하게 결정하곤 한다. 어느 누구도 자민족중심주의나 불관용 혹은 외국인혐오증을 신봉하지 않는다고 할지라도, 실제로는 얼마든지 자민족중심주의적인 행동을 보이거나, 관용을 베풀지 않거나, 외국인혐오증을 보이거나, 타자에 대하여 차별적인 행동을 하거나 낙인을 찍는 행동을 보일 수 있다.

이때 그 이유를 생각해 보자면, 잘 알면서 일부러 혹은 고의적으로 그러한 행동을 하기 때문이 아니라, 오히려 결정적인 계기에 무심코 어떻게 달리 할 수 없는 상황이 발생하기 때문이다. 그리고 심지어는 무엇을 말하는지 행하는지 아니면 타자에게 어떤 영향을 미치는지 본인이 깨닫지 못하는 경우도 종종 발생한다. 우리들 대부분은 애매모호하고 양면가치적인 상황을 잘 견뎌낼 수 있고(모호성에 대한 관용), 타자의 감정과 관점을 매우 잘 취득할 수 있는 능력(역할취득 혹은 관점취득의 능력)을 갖추고 있다는 점에 대해서 나름대로 확신을 갖고 있을지 모른다. 하지만 주어진 상황이 보통 때보다 더 많은 인내와 유연성을 요구할 경우, 혹은 자기 자신의 공감능력을 무리하게 더 많이 요구할 경우, 때때로 그러한 신념은 행위로 자연스럽게 연결되지 못한다(Straub et al., 2010: 20-21).

간문화능력은 지식과 이해의 인지적 수준에서 충분히 다룰 수 있는 개념이 아니다. 물론 이성의 능력에 기초하여 다른 혹은 낯선 세계관·생활형식·언어활동·사고방식·행동방식을 비평적으로 취급하는 것은 간문화능력의 구성요소에 속한다. 간문화능력의 개념은 지식과 사고, 성찰과 판단력을 포함하고 있지만, 결코 그것에 국한되어 있지 않다. 그 개념은 비록 논증을 통한 상호비평을 포함하고 있지만, 보편주의에 지향을 둔 이성 이외에 추가로 다른 무엇인가를 요구한다. 다시 말하면, 간문화능력의 개념은 개인 혹은 인성의 보다 더 깊은 층위와 연관되어 있다. 그것은 부분적으로 분명하게 의식되지 않은 상태로 남아 있는 감정의 세계, 즉 불안·두려움·소망·

동경(그리움) 따위와 관련되어 있다(Kiesel and Volz, 2010: 67-68; Straub et al., 2010: 21).

간문화능력의 모형은 대부분 이러한 사실을 염두에 두고 있으며, 바로 그렇기 때문에 간문화교육 혹은 간문화학습은 그만큼 더 많이 복잡성 혹은 복합성을 띠게 된다. 정의적(情意的)·정서적·심동적·실천적 차원에서 이루어지는 학습과정의 대부분은 어떤 사람의 문화적·심리사회적 정체성의 심층을 건드리게 된다. 그렇기 때문에 학습과정이 더 힘들고 지루하게 될 가능성이 많다. 종종 우리는 그러한 과정에 관여하고 싶지 않은 태도를 보이곤 한다. 그러한 학습과정이 결국에는 나에게 도움이 되거나, 유의미하거나, 아니면 나 자신을 풍부하게 한다는 그럴 듯한 이유가 없는 한, 그러한 학습과정에 아예 관여하지 않으려는 자세가 더 강화될 수 있다.

이 맥락에서 물론 학습과정에 관여해야 한다는 정당한 이유는 우선적으로 자기 자신의 경험에서 끌어낼 수 있다. 학습하려는 자세와 태도는 특히 이미 경험한 좋은 측면, 혹은 적어도 머릿속에 떠올릴 수 있는 바람직한 경험의 요소에 달려 있다. 즉, 간문화학습이 언젠가는 유익할 것이라는 기대, 조만간 나 자신의 체험과 행위의 잠재력을 확장시키는 데 기여할 것이라는 기대가 있을 경우, 능동적으로 학습하려는 자세가 더 확고하게 나타날 수 있다(Straub et al., 2010: 21).

간문화능력의 모형은 대부분 상기한 사항을 고려하고 있다. 게다가 왜 간문화능력을 하나의 규범적 개념으로 혹은 가치를 안고 있는 개념으로 지칭해야 하는지를 분명하게 보여준다. 하지만 이론적인 모형이 함축하고 있는 목표와 이상적인 상태를 완전하게 도달할 수 있는 사람은 없다. 이러저러한 문화적 출신배경을 갖고 있는 사람들과 서로를 풍부하게 해주는 만남을 체험하고, 서로를 만족스럽게 하는 관계를 체험할 수 있기 위하여, 아무도 간문화능력을 완벽하게 갖추고 있는 사람의 이상에 도달할 수 없다는 점을 감안한다면, 간문화능력의 모형을 그렇게 부담스러운 것으로 간주하지 않아도 된다. 또한 오늘날까지 참고할 만한 여러 가지 간문화능력의 모형 그 자체도 완벽하게 구성되어 있지 않다는 점을 알게 된다면 위안이 될 수도 있다(Straub et al., 2010: 22).

3. 구성요소모형의 한계와 가능성

어쨌든 기존의 모형에 대해서는 다양한 방식으로 아직 열려 있는 질문을 제기할 수 있다. 기존의 모형이 안고 있는 원칙적인 한계와 관련하여 적어도 다음과 같이 세 가지 사항을 문제점으로 지적할 수 있다(Straub et al., 2010: 22-23; Broszinsky-Schwabe, 2011: 222-237).

① 간문화능력의 목록, 거기에 열거된 구성요소가 정확히 어떤 이론적·실천적 의미와 비중을 차지하고 있는 것인지 아직 확실한 근거를 제시하기 어려운 것으로 보인다. 또한 부분적 특징의 조합과 목록 전체가 간문화적 상황에서 적절하고 성공적으로 행위를 할 수 있기 위해서 필요하고 충분한 전제조건을 제시하고 있는가 하는 의문이 남아 있다.

② 기존의 모형이 일반적인 수준에서 활용할 수 있는 것인지, 아니면 일반적인 지식에 기반을 둔 능력과 기능(技能)이라기보다

는 오히려 특정한 영역(예컨대 국제적인 경제협력체 혹은 다국적 기업의 경영진 사이에서 전략적으로 수행되는 협상, 양(兩)문화가 관련된 국제결혼, 경찰투입과 친목교류, 개발협력, 종교적 선교사업, 관광여행, 간문화적 심리사회적 상담 혹은 정신치료)에 따라 분화시켜서 활용해야 하는 것인지에 대하여 의문의 여지가 남아 있다.

③ 간문화능력의 모형이 실제로 일반적으로 타당한 혹은 보편적인 모형인지, 아니면 '타자'와의 충분한 협의를 거치지 않고 서구의 일부 학자들이 서구중심의 논리와 사고방식에 의거하여 설계·개발하고 전파시키고 있는 것은 아닌가 하는 의문이 제기된다.

상기한 결점과 아직 열려 있는 질문에도 불구하고 기존의 개념정의와 모형에서 배울 수 있는 사항은 다음과 같이 정리할 수 있다. 여기서 중요한 것은 간문화적 상태 혹은 상황에서 중요한 (혹은 적어도 중요하다고 가정하고 있는) 인성적 전제조건 혹은 개인의 행위와 관련된 잠재력의 측면이다. 또한 간문화적 소통·협력·공존이 성공적으로 이루어지기 위해서는 개인적 혹은 인성적 요인뿐만 아니라, 그때그때 주어진 상황적 조건도 역시 중요한 요인으로 작용한다는 점에 대해서는 이론의 여지가 별로 없는 것으로 보인다. 이 상황조건에는 제도적·정치적 기본조건도 역시 포함된다(Kiesel and Volz, 2010: 73; Straub et al., 2010: 23-24).

또한 간문화능력이라는 이론적 구성개념은 단순히 기술적(記述的)인 개념이 아니라는 점도 인정받고 있는 사항이다. 그 개념은 규범적인 범주로서 기능을 수행하고 있으며, 비록 의문의 여지가 남아 있긴 하지만, 상당히 높은 수준의 이상적인 모습을 함축하고 있다. 그것은 이미 통상적으로 사용되고 있는 우리 시대의 기본개념 중 하나로 자리를 잡고 있다. 말하자면 간문화능력의 개념은 우리가 살고 있는 현대사회와 시대의 특징을 단적으로 표현하는 코드에 속하며, 세계화된 세계 혹은 세방화된(glocalized) 세계의 다양한 정치적 견해를 반영한 규범적 기초를 표현하고 있다. 또한 이 구성개념은 때때로 강력한 최적화의 의지와 결합되거나 아니면 심지어 과도한 구원사상과 연결되어 있다. 그래서 마치 간문화능력을 널리 보급·확산시킴으로써 결국에는 매우 역동적인 사회에서 복잡하게 된 생활을 길들이고 평온하게 할 수 있다는 기본사상이 이 구성개념의 저변에 부분적으로 깔려 있다(Broszinsky-Schwabe, 2011: 239-242; Kraemer, 2009: 211; Straub et al., 2010: 24).

어쨌든 간문화능력은 추상적인 지식으로 환원시킬 수 없다. 따라서 그것을 구획적인 필기시험이나 다른 통상적인 시험절차를 통해 빈틈없이 검증한다는 것은 매우 어려운 일이다. 간문화능력의 함양·신장을 위한 시도는 여러 가지 면에서 당사자로서의 개인을 건드리는 일이다. 다시 말하면, 하나의 인성 혹은 인격체를 건드리는 일이기 때문에, 학습자를 단순히 학문적인 지식을 담고 있는 '컨테이너'처럼, 즉 필요한 경우 적절한 지식을 다시 끄집어낼 수 있는 용기처럼 다루어서는 안 될 것이다. 이것은 또한 학습주체뿐만 아니라 교수주체에게도 역시 해당하는 이야기이다. 여기서는 아무에게도 수동적인 역할을 기대해서는 안 된다. 간문화능력의 교육과 학습에 관여하고 있는 자는 결국 자기실험의 도정에 발을 들여놓은 것이며, 이 길은 현존하거나 부재하고 있는 타자 혹은 낯선 자를 고려하면서 이루어지는 자기경험을 포함하고 있는 것이다(Straub et al., 2010: 24). 이러한 지점에서 간문화능력은 학습자의 자기 경험과 성찰이 지속적으로 수반되어야 비로소 달성될 수 있다.

Ⅲ. 간문화능력과 간문화교육: 집단정체성과 개인정체성의 긴장관계 중점

1. 간문화교육의 이론적 기초: 타자의 인정문제와 상징적 상호작용론

간문화능력은 오늘날 다문화사회의 여러 분야에서 기본적인 교육목표로서 간주되고 있다. 외국어수업의 틀 속에서는 상위학습목표로서 소통능력과 유사한 위상을 차지하거나 아니면 소통능력보다 더 우선적인 목표로서 자리를 차지하고 있다. 간문화능력에 대한 관심과 더불어 이제 간문화능력의 함양·신장을 위한 여러 가지 서로 다른 방법에 대하여 개관할 필요가 있다. 그렇게 함으로써 상황에 따라 적절한 목표의식을 갖고 일정한 부분목표의 촉진을 위한 교수학습방안을 모색할 수 있다. 하지만 간문화능력의 모형은 명시적으로 혹은 암묵적으로 서로 다른 적용상황과 관련되고, 거기서 학습자의 인지적·정의적(情意的)·윤리적·평가적 능력이 서로 다른 비중을 차지하고 있기 때문에 하나의 통일된 방법론을 수립하고 적용하는 것은 매우 어려운 일이다(Bredella, 2010: 99).

이 맥락에서 우선 간문화능력의 서로 다른 목표설정에 주의를 기울일 필요가 있다. 한편에서는 경제적인 거래·교섭상황에서 성공적으로 자신의 의사·의도를 관철시키는 데 일차적으로 간문화교육의 목표를 두는 입장이 있다(Thomas, 2003). 이 입장에 따르면, 간문화능력은 윤리적·도덕적 의무나 책임에 의해 제한받아서는 안 된다. 다른 한편에서는 활용한 도구와 수단이 타자를 동등한 가치가 있는 인물로 인정을 하는가의 문제제기를 간문화능력의 핵심적인 요소로 간주하는 입장이 있다(Mall, 2003). 다시 말하면, 한쪽의 적용상황에서는 윤리적·도덕적 관점이 가능하면 배제되는 반면, 다른 한쪽의 적용상황에서는 윤리적·도덕적 관점이 본질적으로 중요한 역할을 수행한다. 따라서 두 가지 경우에 있어서 서로 다른 과제를 설정하고 서로 다른 방법을 권장하거나 활용할 가능성이 많다(Bredella, 2010: 100-107).

이 부분에서는 경제영역을 넘어서서 오늘날 왜 간문화능력에 중요한 의미를 부여해야 하는가를 설명하기 위하여 타자의 인정문제가 중심에 놓여 있는 상황에 특별히 주의를 기울이고자 한다. 간문화능력에 대한 이와 같은 구상은 (인종)차별·불관용·외국인혐오증을 극복하는 데 도움을 줄 것으로 기대된다. 여기서는 인정투쟁(인정을 둘러싼 투쟁)에서 출발한다. 이 투쟁에서는 대개 열등감을 극복하고 자아존중에 도달하기 위하여 자기 자신이 속한 집단이나 생활형식을 평가절상하려는 경향이 중요한 문제이다. 이때 집단적 정체성과 개인적 정체성 사이에 긴장관계가 조성될 수 있다. 이러한 통찰을 통하여 간문화능력의 일반적인 구조를 파악할 수 있다. 즉, 간문화능력의 일반적인 구조는 집단정체성과 개인정체성 사이의 교차와 긴장관계를 적절하게 조절하는 데 놓여 있다(Bredella, 2010: 100; Moosmueller, 2009: 20-21; Nell, 2006: 281-283).

이를 위한 이론적 기초로서는 특히 상징적 상호작용론을 들 수 있다. 인간의 정체성이 내재적으로 안고 있는 대화적 성격에 대한 통찰은 간문화능력의 함양·신장을 위한 교육에서 포기할 수 없는 것이다. 타자에 대한 이해가 단순히 자신의 사고·선입견·기대를 타자에게 투사하는 것에 불과하기 때문에, 그 타자를 실제로 이해할 수 없다는 이의에 대해 반박할 수 있는 논리적 근거가 바로 정체성의 대화적 성격에 놓여 있다. 다시 말하면, 만약 우리가 자아에 대한 독백적인 개념에서 출발할 경우, 그러한 이의를 설득력 있게 거부할 수 없을 것이다. 미드(Mead)의 상징적 상호작용론에 따르면, 우리가 우선 자아를 소유하고 그 다음 나중에 타자와 접촉하는 것이 아니라, 우리가 타자와 상호작용하기 때문에 비로소 자아를 소유한다.

주관성은 간주관성을 전제로 하며, 여기서 인간을 특징짓는 주요한 요소는 역할취득 혹은 관점취득의 능력을 갖추고 있다는 것이다. 우리는 태어나서 단계적으로 타자의 역할과 관점을 취득하고, 이것을 '일반화된 타자(generalized other)'로 통합시키는 것을 배운다. 예를 들어, '몸짓의 대화'에 제대로 참여하기 위해서 우리는 다른 사람에게서 자신의 몸짓이 수반하는 결과를 예상할 수 있어야 하고, 기대되는 반응(반작용)을 머릿속에 떠올릴 수 있어야 한다. 따라서 우리의 자아는 타자의 생각과 태도를 배제함으로써 발생하는 것이 아니라, 오히려 타자의 생각과 태도를 끌어들임으로써 발생하는 것이다. 인간이 역할취득 혹은 관점취득을 할 수 있는 능력을 갖추고 있다는 점을 일단 인식하고 나면, 우리가 문화적 경계를 넘어설 수 있다는 점도 역시 어렵지 않게 이해할 수 있다(Bredella, 2010:

111-112; Broszinsky-Schwabe, 2011: 214, 218; Kiesel and Volz, 2010: 68-71).

이와 같이 우리의 정체성은 독백적인 것이 아니라, 대화적인 것이기 때문에, 어떤 특정한 문화·종교·민족·생활방식에 속한다는 이유로 불이익을 받거나 무시를 당하거나 차별의 대상이 될 경우, 당사자는 어려움과 고통을 겪게 될 가능성이 많다. 우리는 단순히 우리 스스로 존재하는 것이 아니라, 타자의 인정에 의존하고 있다. 따라서 '인정투쟁'(Honneth, 1992)을 염두에 둔 '인정의 정책' (Taylor, 1994)이 추구하는 목표는 특정한 집단이나 생활형식에 속하는 것이 더 이상 열등감과 부끄러움의 이유가 아니라, 긍지와 자아존중의 이유가 될 수 있도록 가치를 재평가하는 데 놓여 있다(Bredella, 2010: 111-112). 그러한 인정투쟁의 목표는 예를 들면 '검은 것은 아름답다.'라고 하는 슬로건에서 표현된다. 이 슬로건을 표방하고 있는 운동은 유색인종으로 하여금 그들의 피부색을 더 이상 열등의 표시가 아니라 긍지의 표시로 바라볼 것을 촉구하고 있다(Broszinsky-Schwabe, 2011: 202-203).

하지만 인정의 투쟁에 있어서 집단정체성과 개인정체성 사이에 긴장관계가 조성되는 경우가 적지 않다. 개개인이 집단정체성에 종속되고, 집단정체성의 유지·발전을 위해 헌신할 것을 요구하는 입장이 있다. 여기서 정체성의 대화적 성격은 한쪽의 극단을 향해 해체되고 만다. 그런데 자기결정에 대한 개개인의 권리라는 관점에서 바라볼 때, 이것은 위험한 결과를 수반할 수 있다. 소위 '인정의 정책'이 사람을 집단정체성에 고착시킬 경우 개인의 자율성을 상당히 혹은 심각하게 훼손할 수 있다. 인간이 자기 스스로 존재할 수 없기 때문에 집단정체성에 의존하고 있지만, 그러나 동시에 개개인이 그 집단정체성과 거리를 유지할 수 있는 권리를 보장하는 것도 역시 중요하다. 바로 여기서 집단정체성과 개인정체성 사이의 긴장관계와 변증법을 어떻게 적절하게 고려하고 다룰 것인가 하는 근본적인 질문이 제기된다(Bredella, 2010: 112; Fechler, 2010: 181-186; Kiesel and Volz, 2010: 79; Moosmueller, 2009: 20-21).

2. 간문화능력에 지향을 둔 간문화교육의 과제

이와 같은 근본적인 문제제기와 관련하여 이제 간문화능력의 교육을 위해 특별한 과제를 도출할 수 있다. 한편에서는 문화에 대한 결부를 개인의 자유와 권리를 제한하는 것으로 관찰하고, 계속해서 다른 종류의 경험을 획득하는 것을 권장하는 포스트모던적인 입장이나 초문화주의적인 관점이 존재한다. 하지만 다른 한편에서는 구체적인 공동체에서 벗어나는 것을 무리한 요구라고 비판하면서 경계 혹은 한계가 설정된 문화 속에서의 생활을 중시하는 입장이 존재한다(Bredella, 2010: 112-114; Broszinsky-Schwabe, 2011: 240-241; Moosmueller, 2009: 25-28; Otten, 2009: 60-61). 이러한 상태를 고려할 때, 간문화능력의 교육은 상기한 두 가지 극단적인 입장이나 관점으로 흐르지 않아야 하며, 따라서 집단정체성과 개인정체성 사이의 긴장관계와 변증법에 대하여 균형감각을 갖고 적절하게 접근하는 일이 바람직하다.

인정의 투쟁 혹은 인정의 정책을 통해 분명하게 깨달을 수 있는 사항은 한편으로 사람들의 집단정체성에 유의하고 그것을 존중해야 하지만, 다른 한편으로 그 사람들을 (타자와의 관계 속에 놓여 있는 개인으로 바라보는 대신에) 특정한 문화의 단순한 사례 혹은 본보기로 간주해서는 안 된다는 것이다. 앞에서 살펴본 바와 같이, 주관성은 간주관성에 의존하고 있다. 이것은 자기결정에도 역시 해당하는 이야기이다. 자기결정은 순전히 고립적으로 수행될 수 없다. 자기결정을 하는 행위주체는 다른 사람들과 공유하고 있는 생활실천을 일단 받아들이고, 자기 나름대로 이 공유된 생활실천을 유지하거나 변화시키면서 이어받는 것이다. 따라서 간문화능력은 집단정체성과 개인정체성 사이의 교차와 긴장관계를 적절하게 전개시키고 추적하지 않으면 안 된다. 그리고 이때 경우에 따라서는 간문화이해의 해방적인 효과도 역시 경험할 수 있다.

예를 들면, 타문화에 대하여 집중적으로 관심을 기울이고, 그 타문화를 위협적인 것으로 간주하거나 나아갈 방향을 혼란스럽게 하는 것으로 바라보지 않고, 오히려 자신의 선입견이나 편견에서 벗어나게 해주고 자신의 생활을 풍부하게 하는 것으로 바라볼 수 있다면, 즉 타문화의 측면을 자기 자신의 정체성에 통합시킬 수 있다면 간문화이해의 해방적인 효과를 경험할 수 있는 것이다. 그 경우 타문화와의 만남은 자신의 문화에서 억압된 목소리를 들을 수 있는 기회를 제공한다. 이러한 접근방안에서 결정적으로 중요한 사항은 타문화의 구성원들이 어떻게 그들 문화의 가치를 갖고 생활하고 있으며, 어떻게 간문화적 만남에서 행동하며, 어떻게 저항과 갈등을 다루고, 어떻게 해결방안을 탐색하거나 모색하는가에 대하여 깊은 관심과 주의를 기울여야 한다는 것이다(Bredella, 2010: 114; Kiesel and Volz, 2010: 76-79).

3. 간문화교육의 방법론

상기한 간문화이해의 과정에 깊이 관여하는 데 있어서는 우선 이야기가 특별히 적합하다. 따라서 이야기는 간문화능력을 함양하는 교육을 위해 매우 중요한 의미를 지니고 있으며, 교수학습방법의 측면에서 중요한 역할을 수행할 수 있다. 이 맥락에서 이야기에 대한 이해는 우리가 타자를 동화시킨다는 것을 의미하지 않고, 오히려 그의 역할과 관점을 취득하고 그렇게 함으로써 결국 우리 자신의 지평을 확대한다는 것을 의미한다. 이야기가 중요한 까닭은 그 이야기 속에서 타자를 그가 속한 문화의 단순한 사례나 본보기로 바라보지 않고, 다른 사람들과의 관계 혹은 대립·갈등 속에서 작용하는 개인으로서 체험하기 때문이다. 특히 현장연구를 수행하는 민속학자나 사회학자가 이야기에 대한 이해에 지향을 두어야 하는 까닭은 타문화에 속한 사람들을 주어진 범주·규칙·규범에 성급하게 포괄시키거나 종속시키려는 위험에서 벗어나게 하는 데 있어서 이야기가 도움을 줄 수 있기 때문이다.

이야기의 서사구조 속에서 우리는 큰 어려움 없이 여러 가지 다양한 경계나 한계를 넘어설 수 있다. 이 대목에서 이야기 속의 경계가 아니라 현실 속의 경계를 넘는 것이 더 중요한 문제라는 점을 부각시키면서 이의를 제기할 수 있을 것이다. 이것은 물론 일리가 있는 지적이지만, 그렇다고 하여 이야기에 대한 이해의 가치를 절하하는 것은 결코 아니다. 이야기는 타문화에 속한 사람들(현실적으로 우리가 만날 수 없는 사람들, 또는 만날 경우 그들의 생각과 감정에 대하여 우리가 별로 아는 것이 없는 사람들 포함)의 복합적인 생각·감정·동기를 들여다볼 수 있는 기회를 제공한다.

다문화사회에서는 특히 소수집단의 이야기에 주의를 기울이는 것이 중요하다. 왜냐하면 소수집단의 이야기를 통해서 우리 사회에서 주변화된 집단 혹은 억압을 받고 있는 집단에 속한 개개인을 인지하고 그들과 심정적으로 동일시할 수 있기 때문이다. 이때 물론 한편으로는 내부적 관점에서, 즉 그들의 시각에서 세상을 바라보는 것을 배울 수 있으며, 다른 한편으로는 외부적 관점에서, 즉 관찰자(관망자)의 입장에서 우리가 바라본 것의 의미에 대해서 성찰할 수 있다(Bredella, 2010: 115-116; Kiesel and Volz, 2010: 75-76; Maletzke, 1996: 36).

특히 다문화사회에서 타자의 문제와 고통에 대해서 등을 돌리고 모르는 척하는 것은 규범적으로 바람직하지 못한 일이라는 통찰은 간문화능력에 지향을 둔 교육의 필요성을 다시 부각시킨다고 볼 수 있다. 따라서 교육기관과 수업에서 어떻게 타문화 혹은 다른 세계를 끌어들일 수 있을까 하는 질문에 대하여 답변을 찾는 맥락에서 이야기가 중요한 의미를 지니고 있다. 왜냐하면 이야기를 읽으면서 학습자는 자신의 머릿속에서 복합적인 타문화 혹은 다른 세계를 구축하고, 이 세계를 해석하며, 이 해석에 대해서 서로 이해를 함으로써, 결국 자신의 공감능력뿐만 아니라, 판단능력도 역시 신장시킬 수 있기 때문이다(Bredella, 2010: 117; Juchler, 2009: 256-257; 허영식·정창화, 2012a: 76-78).

이야기를 통한 간문화교육과 밀접한 연관성이 있지만, 상기한 바와 같이, 간문화능력을 통하여 간문화이해의 해방적인 효과를 경험할 수 있도록 학습기회를 제공하는 차원에서, 여기서는 특별히 사회적 관점취득(SPT: social perspective-taking)의 기법과 이를 반영한 간문화학습과정을 소개하고자 한다. 간문화교육과 관련된 문헌과 자료를 살펴볼 때, 간문화능력의 핵심적인 요소로는 대개 공감과 이것을 포함하고 있는 사회적 관점취득이 거론되고 있다. 이것은 상기한 간문화능력의 구성요소모형에서도 명백하게 확인할 수 있다.

공감은 다른 사람의 마음속으로 들어가, 그 사람의 감정을 추체험(追體驗)하고, 그렇게 함으로써 그의 행위를 이해하거나 명료화할 수 있는 능력을 가리킨다. 따라서 공감은 감정이입할 수 있는 능력으로 간주할 수 있다. 사회심리학에서는 오래전부터 이 맥락에서 관점취득의 기법이 많이 알려져 있으며, 여기서는 다른 사람의 역할을 취득하거나 그의 입장·위치로 들어가서 그 사람의 시각에서 세계를 바라보려는 시도를 하는 것이 강조되고 있다.

이러한 배경을 고려할 때, 다른 사람의 감정 속으로 들어가는 일은 간문화능력의 함양·신장을 위해 본질적으로 중요한 전제조건이 된다(공감을 핵심요소로 함축하고 있는 사회적 관점취득의 기법을 학교현장에서 실제로 적용한 수업사례로는 정한기, 2004; 이윤복, 2009; 김시범, 2012; 허영식·정창화, 2012b: 247-281 참조). 상기한 간문화교육의 과제를 교육현장에서 적어도 부분적으로 실천에 옮기기 위하여, 최근 교과서에 반영된 간문화교육의 학습과정절차를 여기서 참고로 소개하면 다음과 같다.

〈표 3-4〉 다른 문화 인정하고 배우기

최근에는 우리 주변에서 나와 다른 삶의 방식을 가진 사람들을 자주 만날 수 있게 되었다. 나와 다른 문화를 인정하고 그 문화의 좋은 점을 배운다면 우리의 삶은 더욱 다채롭고 풍요롭게 될 것이다.
① 나와 다른 문화에 관심 갖기 나와 다르게 생각하거나 행동하는 사람을 만나면 우리는 당황하기 쉽다. 이럴 때에는 잠시 마음을 가라앉히고 난 후 다음과 같이 생각해 보자. (예) '그 사람은 왜 그렇게 생각할까?', '그 사람은 왜 그렇게 행동할까?'
② 다른 문화 이해하기 그들이 나와 다르게 생각하고 행동하는 이유를 알아보기 위해 그들에게 직접 물어보거나 가까운 도서관에 가서 관련된 책을 찾아볼 수 있다.
③ 다른 문화를 인정하고 존중하기 그들이 왜 나와 다르게 생각하고 행동하는지 이해하였으면 이제 그들의 문화를 인정하고 존중하도록 한다.
④ 다른 문화를 평가하고 판단하기 나와 다른 문화의 장점은 무엇인지, 그리고 단점은 무엇인지 각각 살펴본다.
⑤ 다른 문화에서 좋은 점 배우기 나와 다른 문화에서 내가 배울 수 있는 점은 무엇인지 살펴본다. 좋은 점을 수용하여 내 삶의 한 부분이 되도록 한다.

출처: 교육과학기술부, 2011: 107; 허영식·정창화, 2012a: 79 재구성

비록 이상적이고 통일된 간문화교육의 학습절차모형은 존재하지 않지만, 학습과정의 조직을 위해 방향을 제공해 줄 수 있는 구상을 개발할 필요가 있다. 여기서 제시하는 간문화학습과정의 절차모형은 자민족중심주의(자문화중심주의)에 대한 가정에서 출발하는 학습단계의 계열을 나타내고 있다(Maletzke, 1996: 23-27). 이 학습절차에서는 자민족중심주의를 간문화적 상호이해의 근본적인 장애물로서 일단 받아들이고, 방법적인 측면에서 학습과정의 출발점으로서

고려하며, 바람직한 결과를 위해 생산적인 준거로서 활용한다(허영식·정창화, 2012a: 90). 여기서 참고로 언급할 사항은 상기한 〈표 3-4〉는 바로 이 절차모형을 재구성하여 교과서에 반영한 것이다.

〈표 3-5〉 간문화학습과정의 절차

단계	특징
(1) 자민족중심주의	이것은 인간집단과 개인의 자연스럽고 자명한 행동으로서, 여기서는 자기가 속한 사회의 나 또는 우리가 다른 사회의 그것보다 더 가치가 있다. 그리고 자기 자신의 현실에 관한 인지는 무의식적으로 이루어지는 경우가 많고, 일상적인 경험에 기초한 자기 자신에 대한 문화적 인지는 대개 정서적으로 일어난다.
(2) 낯선 것에 대한 관심과 의식	간문화학습으로 이행하는 첫 단계로서, 이것은 타문화를 두려워하거나 거부하지 않으면서 그것을 인지할 수 있도록 하는 행동형식이다. 학습자는 다른 문화가 그 자체의 고유한 정체성과 그 나름의 가치를 갖고 있다는 것을 파악하기 시작한다.
(3) 타문화에 대한 이해	다른 문화가 사람들이 이해할 수 있는 그 나름의 고유한 정체성을 갖고 있다는 것을 인식하게 된다. 이러한 인식은 정서적인 반응보다는 오히려 합리적인 이해를 통해 이루어진다.
(4) 다른 문화의 승인과 존중	자기가 속한 문화와 비교하면서 인지할 수 있는 문화적 차이가 타문화를 위해 타당한 것으로 간주하게 되면, 간문화학습을 향해 큰 발걸음을 내딛는 것이다. 여기서는 물론 그 타문화가 더 좋은지 아니면 더 나쁜 것인지에 대해 바로 평가를 하지는 않는다.
(5) 평가와 판단	학습자는 이 단계에서 타문화의 장·단점을 구별하기 시작하고, 그것을 자신의 문화적 가치체계에 비추어 평가하고 판단을 내리려고 시도한다.
(6) 선택적 습득	타문화에서 나온 태도와 행동방식이 자기 자신의 문화적 사고와 행위를 풍부하게 하는 것으로 간주한다.

출처: Friesenhahn, 1994: 69-70; 허영식·정창화, 2012a: 91 재인용

Ⅳ. 간문화능력에 지향을 둔 간문화교육의 실천사례

상기한 바와 같이, 독일의 사례를 중심으로 살펴본 간문화능력과 간문화교육의 동향에 기초하여, 이 부분에서는 그 함의와 적용가능성을 도출하는 차원에서 사회적 관점취득의 기법과 이를 반영한 간문화 학습과정을 학교현장에서 적용한 실천사례(수업계획·구성에 해당하는 부분)를 예시적으로 소개하고자 한다. 수업이 이루어진 학급은 초등학교 6학년이며, 2013년 1학기 중에 수업이 실시되었다.

(1) 수업주제: 문화의 의미와 관용의 중요성을 알고 다양한 문화를 존중하는 마음 기르기

(2) 수업목표

- 우리가 살고 있는 세상에는 다양한 문화가 있으며 다른 문화에 대하여 존중하고 관용하는 태도를 기를 수 있다.
- 다른 문화에 대한 편견은 올바른 판단에 의한 것이 아님을 확인하고 편견 극복의 의지를 지닐 수 있다.
- 다양한 문화를 이해하고 존중하는 것에서 더 나아가 우리 문화의 주체성을 바탕으로 다양한 문화를 이해하고 우리의 문화발전을 이룰 수 있다.

(3) 수업시간의 개요

단계	내용적 특징	자료
1. 출발점 확인 (다른 문화에 관심 갖기)	• 간단한 퀴즈 풀기 '나는 누구일까요?' • (닉쿤, 크리스티나, 줄리엔 강) 세 사람의 공통점 - 우리나라에서 살고 있는 외국인들이 많아졌기 때문에 다양한 문화에 대한 이해가 필요함(문제의식 갖기) • 다른 문화에 대해 가지고 있는 관심 및 태도 확인하기	플래시 퀴즈자료 및 ppt
2. 안내 (다른 문화 이해하기)	• 우리나라에서 다른 문화를 가진 사람들이 살아가는 사례 확인하기 - 서울의 이태원과 이슬람사원 - 인천의 차이나타운 - 안산 다문화거리의 모습 • 문화·관용·편견 등의 용어정리 및 편견이 생기는 과정 설명 • 수업목표 및 학습활동 제시	동영상자료 ppt
3. 공감 및 관점취득(역할취득) (다른 문화를 인정하고 존중하기)	• 다양한 문화를 지닌 사람들의 사고와 감정 속으로 들어가기 - 손으로 카레를 먹는 인도의 음식문화 - 뉴질랜드 마오리족의 독특한 인사법 - 턱에 나무장식을 한 아마존의 조에족 - 아프리카 마사이족의 집 • 다른 문화 사람들의 관점으로 우리 문화 바라보기 • 서로 다른 문화와 관련된 동영상을 시청하며 서로 다른 입장을 취해보기 • 타자의 입장이 되어 간단한 역할극 해보기 - 손으로 밥을 먹는 인도에서 온 나딤 이야기 - 소똥으로 집을 짓는 마사이족 재쿠 이야기 - 돼지고기를 먹지 않는 터키 친구 베렌의 이야기 - 된장찌개 냄새에 참기 힘들어 하는 수잔 이야기	ppt 동영상 자료 역할극 대본(학습지) 및 소품

4. 추상적 사고 (다른 문화를 평가하고 판단하기)	• 문화의 차이에 대한 편견이 존재하는 사회의 문제에 대한 분석과 사고, 타인의 생각 들여다보기 • 역할극을 해본 소감을 포스트잇에 적어 머리(생각), 가슴(마음가짐), 손과 발(행동)에 붙이기	그림자료, 포스트잇
5. 성찰 및 일반화 (다른 문화에서 좋은 점 배우기)	• '편견이 사라지면' ppt 보면서 반성하기 • 수업후 나의 달라진 점 되돌아보기 • 수업에 대한 소감과 느낌 정리	ppt 자료

V. 결론

다문화사회에서의 사회통합문제와 관련하여 최근에 전개되고 있는 동향을 살펴볼 때, 간문화능력의 개념이 여러 분야에서 키워드로 사용되고 있지만, 다른 한편으로 간문화능력과 간문화교육에 관한 질문은 내재적 문제점과 복합성을 안고 있다. 이러한 배경과 문제의식에서 출발하여, 이 글은 간문화능력과 간문화교육에 대한 최근의 논의 동향을 살펴보고, 여기에 기초하여 한국에서의 담론과 실천 방향을 위한 함의를 도출하는 데 목표를 두었다. 이상의 논의를 바탕으로 할 때, 본고에서 강조하고자 하는 사항은 다음과 같이 몇 가지 명제로 정식화할 수 있다.

첫째, 이론적 구성개념으로서 간문화능력은 대체로 일련의 가변적인 구성요소를 포함하고 있다. 이와 관련하여 구성요소에 초점을 맞춘 모형이 존재하며, 이러한 모형은 가변적이고 체계적인 배열의 틀 속에서 간문화능력이라고 하는 구성개념의 본질적인 측면을 열거한다. 하지만 기존의 모형은 이론적 엄밀성, 일반성과 영역특정성, 보편화가능성의 측면에서 여전히 한계를 안고 있다.

둘째, 상기한 결점과 아직 해결되지 않은 문제에도 불구하고, 기존의 개념정의와 모형에서 배울 수 있는 사항은 다음과 같이 정리할 수 있다. 간문화적 상황에서 중요한 인성적 전제조건 혹은 개인의 행위와 관련된 잠재력의 측면을 강조하고 있다는 점, 간문화적 소통·협력·공존을 위해서는 개인적·인성적 요인뿐만 아니라, 상황적 조건(제도적·정치적 조건 포함)도 역시 중요한 요인으로 작용한다는 점, 그리고 간문화능력이라는 이론적 구성개념은 단순히 기술적(記述的)인 개념이 아니라는 것이다.

셋째, 간문화능력의 함양·신장에 지향을 둔 간문화교육의 이론적 기초와 관련해서는 특히 타자의 인정문제와 상징적 상호작용론에 주의를 기울일 필요가 있다. 여기에 기초하여 간문화교육의 과제를 고려하는 데 있어서는 집단정체성과 개인정체성 사이의 긴장관계와 변증법에 대하여 균형감각을 갖고 적절하게 접근해야 한다. 그리고 경우에 따라서는 간문화이해의 해방적인 효과도 학습자가 경험할 수 있는 방안을 모색할 필요가 있다.

넷째, 이와 관련하여 간문화능력 제고의 방법론 측면에서 적절한 접근방안으로는 이야기를 통한 교수학습방안, 사회적 관점취득의 기법과 이를 반영한 간문화학습과정을 강조할 수 있다. 이 맥락에서 본고에서는 예시적 차원에서 사회적 관점취득의 기법과 이를 반영한 간문화학습과정을 적용한 수업실천사례를 한 가지 소개하였다.

다섯째, 간문화능력과 간문화교육에 대한 동향에 비추어볼 때, 다문화사회를 향한 도정에 놓여 있는 우리나라에서도 중요한 시사점을 얻을 수 있다. 앞으로 간문화능력의 개념과 특징에 대한 담론과 토론을 학계와 시민사회에서 활성화하고, 다문화사회의 다양성 존중과 시민적 통합(civic integration)을 도모하는 핵심 기제로 거론되고 있는 간문화능력의 증진을 위한 정책적 총론과 각론 과제를 보다 큰 틀에서 설정할 필요가 있다. 이에 본고에서 예시한 실천사례에서 확인한 바와 같이, 다문화·다인종사회로 전환되고 있는 우리나라에서 교육현장의 실질적인 필요와 수요를 반영하여, 이제는 보다 더 포괄적 차원에서 학습자의 간문화능력을 함양할 수 있도록, 간문화교육의 구체적인 실현방안과 체계적인 방법론을 모색해야 할 것이다.

참고문헌

교육과학기술부. 『사회과 탐구 6-2』. 서울: 두산동아, 2011.

김시범. "사회적 관점취득(SPT)의 방법을 적용한 인종차별철폐 수업방안." 청주교육대학교 석사학위논문. 2012.

이윤복. "사회적 관점취득 전략을 통한 통일교육의 효과 분석." 청주교육대학교 석사학위논문. 2009.

정한기. "일상생활에 대한 비판적 성찰과 고통공감에 기초한 통일교육." 한국교원대학교 박사학위논문. 2004.

허영식·정창화. 『간문화주의를 통한 사회통합과 국가정체성 확립』. 파주: 한국학술정보(주), 2012a.

허영식·정창화. 『간문화성과 한국의 정체성』. 서울: 원미사, 2012b.

Auernheimer, G. "Einleitung." Auernheimer, G. (ed.). *Interkulturelle Kompetenz und paedagogische Professionalitaet.* Wiesbaden: VS, 2010, pp. 7-11.

Bender-Szymanski, D. "Interkulturelle Kompetenz bei Lehrerinnen und Lehrern aus der Sicht der empirischen Bildungsforschung." Auernheimer, G. (ed.). *Interkulturelle Kompetenz und paedagogische Professionalitaet.* Wiesbaden: VS, 2010, pp. 201-228.

Bolten, J. "Interkultureller Trainingsbedarf aus der Perspektive der Problemerfahrungen entsandter Fuehrungskraefte." Goetz, K. (ed.). *Interkulturelles Lernen, interkulturelles Training.* Muenchen: Hampp, 2006, pp. 57-75.

Bredella, L. "Ueberlegungen zur Lehre interkultureller Kompetenz." Weidemann, A. et al., (eds.). *Wie lehrt man interkulturelle Kompetenz? Theorien, Methoden und Praxis in der Hochschulausbildung.* Bielefeld: transcript, 2010, pp. 99-120.

Broszinsky-Schwabe, E. *Interkulturelle Kommunikation. Missver-*

staendnisse - Verstaendigung. Wiesbaden: VS, 2011.

Chen, G.-M. and Starosta, W. "Intercultural communication competence: A synthesis." *Communication Yearbook.* Vol. 19 (1996), pp. 353-383.

Eril, A. and Gymnich, M. *Interkulturelle Kompetenzen. Erfoglich kommunizieren zwischen den Kulturen.* Stuttgart: Klett, 2010.

Fechler, B. "Interkulturelle Mediationskompetenz." Auernheimer, G. (ed.). *Interkulturelle Kompetenz und paedagogische Professionalitaet.* Wiesbaden: VS, 2010, pp. 173-199.

Friesenhahn, G. "Multikulturelle Gesellschaft als paedagogische Aufgabe?" Franke, K. et al. (eds.). *Aufbruch zur Demokratie. Politische Bildung in den 90er Jahren.* Opladen: Leske+Budrich, 1994, pp. 54-79.

Hiller, G. "Einleitung. Ueberlegungen zum interkulturellen Kompetenzerwerb an deutschen Hochschulen." Hiller, G. and Vogler-Lipp, S. (eds.). *Schluesselqualifikation Interkulturelle Kompetenz an Hochschulen.* Wiesbaden: VS, 2010a, pp. 19-31.

Hiller, G. "Was machen Sie denn da eigentlich?" Hiller, G. and Vogler-Lipp, S. (eds.). *Schluesselqualifikation Interkulturelle Kompetenz an Hochschulen.* Wiesbaden: VS, 2010b, pp. 35-56.

Honneth, A. *Kampf um Anerkennung. Zur moralischen Grammatik sozialer Konflikte.* Frankfurt/M.: Suhrkamp, 1992.

Juchler, I. "Interkulturalitaet als Herausforderung an die politische Bildung: theoretische Grundlagen und ein Beispiel aus der Praxis in Suedafrika." Overwein, B. and Rathenow, H.-F. (eds.). *Globalisierung fordert politische Bildung. Politisches Lernen im globalen Kontext.* Opladen:

Barbara Budrich, 2009, pp. 251-259.

Kiesel, D. and Volz, F. "Anerkennung und Intervention. Moral und Ethik als komplementaere Dimensionen interkultureller Kompetenz." Auernheimer, G. (ed.). *Interkulturelle Kompetenz und paedagogische Professionalitaet.* Wiesbaden: VS, 2010, pp. 67-80.

Kraemer, M. "Identitaets- und Differenzkonzepte deutscher und japanischer Expatriates. Empirische Ergebnisse und theoretische Grundlegungen." Moosmueller, A. (ed.). *Konzepte kultureller Differenz.* Muenster: Waxmann, 2009, pp. 211-230.

Lanfranchi, A. "Interkulturelle Kompetenz als Element paedagogischer Professionalitaet - Schlussfolgerungen fuer die Lehrerbildung." Auernheimer, G. (ed.). *Interkulturelle Kompetenz und paedagogische Professionalitaet.* Wiesbaden: VS, 2010, pp. 231-260.

Leenen, W. et al. "Interkulturelle Kompetenz in der Sozialen Arbeit." Auernheimer, G. (ed.). *Interkulturelle Kompetenz und paedagogische Professionalitaet.* Wiesbaden: VS, 2010, pp. 101-123.

Luesebrink, H.-J. *Interkulturelle Kommunikation. Interaktion, Fremdwahrnehmung, Kulturtransfer.* Stuttgart: Metzler, 2008.

Maletzke, G. *Interkulturelle Kommunikation. Zur Interaktion zwischen Menschen verschiedener Kulturen.* Opladen: Westdeutscher Verlag, 1996.

Mall, R. "Interkulturelle Kompetenz jenseits blosser political correctness." *Erwaegen - Wissen - Ethik.* Vol. 14. No. 1 (2003), pp. 196-198.

Moosmueller, A. "Kulturelle Differenz: Diskurse und Kontexte."

Moosmueller, A. (ed.). *Konzepte kultureller Differenz.* Muenster: Waxmann, 2009, pp. 13-45.

Nell, W. "Diversity Management vor migrationsgesellschaftlichem Hintergrund." Becker, M. and Seidel, A. (eds.). *Diversity Management. Unternehmens- und Personalpolitik der Vielfalt.* Stuttgart: Schaeffer-Poeschel, 2006, pp. 277-294.

Otten, M. "Was kommt nach der Differenz? Anmerkungen zur konzeptionellen und praktischen Relevanz des Theorieangebots der Transkulturalitaet im Kontext der interkulturellen Kommunikation." Moosmueller, A. (ed.). *Konzepte kultureller Differenz.* Muenster: Waxmann, 2009, pp. 47-65.

Straub, J. et al. "Interkulturelle Kompetenz lehren: Begriffliche und theoretische Voraussetzungen." Weidemann, A. et al., (eds.). *Wie lehrt man interkulturelle Kompetenz? Theorien, Methoden und Praxis in der Hochschulausbildung.* Bielefeld: transcript, 2010, pp. 15-27.

Taylor, Ch. "The politics of recognition." Gutmann, A. (ed.). *Multiculturalism. Examining the politics of recognition.* Princeton: Princeton UP, 1994, pp. 25-74.

Thomas, A. "Interkulturelle Kompetenz. Grundlagen, Probleme und Konzepte." *Erwaegen - Wissen - Ethik.* Vol. 14. No. 1 (2003), pp. 137-150.

〈Abstract〉

Trend of Discourse on Intercultural Competence and Intercultural Education and its Implications

The purpose of this paper is to share the findings of a study that focused on the trend of discourse on intercultural competence and intercultural education and its implications. To achieve the aim, this article identifies following themes: the concept of intercultural competence and its characteristics, the relationship and features between intercultural competence and intercultural education, and a practical example of intercultural education to enhance intercultural competence. The bottom line of this study can be underlined as follows: In terms of construction and development of intercultural competence, there are some component models which have a certain level of immanent limitations and logical complexity, but provide some possibilities regarding the preconditions or potentials of personality, the importance of personal context as well as situational conditions for intercultural communication, cooperation, and coexistence. As appropriate theoretical bases for intercultural education, we can particularly consider the matter of recognition of the 'others' and the theory of symbolic interactionism. The central task of intercultural education lies in the dialectical tension between collective or group identity and personal or individual identity. In this context, it is required to employ the methodological approaches such as story (narrative), social perspective-taking, and intercultural learning process to enhance intercultural competence. Now, German case and its discourse reveals that Korean society should address the importance of intercultural competence and provide diverse educational provisions of intercultural education. As a multicultural society is an irreversible social condition in contemporary Korea, this paper demonstrates we have to develop appropriate methodologies and practice to promote intercultural education for all in diverse ways.

[Key words] intercultural competence, intercultural education, component model, symbolic interactionism, collective identity

〈부록 1〉 전문용어의 번역문제: 상호문화주의 대신 간문화주의가 더 적절한 이유

간문화주의(interculturalism)를 상호문화주의로 번역하여 사용하는 경우를 관찰할 수 있는데, 이와 관련하여 여기서는 간문화주의로 번역하여 사용하는 것이 더 적절한 이유와 근거를 다음과 같이 몇 가지 사항으로 제시하고자 한다.

첫째, 기존에 이미 정착되어 있는 사용방법을 소개하자면, 예를 들어 교육과정의 간학문적 통합(interdisciplinary integration of curriculum)을 상기할 필요할 있으며, 이 맥락에서 흔히 다학문적·간학문적(학제적)·초학문적 접근방안(multi-, inter-, trans-disciplinary approaches)이 거론되고 있다.

둘째, 접두어 'inter-'의 일차적 함축의미를 살펴볼 때, 그것은 이미 언제나 주어진 언어적·문화적 다양성을 인정하면서, '서로 다른 문화 사이의 소통(communication between different cultures)'을 강조한다. 다문화성에 비하여 간문화성(interculturality)은 서로 다른 문화 사이의 접촉·소통에서 발생하는 현상(예: 언어혼합, 문화혼합, 서로 다른 문화요소의 창의적 통합)에 상대적으로 더 많은 주의를 기울이며, 간문화적 접촉·소통의 결과·귀결(예: 간문화갈등, 간문화중재, 혼성화)에 중점을 두고, 서로 다른 문화 사이에서(inter, in-between, dazwischen, entre deux) 발생하는 사이공간(between-space) 혹은 간성(interity)을 더 많이 강조하는 경향이 있다. 경험적으로 이미 주어져 있고 피해갈 수 없는, 그러나 그대로 방치할 경우 위협적인 잠재성을 안고 있는 다문화적 현실(다문화성)을 내실화하기 위한 대안으로서 유럽연합 수준에서는 이미 1970년대 말부터 간문화선택(intercultural option)이 제안되었으며, 이러한 맥락에서 간문화담론·소통·대화·갈등·중재(intercultural discourse, communication, dialogue, conflict, mediation) 따위가 강조되고 있다.

셋째, 접두어 'inter-'의 추상명사인 '간성(間性, interity)'을 만약 '상호성'으로 번역할 경우, 이 간성은 상호성 혹은 호혜성(mutuality, reciprocity, Gegenseitigkeit)의 함의와 상당한 거리가 있다.

넷째, 관련문헌을 살펴볼 때, 'intercultural interaction(간문화적 상호작용)'이나 'intercultural communication(간문화소통, 문화간 소통)'이라는 용어가 도서나 논문의 표제 혹은 장절의 제목으로 적지 않게 사용되고 있는데, 이것을 만약 '상호문화적 상호작용'이나 '상호문화소통'으로 번역할 경우, 동어반복의 현상이 발생하거나 원래의 의미에서 벗어날 우려가 있다. 또한 'intercultural communication(간문화소통)'과 'intracultural communication(내문화소통)' 혹은 'intercultural conflict and mediation (간문화갈등·중재)'과 'intracultural conflict and mediation(내문화갈등·중재)'을 비교하고 그 연관성을 논의하는 부분이나, 'interdisciplinary cooperation(간학문적 협력)'과 'intercultural cooperation(간문화적 협력)'의 연관성을 논의하는 부분에서, 만약 '상호문화소통', '상호문화갈등·중재', '상호문화협력'과 같은 번역어를 사용할 경우, 원래의 문맥을 적절하게 파악하기 어렵게 만들 가능성이 적지 않다.

다섯째, 형식적 측면에서 바라볼 때, 부사로서의 '서로'에 해당하는 '상호' 다음에는 대개 행위동사가 뒤따른다(보기: 상호작용·접촉·교류·침투·소통[하다]). 그 반면, '사이'에 해당하는 '간' 다음에는 대개 체제개념이 뒤따른다(보기: intercultural, international, interpersonal, interreligious [competence], intersubjectivity, interdisciplinary [approach, integration], intersystem [intersystemic relationship] (사회학자 Luhmann의 체제이론에서 나온 개념) 따위).

따라서 간문화주의가 서로 다른 문화 사이의 '상호작용'을 강조한다고 해서, 그것을 상호문화주의라고 번역하여 사용하는 것에 대해서는 일단 심정적으로 충분히 이해가 간다. 하지만 기본적인 전문용어는 가능하면 그 함축의미를 정확하게 그리고 적확(的確)하게 번역하여 사용하는 것이 바람직하다는 규범적인 관점에서 출발할 때, 상기한 여러 가지 정황증거와 근거에 비추어볼 때, 문화라는 체제개념 앞에 '상호'라는 접두어를 붙여 사용하는 것은 형식적 측면에서뿐만 아니라, 핵심적인(일차적인, 본질적인) 내용적 함축의미의 측면에서도 역시 적절하지 않은 것으로 보인다. 하지만 상기한 사항은 어디까지나 현 상태에서 필자의 견해를 밝힌 것이므로, 전문용어의 번역 문제와 관련하여 단순한 '다문화적' 관용에 머물러 있지 말고, '간문화적' 토론이나 대화를 통하여 더 바람직한 대안으로 수렴될 수 있기를 기대한다.

〈부록 2〉 간문화교육의 실천사례

사회적 관점취득 기법을 적용한 수업설계·분석

주제: 다른 문화 인정하고 배우기

최근에 우리는 주변에서 우리와 다른 삶의 방식을 가진 사람들 또는 다른 문화를 자주 접할 수 있다. 창의적 체험학습 활동시간을 이용하여 실시한 이 수업은 이런 현실의 상황에서 학생들이 나와 다른 문화를 어떻게 인정하고 받아들일 지에 대해 초점을 맞추어 사회적 관점 취득 접근 방안을 적용하고자 했다. 특히 여기서는 프로젝트 방법을 통하여 학습자가 능동적으로 수업에 참여하도록 유도하였다. 수업이 끝나고 나면 학생들은 다른 문화의 좋은 점을 인정하고 배워서 삶을 좀 더 풍요롭게 할 수 있는 민주시민으로 성장할 수 있을 것이라 기대된다.

1. 수업설계

1) 수업대상 학급의 조건

수업이 이루어진 학급은 초등학교 6학년이다. 이 학급의 인원은 28명으로 남학생이 16명, 여학생이 12명으로 남학생 수가 약간 많은 편이다. 아파트 밀집 지역에 위치한 학교이며 학생들의 생활수준 및 교육여건이 비교적 고른 편이다. 학습에 대한 열의가 있으나 자기 주도적 학습 능력은 약간 떨어지는 편이고 모둠별로 토의를 하거나 의사결정을 할 때 다양한 의견을 제시하지 못하는 경향이 있다. 수업은 창의적 체험활동 시간을 활용하여 2시간 연속으로 진행되었다. 사전지식 및 선수학습 능력을 확인하기 간단한 설문조사를 실시하였다.

(1) 편견에 대한 인지적 측면 조사(N=28)

조 사 내 용	학생 수	%
편견의 뜻을 잘 알고 있다.	3	11
편견의 뜻을 짐작하여 막연하게 이야기할 수 있다.	15	53
편견의 뜻을 짐작해도 말할 수 없다.	10	36

(2) 다문화에 대한 인지적 측면 조사(N=28)

조 사 내 용	학생 수	%
다문화의 뜻을 잘 알고 있다.	4	14
다문화의 뜻을 짐작하여 막연하게 이야기할 수 있다.	12	43
다문화의 뜻을 짐작해도 말할 수 없다.	12	43

(3) 다문화에 대한 정의적 측면 조사(N=28)

① 만약 우리 반에 다른 문화에서 살던 친구가 전학을 온다면 어떻게 행동할건가요?

조 사 내 용	학생 수	%
긍정적 반응	25	89
무관심	2	7
부정적 반응	1	4

② 낯설게 느껴지는 문화에 대한 반응

조 사 내 용	학생 수	%
각자 자기 나라의 문화이므로 인정해야 한다.	21	75
관심 없다.	4	14
낯설고 왜 그런 행동을 하는지 모르겠다.	3	11

(4) 조사 결과

① 인지적 가치 내면화 정도

'편견'에 대해서 정확하게 개념을 알고 있는 학생은 적었지만 고정관념의 입장에서 이해하고 있었으며 '다문화'에 대한 개념은 다양한 문화가 존재한다는 개념보다는 대다수의 학생이 외국인과 결혼해서 가정을 이루는 것이라는 '다문화가정'의 입장으로 이해하고 있었다.

② 정의적 행동적 가치 내면화 정도

우리 반에 다문화 친구가 오면 친절하게 잘 지내겠다고 대답하면서도 막상 우리와 조금 다른 문화의 예를 들어주자 '더럽다', '불편하다', '싫다'라는 부정적 반응을 보이는 학생들도 다수 존재했다.

2) 수업 계획·구성

(1) 수업주제: 문화의 의미와 관용의 중요성을 알고 다양한 문화를 존중하는 마음 기르기

(2) 수업목표

첫째, 우리가 살고 있는 세상에는 다양한 문화가 있으며 다른 문화에 대하여 존중하고 관용하는 태도를 기를 수 있다.

둘째, 다른 문화에 대한 편견은 올바른 판단에 의한 것이 아님을 확인하고 편견 극복의 의지를 지닐 수 있다.

셋째, 다양한 문화를 이해하고 존중하는 것에서 더 나아가 우리 문화의 주체성을 바탕으로 다양한 문화를 이해하고 우리의 문화 발전을 이룰 수 있다.

3) 수업시간의 개요

단계		내용적 특징	자료
도입	1. 출발점 확인(다른 문화에 관심 갖기)	• 간단한 퀴즈 풀기 '나는 누구일까요?' • (닉쿤, 크리스티나, 줄리엔 강) 세 사람의 공통점 - 우리나라에서 살고 있는 외국인들이 많아졌기 때문에 다양한 문화에 대한 이해가 필요함(문제의식 갖기) • 다른 문화에 대해 가지고 있는 관심 및 태도 확인하기	플래쉬 퀴즈 자료 및 ppt
전개	2. 안내 (다른 문화 이해하기)	• 우리나라에서 다른 문화를 가진 사람들이 살아가는 사례 확인하기 - 서울의 이태원과 이슬람 사원 - 인천의 차이나타운 - 안산 다문화 거리의 모습 • 문화, 관용, 편견 등의 용어 정리 및 편견이 생기는 과정 설명 • 수업목표 및 학습활동 제시	동영상자료 ppt
	3. 공감(다른 문화를 인정하고 존중하기)	• 다양한 문화를 지닌 사람들의 사고와 감정 속으로 들어가기 - 손으로 카레를 먹는 인도의 음식 문화 - 뉴질랜드 마오리족의 독특한 인사법 - 스페인의 낮잠 문화(피에스타) - 턱에 나무장식을 한 아마존의 조에 족 - 아프리카 마사이족의 집 • 다른 문화 사람들의 관점으로 우리 문화 바라보기	ppt
	4. 역할 취득 (다른 문화를 인정하고 존중하기)	• 서로 다른 문화와 관련된 동영상을 시청하며 서로 다른 입장이 되어보기 • 타자의 입장이 되어 간단한 역할극 해보기 -손으로 밥을 먹는 인도에서 온 나딤 이야기	동영상자료 역할극대본(학습지) 및 소품

		-소똥으로 집을 짓는 마사이족 재쿠 이야기 -돼지고기를 먹지 않는 터키 친구 베렌의 이야기 -된장찌개 냄새에 참기 힘들어 하는 수잔 이야기	
	5. 추상적 사고(다른 문화를 평가하고 판단하기)	• 문화의 차이에 대한 편견이 존재하는 사회의 문제에 대한 분석과 사고, 타인의 생각 들여다보기 • 역할극을 해 본 소감을 포스트잇에 적어 머리(생각), 가슴(마음가짐), 손과 발(행동)에 붙이기	그림자료, 포스트잇
정리	6. 반성 및 일반화(다른 문화에서 좋은 점 배우기)	• '편견이 사라지면' ppt 보면서 반성하기 • 수업 후 나의 달라진 점 되돌아보기 • 수업에 대한 소감과 느낌 정리	ppt자료

2. 수업의 실행

1) 수업단계 1: 출발점 확인 (나와 다른 문화에 관심 갖기)

동기유발 단계로서 세계의 서로 다른 의식주 문화에 관련된 동영상을 보여주어 다른 문화에 대한 학생들의 관심 및 태도를 확인한다.

- 간단한 퀴즈를 풀어 본다.
  '나는 누구일까요?'
  정답은 '닉쿤, 크리스티나, 줄리엔 강'
- 세 사람의 공통점은 무엇일까요?
- 우리나라에서 살고 있는 외국인, 연예인이다.
- 우리나라에서 살고 있는 외국인들이 많아졌기 때문에 다양한 문화에 대한 이해가 필요하다. (문제의식을 갖도록 한다.)
- 다른 문화에 대해 가지고 있는 관심 및 태도를 확인해 본다.

2) 수업단계 2: 안내 (다른 문화 이해하기)

수업이 시작되면 우리나라에서 다른 문화를 가진 사람들이 살아가는 사례를 제시한다. 우리나라와 다른 다양한 문화 또는 우리 주변에서 찾아볼 수 있는 다양한 문화의 사례를 자유롭게 발표해 보도록 한다.

- 우리나라에서 다른 문화를 가진 사람들이 살아가는 사례를 확인해 본다.
  - 〈서울의 이태원과 이슬람 사원, 인천의 차이나타운, 안산 다문화 거리의 모습〉을 칠판에 나와서 사진과 맞춰보도록 한다.
- 문화, 관용, 편견 등의 용어 정리 및 편견이 생기는 과정을 설명해 본다.
- 수업목표 및 학습활동 제시한다.
  - 최근에 국제결혼이 늘어서 다문화 가정이 늘어나고 있다.
  - 학원에 원어민 선생님들이 많이 계시는데 백인 선생님들께 인사를 할 때는 손을 흔들며 "하이"라고 한다.
  - 인도에서는 밥을 먹을 때 손으로 먹는다.

또한 문화, 관용, 편견 등의 용어 정리 및 편견이 생기는 과정에 대해 설명을 한다. 마지막으로 〈문화의 의미와 관용의 중요성을 알고 다양한 문화를 존중하는 마음 기르기〉라는 학습문제를 제시한다.

3) 수업단계 3: 공감 (다른 문화를 인정하고 존중하기)

다양한 문화를 지닌 사람들의 사고와 감정 속으로 들어가서 생각해보도록 한다.

• 다양한 문화를 지닌 사람들의 사고와 감정 속으로 들어가 본다.
- 손으로 카레를 먹는 인도의 음식 문화, 뉴질랜드 마오리족의 독특한 인사법, 스페인의 낮잠 문화(피에스타), 턱에 나무장식을 한 아마존의 조에 족, 집 짓는 재료가 독특한 아프리카 마사이족의 모습을 보여준다.
• 다른 문화 사람들의 관점으로 우리 문화를 바라보게 한다.
- 청국장, 된장 등은 우리나라 사람들이 맛있게 먹는 음식이지만 외국 사람들은 그 냄새를 참기 힘들다고 한다.

※ 기타 질문
- 정착민과 유목민들에게 중요하게 여겨지는 동물이 왜 다를까?
(정착민들은 소나 염소를, 유목민들은 말을 더 중요시 한다고 한다.)

또, 다른 문화 사람들의 관점으로 우리 문화를 바라보았을 때 공감하기 힘든 문화는 없을지에 대해 생각하고 발표해 보도록 한다.

4) 수업단계 4: 역할취득 (다른 문화를 인정하고 존중하기)

서로 다른 문화와 관련된 동영상을 시청하며 상대방의 입장이 되어보도록 한다. 동영상에서는 설날에 청소를 하는 문제로 인해 베트남 며느리와 우리나라 시어머니의 갈등을 다루고 있다. 베트남에서는 설날에 청소를 하는 것은 신께서 주신 행운(복)을 버리는 행동이라고 생각하고 우리나라에서는 설날 손님 맞을 준비를 하는 당연한 예의이라고 생각한다. 동영상을 시청하면서 학생들은 서로 다른 문화 때문에 갖게 되는 행동과 생각의 차이를 더 잘 이해할 수 있을 것이다.

동영상 시청 후에 다른 문화를 가진 사람들이 되어 간단한 역할극을 통해 공감할 수 있도록 한다.

〈다양한 상황 제시〉
• 서로 다른 문화와 관련된 동영상을 시청하며 서로 다른 입장이 되어본다.
• 타자의 입장이 되어 모둠별로 간단한 대본을 짜서 역할극을 시연해 본다.
〈다른 문화를 우리의 시선으로 바라볼 때〉
- 손으로 밥을 먹는 인도에서 온 나딤에게 초대받는 점심식사
- 봉사활동으로 케냐를 방문하게 된 지호가 마사이족 친구 재쿠를 만난 상황
- 돼지고기를 먹지 않는 터키 친구 베렌이 급식소에서

〈우리 문화를 바라보는 외국인들의 시선〉
- 된장찌개 냄새를 맡은 수잔의 반응

5) 수업단계 5: 추상적 사고 (다른 문화를 평가하고 판단하기)

• 문화의 차이에 대한 편견이 존재하는 사회의 문제에 대한 분석과 사고, 타인의 생각을 들여다본다.
• 역할극을 해 본 소감을 포스트잇에 적어 앞에 게시된 그림의 머리(생각), 가슴(마음가짐), 손과 발(행동)에 붙여본다.

우리나라의 문화와 다른 문화를 접할 때 “생각을 이렇게 하겠다, 마음가짐을 이렇게 하겠다, 실천행동을 이렇게 하겠다.”를 포스트잇에 쓰고 발표해 보도록 한다. 이 단계에서는 다양한 문화에 대한 관용도 존재하지만 반대로 편견도 역시 존재한다는 것을 인식하고 부당하게 대우받거나 비하되는 경우가 생기지 않도록 노력해야 함을 알게 한다. 문화의 차이에 대한 편견이 존재하는 사회의 문제에 대해 분석하고 역할극을 해 본 소감을 발표해 봄으로써 타인의 생각을 더 잘 들여다 볼 수 있는 시간이 되도록 한다.

6) 수업단계 6: 반성 및 일반화 (다른 문화에서 좋은 점 배우기)

• 수업 후 나의 달라진 점 되돌아본다.
• 수업에 대한 소감과 느낌을 정리한다.

'편견이 사라지면' 이라는 ppt 자료를 보면서 편견과 오해로 진실을 전혀 다르게 인식할 수 있음을 알게 하고 다른 문화에 대한 편견과 오해가 없었는지 되돌아보도록 한다. 수업 후 다른 문화에 대한 편견을 극복하고 관용적인 태도를 갖게 되었는지 나의 태도를 돌아보고 소감과 느낌을 정리한다.

또, 다른 문화에서 내가 배울 수 있는 점은 무엇인지 알아보고 수용하여 내 삶의 한 부분이 되도록 한다.

3. 수업분석 및 평가

수업이 끝난 후 통해 새로 알게 된 점이나 느낀 점을 발표해 보는 시간에 학생들의 대부분의 반응은 다음과 같이 요약된다.

- 내가 나도 모르게 편견을 가지고 있다는 생각이 들었습니다.
- 다른 문화에도 이유가 있다는 것을 알게 되었습니다.
- 낯설게 느껴지는 문화도 바르게 이해하고 존중해야 한다는 것을 느꼈습니다.
- 다른 문화의 차이를 인정하고 너그럽게 받아들입니다.
- 우리와 다르더라도 이상한 눈으로 보지 않습니다.
- 외국인에게 말을 걸고 편견 없이 함께 어울리겠습니다.

학생들은 이 수업을 통해서 다른 문화를 인정하고 배울 수 있는 충분한 마음가짐을 갖게 된 것 같다.

다만, 수업시간에 예로 든 여러 가지 다양한 문화들이 어떻게 보면 너무 극단적이고 자극적이지 않았는가 하는 생각도 든다. '편견'이라는 고민에 빠질 수 있는 수업자료를 찾다 보니 그런 자료를 사용하게 되었는데 자료 선정에 좀 더 세심한 고려가 필요하다고 생각한다.

이번 〈다른 문화 인정하고 배우기〉 수업에서 좀 더 나아가 다문화사회로 변해가는 우리 사회에서 다양한 문화가 공존하며 발전하는 사회를 만들기 위한 방법에 대해 생각해보는 수업을 전개하면 좋을 것 같다.

☆ 역할극 만들기 ☆

( )모둠

〈나딤과 함께 한 점심식사〉

인도 친구 나딤의 아버지는 외교관입니다. 나딤은 아버지를 따라 한국에 와서 1년 넘게 잘 지내고 있습니다. 하영이와 정우는 토요일에 친구들과 나딤의 집 점심식사에 초대받았습니다.

나오는 사람들 : 나딤아버지, 나딤 어머니, 나딤, 하영, 정우

☆ 역할극 만들기 ☆

( )모둠

〈돼지고기를 먹지 않는 터키 친구 베렌〉

터키에서 온 친구 베렌의 부모님은 우리나라에서 케밥 가게를 운영하고 있습니다. 베렌은 돼지고기를 먹지 않는다고 합니다. 학교 급식 시간에 돼지고기 메뉴가 나왔을 때의 상황입니다.

나오는 사람들 : 베렌, 수연, 재우, 미르, 영양 선생님

☆ 역할극 만들기 ☆

( )모둠

〈된장찌개 냄새를 맡은 수잔의 반응〉

채은이는 미국 워싱턴 고모집에 방학때 놀러갔습니다. 옆집에는 수잔이라는 채은이 또래의 친구가 살고 있습니다. 채은이는 수잔과 친하게 지냈는데 어느날 수잔이 놀러와서 무슨 불쾌한 냄새가 난다고 하는겁니다.

아! 아침에 고모와 된장찌개를 끓여먹었거든요.

나오는 사람들 : 수잔, 채은, 고모, 사촌 동생 유진

☆ 역할극 만들기 ☆

( )모둠

〈아프리카 마사이 족을 방문한 지호〉

봉사활동을 하러 떠난 지호와 가족은 케냐의 마사이족 마을을 방문했습니다. 거기서 재쿠라는 친구를 만났는데 마침 친구는 집을 수리하고 있었습니다.

나오는 사람들 : 재쿠 어머니, 재쿠, 지호, 지호 누나

제 4 장

다문화교육과 세계시민교육의 담론과 함의 고찰[1]

1) 제4장의 내용은 『한국교육』 제40권 제3호(2013.10.)에 게재한 필자의 글을 부분적으로 수정·보완한 것임.

〈국문초록〉

본 연구는 전 지구적 이동(global mobility)이 증대하고 세계간 상호영향력이 심화되는 오늘날, 글로벌교육의 주요 교육영역으로서 새롭게 주목받는 다문화교육과 세계시민교육의 특징 및 그것의 교육적 함의를 고찰하는데 목적을 둔다. 이를 위해 다문화교육과 세계시민교육의 담론 동향을 각각 분석하고, 다문화교육과 세계시민교육이 조우할 경우 개념적·교육 실천적 측면에서 나타나는 유사성과 특수성 등 제 관계를 분석하였다. 현재 우리나라의 교육 지형은 글로벌화·다문화 맥락이 투영되면서 조금씩 변화하고 있으나, 여전히 교육 현장의 교육자들은 다문화교육과 세계시민교육의 다양한 언표들로 인해서 개념적 혼란을 겪으며 그것의 실천 방안에 물음표를 제기하고 있는 것이 사실이다. 이에 본 연구는 두 교육개념의 이론적 윤곽을 정교화하고, 이해의 지평을 넓히고자 한다. 마지막으로 본고는 다문화교육과 세계시민교육은 새로운 시대의 교육적 필요와 학습자의 다변화된 수요를 능동적으로 반영할 수 있도록, 단순히 학령기의 정규 교육체제에서 뿐만 아니라 평생학습 차원에서도 지속적으로 외연을 확장해야 할 것을 주장한다.

[주제어] 다문화교육, 세계시민교육, 평생학습

Ⅰ. 서론

전 세계적으로 인간, 노동, 정보, 기술, 자원, 문화 간 이동과 교류가 급속하게 진행되고 있다. '글로벌(global)'이라는 수식어가 어느덧 익숙하게 다가올 만큼 세계체제는 긴밀한 상호연관성을 맺으며 변화하고 있고, 세계 간 상호의존성 역시 매우 높아지고 있다. 이러한 상황에서 교육영역에서도 변화가 나타나기 시작했다. 우리나라에서도 기존의 정통 교육학 영역에서 그다지 회자되지 않았던 다문화교육, 국제이해교육, 세계시민교육 등의 용어가 1990년대 후반부터 등장하였다. 이러한 흐름을 이어받아 2000년에는 유네스코의 국제교육협력 사업을 아우르는 국제교육 제 분야를 연구하는 한국국제이해교육학회가 설립되었고, 2008년에는 다문화·다인종사회로 전환되어 가는 한국 사회에 필요한 교육 이론과 실천을 연구하기 위해서 한국다문화교육학회가 설립되었다. 아울러 과거에 선진 공여국의 원조를 받던 우리나라가 2010년에는 OECD DAC(공적개발원조위원회)에 정식 회원국으로 가입하는 변환을 경험하고, 시민사회 단체를 중심으로 지구촌의 빈곤 해소와 인권 강화를 위한 글로벌 나눔 운동이 더욱 본격화되면서 세계시민교육도 다시금 주목받고 있다.

그러나 여전히 많은 교육학자들과 관련 전문가들은 이와 같이 글로벌시대에 새롭게 논의되는 교육에 대해 서로 상이한 방식으로 정의를 내리거나, 개념간의 모호한 관계성과 중층성으로 인해서 합의된 논의를 끌어내지 못하고 있다. 오히려 현 시점에서 무리하게 논의의 합의를 이끌기보다는 이론적 이해와 실천의 초석을 다지기 위해서 다양한 토론과 논쟁이 필요하다고 할 수 있다. 그러한 논의의 물꼬를 여는 의미에서 본 연구는 전 지구화 맥락에서 교육계의 변화 동향을 보여주는 주요한 교육 기제로 주목받는 두 개의 기둥으로서 '다문화교육'과 '세계시민교육'에 대해서 살펴보고, 두 교육 영역의 유사성과 특수성, 융합가능성 등 상호 관계를 통해 교육 현장에 주는 시사점을 제시하고자 한다.

따라서 본고에서는 다문화교육과 세계시민교육이 지향하는 이론과 실제의 특성이 무엇이고, 두 영역의 유사성과 차이점이 무엇인지를 파악함으로써 향후 어떠한 교육 내용이 융합적으로 반영되어야 하는지, 또한 정책적 실천이 어떻게 전개되어야 하는지 방향성을 탐색하고자 한다. 구체적인 연구 질문은 다음과 같이 명료하게 정리될 수 있다. 첫째, 다문화사회에서 주목받고 있는 다문화교육의 개념과 특징은 무엇이며, 그것의 도전과 한계는 무엇인가? 둘째, 글로벌화 맥락에서 전개되어 온 세계시민교육의 이론적 기반과 특징은 무엇이며, 그것의 도전과 한계는 무엇인가? 셋째, 다문화교육과 세계시민교육의 개념적·교수학습 차원의 유사성과 차이점은 무엇이며, 두 교육 영역이 융합할 경우 고려할 지점과 추후 과제는 무엇인가? 이로써 본 연구는 오늘날 거시적으로 '국제교육'으로 개념화되는 두 개의 교육 영역을 인식하는 이해의 지평을 넓힌다는 점에서 의의를 가진다.

II. 다문화교육의 개념과 특징

1. 다문화교육의 개념적 이해

다문화교육을 이해하기에 앞서 '다문화'가 무엇인지에 대한 논의가 필요하다. 일반적으로 포괄적 개념으로서의 '다문화'는 국민국가 내에 인종, 언어, 역사, 문화적 동질성과 이질성을 가진 공동체가 다수 존재하는 현상을 말한다. 국가가 정책적으로 선포한 다문화주의와 시민들이 생활세계에서 체감하고 상호작용하는 다문화적 실천이 괴리가 있듯이(Soutphommasane, 2006; 김진희, 2012) 다문화주의의 유형과 개념화도 조금씩 차이가 있고 접근방식도 상이하다.

다문화주의를 둘러싼 다양한 담론들 가운데, 여기서는 크게 네 가지를 살펴보고자 한다. 우선, 문화적 다원주의는 문화다양성의 존중과 문화적 상대주의를 강조하는 보편적 담론으로 자주 활용된다. 말 그대로 다른 어떤 맥락보다 '문화'에 방점을 둔 접근이라 할 수 있다. 그러나 자유주의적 다문화주의는 인종적 문화적 차이점을 존중하되, 기능론적 관점에서 세계 간 상호 연관성과 의존도를 활용하는 관점이다. 다문화주의를 수요와 공급의 원칙에 따라 관광 상품이나 자원 개발, 마케팅 등에서 접근하는 경우가 그러하다. 한편 급진적 분리주의는 다양하고 특수한 문화공동체 혹은 집단의 정체성, 그리고 그것의 고유성을 강조하면서 '통합'보다는 특수성을 보존하기 위해서 '분리'와 '독립'을 강조하는 관점이다. 마지막으로 비판적 세계시민주의는 오늘날 자본과 힘의 논리로 재편된 세계화와 기능론적 다문화주의를 반대하는 비평적 관점을 가지고 있다. 여기서는 시민이 국민국가에 소속된 파편화된 개인이 아니라, 세계시민사회의 일원으로서 규정하면서 전 지구적 민주시민의식의 제고와 연대를 강조한다. 이처럼 다문화주의는 정치 사회적 입장이나 정책시행 방식에 따라 여러 유형으로 구분된다는 점은 다문화주의 담론이 작동되는 맥락이 상이하고 복잡다단하다는 것을 보여준다.

다문화주의란 폭넓고 다양한 가치들을 반영하는 이념이기 때문에 한 마디로 정의하기는 어렵지만 대체로 한 사회 내 다양한 인종이나 민족 집단들의 문화를 단일한 문화로 동화시키지 않고 서로 인정하고 존중하며 공존하게끔 하는데 그 목적 있는 이념체계와 정부 정책을 가리킨다(윤인진, 2008: 73). 여기서 다문화교육의 방향성과 가치 역시 투영되고 있다. 다문화교육은 이질적 배경을 가진 사회구성원들의 편견과 갈등을 해소하고, 차이와 다양성을 인정하면서 함께 살아갈 수 있도록 도모하는 '모든 이를 위한 교육'이다. 아울러 모든 사람들이 자신의 민족, 인종, 언어, 국적, 성별 요인에 의해서 차별받지 않고 동등한 교육 권리를 보장받으면서 양질의 학습기회를 향유할 수 있도록 하는 교육적 기획이다. 실제로 다문화주의를 반영한 교육학 논의는 인종, 민족, 계층, 성, 언어의 차이로 인해 발생하는 불평등한 권력 관계와 소외 현상을 비판적으로 분석하고, 교육을 통해 억압된 소수 집단의 자율성과 공정한 교육 권리를 보장하기 위한 논의로 전개되어 왔다(Gudtavsson and Osman, 1997; Banks, 2010).

한 사회에서 다문화교육을 어떠한 관점에서 규정하고, 어떠한 방식으로 받아들이고 있는가는 그것이 적용되는 토양의 다변성만큼이나 중요하다. 그런데 지금까지 우리나라 교육계에서 인종적, 민족적, 계층적, 언어적 요소로 인해 다문화적 배경을 가진 학습자의 교육과 학습 경험에 대한 논의는 다양하고 풍성하게 전개되지 못했다. 그동안 한국의 교육 연구 및 실천 세계에서 압도적으로 조명되어 온 혈연 기반의 단일민족(blood centred mono-ethnic) 배경을 가진 학습자, 동질 문화 중심의 정치, 경제, 사회 문화적 환경이 교육 연구 담론에 정형화된 울타리를 설정해 왔기 때문이다.

2. 다문화사회의 교육 지형 변화와 다문화교육

점점 더 많은 현대인은 다양한 매체와 직간접적 경험을 통해서 '지구촌(global village)'의 상호의존성과 관계성을 체감하고 있다. 정치, 경제, 사회 전면에서 지구마을에서 일어나는 많은 일들을 '강 건너 불 보듯이' 할 수 있는 시대가 지나가고 있고, 세계의 문제가 곧 '나'와 '우리'의 이슈로 삶의 영향권 안에 들어오고 있는 것이다(김진희, 2012: 209). 이러한 경향은 근대 국민국가 중심(nation-state centred)의 언어, 정체성, 인종, 민족의 닫힌 컨테이너의 틀을 넘어서 다인종, 다문화, 다국적 코드가 결합되면서 논의를 발산하고 있다.

우리나라에서 다문화담론은 다양한 인종적, 문화적 배경을 가진 구성원들이 한국 사회에 공존하고 있음을 환기시키는 데 기여한 측면이 있다. 문자 그대로 '다문화'란 국민국가 내에 인종, 민족, 언어, 역사, 문화적 차이를 가진 다양한 개인과 집단이 다수 존재하는 것을 말하기에 급속하게 다문화·다인종사회로 전환되고 있는 우리 사회의 변화의 내용과 방식을 이해하는 주요한 인식 틀을 제공한 것이다. 2012년 발표된 법무부의 보도 자료에 따르면, 한국에 체류하는 외국인과 이주민이 전체 인구의 3%로서, 약 141만 명을 육박하였다. 한국에 거주하는 외국 태생 인구 비율은 1990년에는 0.11%였다면 2010년에는 2.3%(110만 6884명)로 급증한 것이다. 인구통계학상 다문화국가는 인종적, 민족적, 문화적 배경을 달리하는 외국 태생 인구 비율이 전 인구의 5% 이상을 차지할 때로 하고 인종적, 민족적, 문화적 배경을 달리하는 구성원이 그 사회를 채우는 것이다. 한국 사회가 다문화사회로 재배치되고 있음을 보여주는 극명한 지표라 할 수 있다.

그런 측면에서 우리 사회에서 다문화에 대한 다양한 언표들이 범람하고 있다. 그러나 다문화주의 언표의 범람에도 불구하고 그것의 편향된 방향성에 대한 우려의 목소리 역시 높다. 윤인진(2008: 89)은 다음과 같이 지적하고 있다.

> 한국사회에서 다문화주의가 소위 '붐'이 되면서 시민단체들이 정부와 민간영역으로부터 다문화가족 관련 위탁 사업을 수령하고자 경쟁적으로 나서게 되자 시민단체 내에서 자성의 목소리가 나오기도 했다. 첫째는 여전히 외국인 이주노동자들의 노동권과 인권문제가 심각한데도 시민단체들은 돈도 안 되고 힘만 드는 이주노동자 문제를 외면한다는 지적이다. 둘째는 국제이주여성의 문제를 다루기 위해서는 성인지적 관점과 다문화적 관점이 필수적인데 여전히 가부장적이고 한국문화중심적인 사고를 가진 사람들이 다문화가족 관련 사업을 진행한다는 지적이다. 그리하여 이주여성들에게 다도(茶道), 한복 입는 법 배우기, 전통예절 배우기 등

다문화적 가치와 배치되는 프로그램들을 진행하게 되는 것이다.

진정한 의미의 다문화주의는 다양한 문화의 공존과 상호 존중인데, 우리사회의 지배적인 다문화정책은 이질적 배경을 가진 사회구성원을 '동화'하고 흡수시키는 관(官)주도의 통치 이데올로기로서 활용되는 측면이 있다. 특히 다문화인구의 60% 이상을 차지하는 이주노동자 집단은 국적(nationality) 이슈로 인해서 교육과 노동, 문화권에서 소외되고, 다문화가족 및 국제결혼 이주여성에 대한 집중적인 지원이 이루어지고 있는 것이다. 실제 2012년 다문화가족 지원예산은 8개 부처 887억으로 전년 대비 41%가 증액되었다.

다문화현상이 엄연히 도래한 새로운 '현실'로 우리 사회 곳곳의 단면을 재구조화하고 있다. 특히 교육 영역의 변화는 뚜렷하다. 체류 외국인 수의 급증과 맞물려, 정규 학교교육 체제로 진입하는 이주민 자녀들도 매년 급증한다. 교육인적자원부의 발표에 따르면 2010년 기준으로 초·중·고교에 재학 중인 다문화 배경 학생의 수는 매년 점증하면서 현재 총 3만1788명에 이른다. 이 중에서 초등학생이 절대 다수를 차지하여 2만471명이 재학 중이며, 그 다음으로 중학생 5260명, 고등학생 1827명 순이다. 이들의 대다수는 국제결혼 가정의 자녀로서, 이들 초등학생이 중등학교로 진학하고, 나아가 노동과 시민사회에 참여하는 성인이 되는 연이은 과정을 상정하며 다문화사회로의 전환은 바로 예견되는 사실이다.

여기서 다문화교육은 우리사회에서 이전에 본격적으로 경험한 적이 없는 다문화주의를 교육적으로 대응하기 위한 기획으로 전개되고 있다. 다문화교육에서 새로운 학습집단과 교육요구가 대두했기 때문에 기존의 단일문화 중심적 교육체제가 변화와 굴절을 일으키면서 교육과 학습의 프레임워크가 달라지고 있다(Jarvis, 2007; 김진희, 2011). 누가 교육을 받는가? 누가 우리교육 세계의 학습자인가? 무엇을 학습하는가? 어떻게 가르쳐야 하는가? 기존의 단일문화 중심의 교수 학습의 철학과 방법론이 균열을 일으키고 있는 것이다.

따라서 다문화맥락에서는 교육과 학습에 대한 논의가 달라지며, 교육 철학도 재구성되어야 한다. 다문화사회에서 다양한 배경을 가진 학습자의 잠재력과 역량을 개발하고, 이들에게 공정하고 수월성 높은 교육과 학습 기회를 제공하는 교육이 바로 다문화교육인 것이다. 왜냐하면 오늘날 다문화가정 자녀들은 교육결손집단이자 학습취약계층으로서 교육의 사각지대에 놓여있기 때문에 이들에 대한 교육적 지원을 철학적으로, 실질적으로 마련하는 것이 시급하다. 아울러 다문화교육은 다문화 배경을 가진 구성원은 물론 일반 정주민들이 차이와 다양성을 상호 존중하는 다문화 역량을 키우고, 편견을 해소하면서 함께 어울려 살아가기 위한 '모두를 위한 교육'으로 전개되어야 한다. 그리하여, 학습자가 다문화적 세계와 상호작용하고 다문화적 '경험'을 재구성하는 과정 자체가 중요해 진 것이다.

요컨대 이러한 흐름에서 다문화교육의 세부 영역은 다음과 같이 고찰된다. 교육목표, 교육내용, 교육방법, 교육평가 측면에서 구분해서 인식하면 다문화교육의 특성을 파악할 수 있다. 첫째, 교육목표에서는 다양성과 평등성을 강조하고, 학습자의 자아정체성 확립을 중요시한다. 학습자들은 다문화교육을 통해 문화다양성을 존중하면서 공동체의식을 함양할 수 있다. 이것은 나아가 세계시민성의 발달을 도모할 수 있다. 둘째, 교육내용에서는 주로 다양성이해, 인간존엄과 편견감소, 다문화이해교육, 다문화경험에 대해서 체계적으로 다룰 수 있다. 셋째, 교육방법측면에서는 교사는 다양한 배경을 가진 학습자를 위해서 평등한 교수법을 활용하고, 협동학습방법, 통합형교육, 다문화적 교수·학습 자원의 적극적 활용을 도모할 경우 학습효과를 높일 수 있다. 넷째, 교육평가에서는 다문화가치인식을 측정하고, 다문화 실천도를 평가하고, 학습의 결과보다는 과정중심 평가를 실시하는 것이 보다 적실한 접근이다. 이로써 다문화교육의 개념과 교수·학습 실제를 이해할 수 있다.

3. 다문화교육의 도전과 한계

우리사회에서 다문화교육에 대한 관심이 일어나기 시작한 것은 분명히 고무적이다. 그러나 그것의 교육적 명암이 선명하다는 점에서 다문화교육의 도전과 한계를 진단해 볼 필요가 있다. 여전히 우리나라의 교육체제와 일상적 생활세계(life world)에서 이주민에 대한 이중 소외와 '타자화'(othering) 현상은 팽배하다. 이들이 학교에서 공부를 하고, 직장을 구하고, 주택을 찾고, 커뮤니티의 구성원이 되는 일련의 사태에서 보이지 않은 차별과 불편한 시선이 존재하고 있다. 이질적 배경을 가진 타인을 얕은 수준에서 '인식'은 하되 이해관계가 충돌할 때는 다양성에의 '인정'과 '승인'이 기능하지 않는 것이다.

2006년부터 정부와 시민단체, 학계가 주도해온 친(親) 다문화주의가 풀뿌리 지역사회에서 그다지 효과적으로 작동하지 않는 사례를 보여준 사건이 있었다. 2011년 10월 언론 보도는 일제히 "외국인이 목욕탕 들어오면 에이즈 걸려", "외국인은 AIDS 우려로 대중목욕탕에 출입할 수 없다"는 자극적 보도 문구를 통해서 다문화주의가 일상 시민영역에서 충돌하고 있음을 방증하였다. 부산광역시 동구 초량동에서 집 근처 목욕탕을 이용하려던 국제결혼 귀화 여성이 대중목욕탕 출입을 저지당했다. 우즈베키스탄 출신 귀화인인 구수진씨는 2002년 국내에 들어와 2년 뒤 한국인 남성과 결혼하였고 2009년 귀화한 한국인이지만, 목욕탕 직원과 업주는 "외국인이 사우나의 물을 더럽힐 수 있고 에이즈(AIDS) 문제도 있기 때문에 한국 손님들이 거부감을 느껴 외국인은 절대 출입을 할 수 없다"는 말을 하면서 그는 배척당하게 된다. 당황한 구씨는 한국 정부가 발행한 주민등록증을 보여주었지만 '생김새가 외국인'이기 때문에 출입을 거부당하였다. 구씨가 업소 측의 부당한 차별에 항의하기 위해 경찰에 신고했지만 경찰 역시 외국인의 출입을 거부하는 것을 규제할 법률이 없는 상황이라 아무런 조치를 취하지 못했다. 이 사건을 계기로 우리 사회에서 '인종차별금지법'이 마련되어야 한다는 목소리가 확산되게 되었으나 서명운동 이후는 아직까지 주목할 만큼 진전된 성과는 없다. 또한 2009년에는 인도 출신 남성이 버스에 탔다가 다른 승객으로부터 "더럽고 냄새 난다"는 모욕을 당한 사건도 있었다. 국가인권위원회는 2001년 11월부터 올 5월까지 피부색 등의 이유로 차별을 당했다며 진정서를 접수한 건수만 230건이라고 밝혔다(국가인권위원회, 2011). 공식적으로 집계되거나 신고 되지 않은 차별 피해 사례는 이보다 훨씬 많다는 것을 쉽게 짐작할 수 있다.

이와 같은 다문화관련 사회적 갈등과 충돌을 함의하는 지표 가운데 다문화수용성지수(KMAI)를 들여다 볼 필요가 있다. 우리 국민의 다문화수용성지수(KMAI)는 51.17점으로 유럽의 다문화수용성지수보다 20점 이상 낮다. 흥미로운 점은 외국 이주민이나 친인척을 둔 국민의 수용도(51.81)가 친구(57.91점)나 학교, 직장동료(53.77)를 이주민으로 둔 사람보다 낮다는 것이다. 보완하여 상술하자면, 국제결혼을 통해 형성된 다문화가족 구성원들이 외국출신배우자의 문화를 이해하고 수용하기 보다는 그들에게 일방적 적응과 동화를 강조하는 것이 더 높다는 것을 함의한다. 동반자로서의 부부관계보다, 여자가 무조건 남자를 섬겨야한다는 부부관계의 일방적 가족 규범이 고착화되고 있는 사태는 국제결혼 부부의 늘어가는 이혼율을 짚어보게 한다. 2007년 통계청에 따르면 한국남성과 외국인 여성 배우자의 이혼은 5,794건으로 2006년보다 44.5%가 늘어났고 이혼 상담 비율도 40%이상 상승한 것으로 분석되었다(김진희, 2011: 12)

주시할 것은 교육 영역에서 다문화 배경을 가진 학습자의 학습소외 현상과 차별은 더욱 심각하다는 점이다. 현재 학령기 중도입국 다문화 자녀 약 5천명은 청소년기(14세~19세)의 학습자이며, 이들 가운데 정규 학교에 재학하고 있는 학생 수는 2532명(52.2%)이다. 즉 2명 중 1 명은 '탈학교' 상태에 놓여있어, 교육 기회와 학습권의 사각지대에 놓여 있는 것을 알 수 있다. 인종적 언어적 차이로 인한 어려움과 차별로 인해서 학교부적응 상태에 놓여 있는 학생들이 다수를 차지한다. 설령 학교를 다니고 있다고 하더라도 다문화 배경 학습자들의 건강하고 평등한 학교생활은 요원한 상황이다. 다문화가정 자녀의 37%는 학교 폭력 및 왕따를 경험했고(국가인권위원회,

2011) 다문화 학생들은 일반 한국 학생들에 비해서 낮은 학업 성취도와 자아효능감 문제를 겪고 있는 것으로 나타났다(류방란, 오성배 : 2012). 다문화 학습자들을 가르치는 교사들의 정서적 거리감과 보이지 않는 '경계'도 상존한다. 초등교사의 다문화교육 인식과 실행을 연구한 장인실, 전경자(2013)의 연구에서 교사들은 다문화 학생들을 잘 가르쳐야 하는 책무감은 가지지만 '어떻게 가르쳐야 할지 모르겠다', '솔직히 이 학생들에게 큰 기대가 없다' 그리고 '정서적 교감이 얕고 거리감이 크다'는 목소리를 들려주었다. 이는 이주 배경을 가진 학습자들이 또래 관계와 교사 관계 양단에서 이중 차별에 소외에 놓여 있는 것을 알 수 있다. 아직까지 발아 단계에 놓인 다문화교육은 이와 같은 한계와 도전 사항에 노출되어 있다. 이러한 흐름이 지속되어 우리사회에서 주변화된 학습자들이 청장년으로 성장하게 될 경우, 그들의 교육권과 노동권 그리고 시민권은 불안한 악순환을 거듭할 우려가 있다. 다문화교육을 오랫동안 실시해 온 영국과 프랑스에서도 이주민 배경을 가진 청년들이 일으킨 방화와 폭동 사례가 일어난 것은 그들의 낮은 교육 수준과 높은 실업률, 그리고 타자화로 인한 사회적 박탈감과 불신이 축적되어 발생한 사태이다.

이러한 난관과 제약점은 기존의 다문화교육이 동화주의적이고 처방주의적 접근 방식을 취해왔기 때문이다. 다문화 배경을 가진 학습자에게 단발적이고 시혜적인 사회복지 프로그램이 제공되고, 이들이 한국어를 익히고, 한국문화를 이해하여, 우리 사회에 적응할 수 있는 '제 2의 한국인'으로 동화되는 것을 강조해 온 측면이 적지 않다. 예컨대 중도입국 자녀를 위한 다문화예비학교인 '서울시작다문화학교', 경기도다문화교육센터의 '찾아가는 다문화교육프로그램',

다문화가정협회의 '다문화꿈나무 배움터', 각 급 학교와 시민단체의 '문화적응프로그램' 및 '이중언어교실' 등은 오늘날 우리나라의 다문화교육의 실제 단면을 보여주는 사례들이다. 물론 새로운 사회에 배치된 학습자에게 정주하게 된 한국사회에서의 그들의 교육적 필요를 채워주는 '문화'와 '언어 프로그램'은 의미 있다. 문제는 교육내용을 어떻게 전달하고, 어떤 형태의 교수방식을 취하는가이다. 현재의 다문화교육은 다문화 배경을 가진 학습자이 비판적 사고력과 문제해결 능력을 함양하여 그들의 다양한 역량을 키워주는 형태로 이루어지기보다는 현 교육체제에 적응하고 동화되는 순응주의적 접근을 취하고 있는 것이다.

당초에 다문화교육의 철학적 원류와 방향성은 처방주의적 교육보다는 새로운 변화를 모색하는 교육에 방점을 찍고 있다. 즉 한 국가 내에서 다양한 이민족간의 갈등과 불공정을 해소하고 공존을 모색하기 위해 다문화교육은 발현된 것이다. 그런 측면에서 다문화교육은 '사회변화를 위한 교육'이다(Banks, 2010; Sleeter and Grant, 2009). 그것은 성, 인종, 민족, 국적, 계층의 차별로 인해 지배집단으로부터 소외되고 불능화된 소수집단을 포용하기 위해, 기존의 불평등한 교육체제를 비판적으로 성찰하고 보다 공정한 교육기회를 모든 이를 위해 제공하는 것이다. 그렇기에 다문화교육은 단순히 문화적 다원주의를 가르치는 교육이 아니라, 학교의 변화, 교육과정의 변화, 사회의 변혁을 모색하는 교육개혁적 태제를 가지고 있다.

그런데 앞서 고찰하였듯이 여전히 다문화교육은 이상과 현실의 괴리라는 실험대에 놓여있다. 우리보다 수십 년 앞서 다문화주의를 정책적으로 반영해 온 미국, 영국, 호주, 프랑스, 독일 등의 다문화

선도 사회에서도 이주민의 사회의 통합과 적응 문제는 늘 도전적인 과제임에 분명하다. 실제로 최근에 유럽의 우경화 바람과 함께 이주민 수용정책이 보다 엄격해지고, 외국인 혐오증이 확산되면서 다문화교육은 그 입지가 흔들리는 형상을 보이기도 한다. 노르웨이의 반(反)다문화정책 테러 사건, 영국과 프랑스의 다문화 이주민 청소년의 폭동과 방화사건, 호주의 난민 차별 문제 등은 다문화교육이 차이와 다양성을 존중하는 공존 교육으로 실현되기에는 역부족이란 것을 방증하는 사례들이다.

예를 들어 호주에서 난민 청소년들의 교육적 성취와 실패에 관한 Russel(2005)의 연구는 오랜 난민촌 생활과 긴 심사 과정을 통해 드디어 '선진국' 호주에 정착이 '허가'된 난민들이, 호주 교육체제에 대한 높은 열망을 가졌지만 실제로 그들이 교육 체제에 진입 후에 겪게 되는 교육 현실의 냉혹한 괴리를 보여주었다. 문화적 다양성을 중핵 가치로 삼고 있는 호주의 다문화교육 정책은 난민 학습자가 가진 상처와 긴장, 그리고 복합적인 성취동기를 교육 현장에서 제대로 수용하지 못한 것이다. 교실 상황에서도 다문화 배경을 가진 학습자와 일반 학급 구성원간의 상이한 생애 경험과 관점을 공유하는 상호작용 학습(interactive learning)이 제대로 활용되지 못하고 아프리카 수단(Sudan)의 음식 문화를 체험하고, 아시아 미얀마(Myanmar)의 전통 복식을 학습하는 '문화이해' 차원으로 표피적으로 전개되는 것이다. 이러한 지점들은 우리나라에서 다문화가정 자녀와 청소년을 한국사회에 수동적으로 적응시키며, 이들이 수동적인 학습 '객체'로 '대상화'하는 것이 아니라, 각기 가진 상이한 능력(skill)과 목소리(voice)를 일반 학생들과 상호작용하면서 고양할 수 있도록 지향되어야 함을 보여준다.

특히 혈연 중심의 민족주의(blood-centred nationalism)를 고수해 온 우리나라의 경우, 그동안 인종적, 민족적, 문화적 이질성(heterogeneity)을 본격적으로 경험하는 토양이 마련되지 못했다. 따라서 소위 '다문화'를 하나의 트렌드로서, 임시방편 식으로 처방하는 접근은 다문화 배경을 가진 학습자를 교육 내적으로, 그리고 교육 외적으로 억압할 우려를 가진다. 요컨대 현재의 다문화교육이 직면한 도전과 한계를 극복하기 위해서는 교육 개혁적 접근이 필요하다. 기존의 교육철학과 교수목표, 교육내용을 성찰하면서 앞으로 다문화교육은 다문화배경을 가진 학령기 학습자를 위한 교육이 아니라, 모두를 위한 다문화학습으로 평생교육 차원에서 전개되어야 한다. 교육내용측면에서도 문화이해교육, 언어교육, 통합교육에 한정되기보다는, 학교-가정-시민사회의 교육적 경험과 자원을 연계하면서 전 생애에 걸쳐 사회구성원들의 다문화 역량을 키우는 방향으로 나아가야 할 것이다.

Ⅲ. 세계시민교육의 개념과 특징

1. 글로벌화 맥락에서 시민성교육 논의의 변화

세계시민교육에 대한 개념은 우선 시민성 논의의 전 지구적 변화를 읽으면서 이해의 폭을 넓힐 수 있다. 그동안 지속적으로 확장되고 변화해온 시민개념의 시원은 그리스 도시국가의 시민(시투아엥)을 근간으로 한다. 영어로 표기된 시민성(citizenship)은 시민(citizen)과 자질, 조건(ship)의 결합으로 이루어진다. 즉 시민으로서 요구되는 자질, 권리, 의무를 함의하는 총체라고 할 수 있다. 이때 폴리스의 구성원으로서 아테네 시민은 이성적 능력을 가지고 민회에서 발언할 수 있는 사람으로 규정된다. 그런데 모든 폴리스의 구성원들이 시민으로 참정권을 가질 수 있지 않았다. 여성, 노예, 이방인은 시민의 자격이 주어지지 않고, 오로지 자산가로서 성인 남성만들만이 참여가 가능했다. 여기서 시민성을 둘러싼 소외의 정치가 근원적으로 내재된 것을 알 수 있다.

시민성을 교육의 영역에서 다룬다는 것은 시민성의 구성 원리와 요소를 교육 내용으로 투영한다는 것을 의미한다. 그동안 시민성과 교육에 관련한 논의는 주로 학교교육에서 다루어져 왔다. 시민성의 내용을 구성하는 요소가 학교 교육 과정에 가장 명시적으로 드러나는 것으로 규정하며, 주로 시민성교육, 시민윤리교육, 사회과 교육, 도덕 교육 등의 다양한 이름으로 불리는 시민성 교육에 대한 분석과 연구가 주류를 이루어 왔다. 예컨대, 민주시민양성을 위한 교육정책의 방향으로서 시민교육을 논의한 브랜슨(Branson, 1998)의 연구, 사회과 교육과정 속에 반영된 헤게모니를 분석한 오스본(Osborne, 1997)의 연구, 시민교육의 내용을 형성하는 지식과 합리성 이념 속에 잠재한 이데올로기를 분석한 지루(Giroux, 1980)의 연구가 있다. 한편 토레스(Torres, 1998)는 민주주의, 시민성 교육은 다문화주의 문제와 분리될 수 없다는 입장에서 시민교육의 모순과 딜레마에 대한 정치적인 분석을 논의하였다.

1990년대를 기점으로 그동안 일원적인 국가중심 시민교육 논의를 탈국가적 시민교육으로 재편하는 탐색적 논의들이 진행되기 시작한다. 다원적 시민성 이론에서 세계 시민성 형성의 기초를 탐색하는 히터의 연구(1998)는 탈국가적 시민성 논의의 전환점으로 기록되고 있다. 또한 급변하는 세계에서 시민교육이 지구적인 의식과 연대의 지침을 제공하는 새로운 역할을 강조한 이칠로브(Ichilov, 1998)의 논의도 주목된다. 유사한 맥락에서 콘리(Conley, 1989)와 셀비(Selby, 1994)도 다원적 시민성 논의에 동참한다. 콘리는 사회적 시민성이라는 개념을 통해 국가의 경계를 뛰어넘는 특수한 인종-종족적(ethno-racial), 인종-문화적(ethno-cultural)인 시민성을 논의하고, 기존의 학교교육에서 다루어진 시민교육의 교과과정이 재편될 것을 촉구하였다. 셀비(1994) 역시 다원적이고 평행적인 시민성(plural and parallel citizenship)의 개념을 도입하고 새로운 교과 과정에 이를 반영할 것을 제시하였다.

분명한 지점은 시민교육의 내용적 구성과 방법론은 시민을 규정하는 상이한 시대적 요구와 이론적 입장에 따라 다양하게 전개된다는 점이다. 시민성에 관한 관점이 상이하기 때문에 이에 대한 시민교육의 구성 내용과 방법 역시 차이가 나타난다. 예컨대 자유주의적으로 시민성을 정의하는 경우에는 자유주의적 가치관에 근거하여 개인의 자유와 권리 획득을 위해 시민성 교육이 이루어져야 한다고 보지만, 공동체주의적 관점에서는 공동체의 구성원들이 가져야 할 의무와 책무성을 중심에 둔 시민성 교육을 추구한다. 이러한 맥락에서 히터(Heater, 1998)는 시민교육은 교육을 개인의 발전과 성장에 초점을 둘 것인가, 아니면 교육의 사회화 기능에 초점을 둘 것인가라는 항구적인 긴장감을 제시하는 영역이라 말했다.

이처럼 시민교육은 다양한 관점과 접근 방식에 따라 그 내용과 방법에 차이가 있지만, 그럼에도 불구하고 오늘날 학교 교육에서 이루어지는 시민성 교육 논의는 대부분의 나라에서 그 교육의 일반적 목표가 국가의 정체성과 사회적 응집력의 확보라는 기본적 입장을 공유한다는 점은 부인할 수 없다. 교육과정상에 나타난 시민성의 구성요소와 목표는 대체로 네 가지로 제시된다. 첫째, 민주주의의 기본가치(자유, 평등, 인간의 존엄성 등), 둘째, 합리적 의사결정(문제해결력, 정보처리능력), 셋째, 민주적 기본 질서와 가치 인식, 넷째 사회참여가 그것이다(정세구, 2002: 10-15). 이러한 맥락에서 민주시민양성으로서 시민교육의 역할을 강조한 브랜슨(Branson, 1998)의 논의는 시민교육을 민주사회 구현의 필수 요인으로 지적한다는 점에서 낯설지 않다. 민주사회에서 시민교육은 자기 조절의 교육이며 교양 있고 책임감 있는 '좋은 시민' 양성을 목표로 한 시민교육은 민주주의의 이상을 실현하는 데 필수적인 영역이 된다.

반면 이와 달리 시민성과 교육에 대한 비판적 논의(Giroux, 1980; Osborne, 1997; Torres, 1998)도 전개된다. 지루(Giroux)는 시민교육에서 지배적 합리성(rationality)에 대해 비판적 이론을 제기하면서 사회과 교육 속에 반영된 미국의 이데올로기와 학교의 사회문화적 재생산 문제, 그리고 시민교육의 정치성을 근본적으로 해부하고자 하였다. 오스본(Osborne, 1997) 역시 시민교육이 주로 이루어지는 사회과 교육에서 나타나는 헤게모니의 대립과 쟁점을 논의하였다. 시민성과 교육 문제가 직면한 과제는 학교 교과 과정 속에 반영된 국가적 시민성이 다양한 계층과 인종, 성 그리고 문화 간의 심각한 차이를 무시하고 있어서 제약을 가진다. 여기서 국가적 시민성은 정치적, 경제적 엘리트의 자기 의도의 합리화로서 작용하고, 시민교육은 문화적 이데올로기와 사회의 지배 헤게모니를 구축하는 기제로 설명된다. 그 사례로 오스본은 20세기 초에 캐나다의 페미니스트, 노동조합, 사회주의자들의 시민교육에 대한 저항을 소개한다. 즉 당시 시민교육을 통해 학생들에게 군사적 욕구를 부추기고 그 훈련과 활동이 시민성의 필수 구성 요소로 정당화되는 현상에 대한 비판적 저항인 것이다. 이는 시민교육에 깔려 있는 헤게모니가 지배 집단과 종속 집단 간의 갈등, 저항, 타협의 문제를 제기하고 있기에 시민성을 둘러싼 논쟁은 북미에서 가속화 되어왔다.

지구화로 인한 시민교육의 모순과 딜레마를 논의한 토레스(Torres, 1998)는 교육에서 시민성 문제는 누가 교육받은 시민이고, 어떻게 이들 시민이 정치, 문화, 사회적 측면에서 의미를 가지는가에 관한 것이라고 설명한다. 이 점에서 시민교육은 민주시민교육이라는 일반적 합의 이면에 모종의 정치성이 내재한 것이라 볼 수 있다. 즉 시민교육의 '정치적 사회화(political socialization)를 규명하지 못한다면 시민교육이 가정하는 시민적 지식, 기술, 덕성의 정치적 문제를 해결할 수 없다고 말한다. 즉 토레스는 시민성과 교육의 관계를 분석하기 위해서는 우선 주권 국가가 가지는 권리와 법의 결합, 개인적 지위 같은 역사적 법적 검토를 넘어서 그 시초부터 다시 규명하는 작업이 필요하고, 무엇이 '좋은' 시민이며, '바람직한' 시민교육인가 전제를 재검토하는 것이 요청된다고 본다. 여기서 시민성의 이중적 이론, 즉 정체감으로서의 시민과 시민적 덕성으로서의 이중적 관심을 주목하고, 시민성과 교육에 대한 정치경제적 차원의 분석이 없는 시민성 논의는 이상주의적인 시민적 덕성만을 강조하는 시민교육으로 전락할 우려가 있음을 지적한다.

이러한 복잡다단한 논의의 과정을 거쳐서, 마침내 20세기 후반부터 지구화가 가속화됨에 따라 새로운 환경 변화를 반영한 초국가적 시민교육 논의가 전개되기 시작한 것이다. 변화하는 시대에서 새로운 역할을 논하는 시민교육(civic education), 시민성교육(citizenship education)은 그동안 자유주주의적 시민교육이 가진 탈정치성에 대해 비판적이다. 전 세계 대부분의 국가들의 교육과정에서 기획되는 시민교육은 합의와 조화 그리고 수용만을 강조하면서 정치사회적 논쟁 이슈를 회피하는 탈정치성을 유지해 왔기 때문이다. 이러한 시민교육이 내포한 보수주의적 접근은 오늘날 시급하게 요구되는 평화교육, 다문화교육, 인권교육, 개발교육, 국제교육, 환경교육 등의 초국적 교육 담론과 실천에 부합하지 못한다(Ichilov, 1998: 269). 현재의 시민교육은 젊은 세대의 글로벌 역량과 삶의 질을 향상하는 수월성 함양뿐만 아니라, 시민들이 각자의 사적 세계로 침몰하여 공동체의 분절화를 가속화하지 않도록 저지하는 비판적 민주시민교육으로 나아가야 한다는 점을 강조한다. 세계공동체의 비판적 지성과 연대성을 진작할 수 있도록 국제적 차원에서 공적 영역을 재창조하는 역할이 요구되는 것이다. 바로 이 논의는 시민교육이 지구적 차원의 공적 영역을 고려하는 적극적 시민성을 함양하는 새로운 역할을 수행하도록 나아가야 하며, 지구적 인식과 세계공동체의 공영에 참여할 수 있는 마침내, 세계시민교육의 탄생으로 이어진다. 글로벌화의 가속화로 세계 간 상호의존성(interdependency)과 상호연계성(inter-connection)의 수준이 깊어짐에 교육 영역은 국경을 초월하여 서로 상이한 집단과 문화의 공존과 발전 문제를 고민하면서 세계시민으로서 의식과 행동 변화를 촉구하는 국제이해교육, 다문화교육, 세계시민성교육 등 유사 개념을 잉태하게 된 것이다. 지금까지 논의를 통해서 본래 시민성은 시민으로서의 권리와 의무, 국가에 대한 시민의 책무 및 애국심과 밀접한 관련을 가지지만 글로벌사회에서는 국민국가에 속박된 시민성 논의가 세계시민교육으로 새롭게 재구조화 되고 있음을 알 수 있었다.

2. 세계시민교육의 특징과 최근 동향

세계시민교육의 원류와 특성을 이해하기 위해서는 국제정치사상에서 세계시민적 논의를 뒷받침하는 논의를 찾을 필요가 있다. 그로티우스(Grotian)의 국제주의 전통에 따르면 세계시민주의는 루소(1712-1778)의 평화사상, 엠마뉴엘 칸트(1724-1804)의 영구평화론 등에서 토대를 잡고 있다(Falk, 1994). 이러한 논의는 국가 안에서의 시민적 자유의 실현, 국제사회에서 자유문제를 추구하면서 세계의 완전한 보편적인 공민적 질서는 국민의 자유와 세계의 자유에서 완성된다고 보았다. 유네스코를 중심으로 전개되어온 국제이해교육 사업과 세계시민교육은 칸트의 세계시민공동체 논의에서 사상적 기반을 확보할 수 있었던 것이다. 이는 교육을 통해서 인간 이성에 대한 신뢰를 높이고, 국가 범위를 넘어 국제적 차원에서 보편적인 질서를 구축하자는 목표와 맥락을 같이한다. 따라서 세계시민교육에서는 '탈국가주의와 세계간 상호의존'이 매우 중추적인 기둥으로 자리 잡고 있다. 1970년대 이후 국제사회를 현실주의와 이상주의라는 이분법적 구도로 접근하지 말고, 제 3의 접근방법으로서 탈국가주의가 제시되었다. 이것은 국가 중심적 접근과 이해관계가 주요한 도전 사태를 맞이하면서 '시민'을 보다 큰 지구공동체 차원에서 인식해야 한다는 필요성을 수반하였다. 실제, 국가의 이해관계와 종속적 세계질서를 반대하기 위해 뭉친 세계의 노동자들, 국가의 정책과 반하더라도 인권과 평화라는 인본적 목적을 달성하기 위해 연대하는 세계인권단체들, 지구적 환경 문제를 해결하기 위한 시민사회 조직의 움직임 등이 그것이다. 예를 들어 세계시민교육 프로그램을 제공하는 글로벌 시민단체인 OXFAM은 세계시민이란 (1) 글로벌화 된 세계를 자신의 공동체로 인식하는 자, (2) 다양성을 존중하고 가치 있게 생각하는 사람, (3) 세계가 어떤 방식으로 돌아가는지를 비판적으로 이해하는 자 (4) 사회적 정의를 실천하고 작은 공동체에 참여하는 사람, (5) 자신의 의사결정에 책임감을 가지는 시민으로 규정하였다.

담론 영역에서 세계시민교육을 연구한 두 명의 주요 학자로 히터(Heater)와 포크(Falk)의 논의를 살펴보면 보다 명확한 개념화가 가능하다. 히터(Heater)는 세계시민교육은 (1) 하나의 인류 공동체라는 의식, (2) 지구와 지구 공동체에 대한 책임감과 참여의식, (3) 자신의 공동체보다 상위의 도덕 법칙을 준수할 수용하는 태도, (4) 세계정부에의 기여, 헌신(지구적 문제 공동대응)을 가르치는 교육으로 정의했다. 한편 포크(Falk)는 세계시민교육은 (1) 전 지구적인 개혁활동, (2) 경제적인 영역의 초국가적 활동, (3) 지구 질서의 관리, (4) 지역적 정치의식 고양, (5) 초국가적 사회 운동을 진작하는 시민교육으로 정의했다. 종합하자면 세계시민교육은 기본적으로 첫째, 세계를 긴밀하게 연결된 하나의 체계로 사고하는 세계적 체제론을 함양시키는 것이다. 둘째 지구공동체에서 '나'와 '타자'에 대한 성찰적 사고를 견지하면서 지구적 사고와 지역적 행위를 연계할 수 있도록 도모하는 교육이다. 셋째, 건강하고 평화로운 지구촌을 발전시키는 책무성을 고양시키는 시민교육이다. 넷째, 세계의 현실과 발전에 대한 주체의식, 소속감, 정의감을 높여서 다양한 수준의 민주적 의사결정에 참여할 수 있도록 하는 교육이다.

Nancy Carksson-Paige(2005)와 Linda Lantieri(2005)는 세계시민교육을 실시하는 준거의 틀로서 지구헌장, 평화를 위한 글로벌캠페인, 사회적 책무성 향상을 위한 교육자협의회 등 3가지를 구체적으로 제시하였다(Noddings, 2005).

지구 헌장(Earth Charter)	평화를 위한 글로벌캠페인 (The Global Campaign for Peace)	사회적 책무성을 위한 교육자협의회(Educators for Social Responsibility)
정의롭고, 지속가능한, 평화로운 글로벌 공동체를 건립하기 위한 근본원칙 제정 ○1대 원칙: 모든 사람의 건강한 공동체를 위한 존중과 보살핌 ○2대 원칙: 생태계균형과 통합 ○3대 원칙: 사회정의 및 경제정의 회복 ○4대 원칙: 민주주의, 비폭력, 평화	'평화'를 교육과정의 필수 영역이자 교육 콘텐츠로 심화하기 위한 캠페인 ○평화의 문화는 전 세계 시민들이 글로벌 문제들이 어떻게 전개되는지 인식할 때 달성됨 ○인권, 성평등, 인종적 형평성, 민주주의 등 전 지구적 규범을 인식하고 준수하기 ○문화다양성을 존중하고 지구공동체 통합성을 지지 ○이러한 학습은 평화에 대한 국제적이고, 지속가능한, 체계적 교육이 없이는 이루어질 수 없음	교육자들은 평화와 사회적 정의, 그리고 세계시민성을 함양할 수 있는 평화로운 교실 모델(peaceable classroom model)을 발전시켜야 한다. 11대 강령은 다음과 같다. 1. 공동체 형성과 상호 이해 촉진 2. 공유·협력에 근거한 의사결정 3. 학습자의 민주적 참여 4. 사회적 책무성 강화 5. 다양성에 대한 존중 6. 긍정과 인정 7. 개인적 관계성 확장 8. 돌봄과 효율적 의사소통 9. 감정적 리터러시 10. 협동적, 협력적 문제해결 11. 갈등 관리와 조정

위에서 예시 형태로 제시된 세계시민교육 실천의 준거에서 알 수 있듯이, 세계시민성은 인권과 평화를 추구하고 지구공동체에 기여하는 시민적 자질과 정체성, 그리고 행위까지 포괄하는 것이며, 세계시민성 함양을 목적으로 하는 것이 바로 세계시민교육이다. 다시 말해 세계시민사회의 주체이자 책임 있는 일 구성원으로서 전 지구적 문제를 비판적으로 성찰하고, 민주적 의사결정에 세계적 소속감을 가지고 참여하여 더 좋은 지구촌의 변화를 유도하는 총체적 교육인 것이다. 우리나라에서 세계시민교육은 정규 교육과정에서 다루어지기보다는 유네스코나 글로벌NGO에서 활발하게 추진하고 있다. 가령 한국 유네스코의 'Rainbow 청소년 세계시민 프로젝트', 월드비전 한국 지부의 '세계시민학교'는 지구마을의 인권, 환경, 빈곤, 평화, 문화다양성 등 다양한 주제에 대해서 체험과 활동 위주의 프로그램을 제공한다.

가장 최근에 세계시민교육에 대한 국제적인 선언이 언급된 것은 2012년 9월 유엔 반기문 사무총장의 교육우선구상사업(Education First Initiative)에서다. 교육은 인류의 번영과 공존을 도모하는 그 어떤 국제개발협력 가운데도 최우선적인 가치와 중대성을 가지며, 앞으로 이를 위해서 세계시민성 함양이 가장 중요하다는 전략이 국제사회에서 발표된 것이다. 여기서 알 수 있듯이 세계시민교육은 태생 자체가 한 국가내의 화평과 번영을 위한 교육이라기보다는 전 세계공동체의 문제해결과 지구적 평화에 기여하는 시민을 양성하는 교육으로 발현되어 왔다. 그것은 인간의 마음에 평화를 심고자 설립된 유네스코의 인본주의적 가치를 담지하면서, 인간 권리, 평등, 지속가능한 개발, 자유와 박애의 가치를 실현하는 목적을 가진다. 세계시민교육과 밀접한 연관을 가지는 세계교육(global education), 국제이해교육(education for international understanding) 등 유사개념에서 볼 수 있듯이 세계시민교육은 말 그대로 세계시민의 양성을 도모하는 교육 기제이다.

이러한 교육적 시도는 국가 단위에 결박된 시민이라는 인식을 벗어나 비판적 성찰과정을 통해 세계인으로서의 보편성과 합리성을 추구하며 다원적 시민성을 고취하는 교육이다. 과거에 시민성은 국민국가의 맥락에서 국가적 경계의 의해 구성된 개인의 정체성을 개념화했다면, 전 지구화로 세계 간 상호 의존도와 관련성의 밀도가 높아지면서 다원적 시민성을 강조하는 쪽으로 변화한다(Tibury, 2002; 한양대 다문화교육센터, 2012; 김진희, 2011). 시민은 한 국가의 시민일 뿐만 아니라 여러 국가가 연합된 지역의 시민으로서 세계시민적 지위를 다중적으로 가진다(Habermas, 1998). 이에 하버마스는 세계시민의식이 지구사회를 형성하는 기초라고 역설하면서, 세계시민적 연대의식을 함양해야 한다는 주장하였다(Habermas, 1998). 이러한 점을 보건대, 국민국가의 '컨테이너'에서 벗어나서 새로운 형태의 시민사회의 출현과 그에 걸맞은 새로운 형태의 교육이 필요하다는 점에서 세계시민교육은 사상적, 실천적 토대를 갖추고 있다(허영식, 2012).

3. 세계시민교육의 도전과 한계

'세계적(world)', '지구적(global)', 그리고 '코스모폴리탄(cosmopolitan)' 함양 교육은 언제나 일관성 있게, 논리적으로 전개되는 것이 아니며, 합의된 개념적 틀로 이루어지지 않는다(Davies and

Evans and Reid, 2005: 77). 그런 점에서 현재까지도 글로벌교육은 분절적이라 할 수 있다. 영국에서 1970년대에 다문화주의를 글로벌 맥락에서 접근하는 교육은 1980년대에는 반인종교육(anti-racist education)으로 대체되며 전개되었다. 미국에서 세계교육은 1980년대부터 교사들이 전 지구적 이슈를 교육과정에서 다루는 교수법을 개발할 때 활발하게 논의되었다. 확실한 것은 2000년대의 글로벌교육은 1980년대보다 더욱 많은 정책적 관심과 주목을 받고 있다는 점이다. 영국 지방 정부들은 교사를 위한 국제교육과 연수(International Education and Training)에 보다 많은 재원과 정책 지원을 아끼지 않았고, Oxfam과 같은 글로벌시민단체들은 빈곤타파, 사회정의, 생명, 평화를 지역 현장에서 실천하기 위한 교육적 활동을 전개하고 있다. 아울러 영국의 국제개발청(Department for International Development)은 전 세계 빈곤 해소를 위한 세계시민적 활동을 추진하면서 시민교육의 글로벌 차원에 대한 담론을 주도하고 있다(Davies and Evans and Reid, 2005).

그러나 세계시민교육은 그것의 지향성과 목적의식으로 인해서, 국민국가 단위의 교육과정에서 적극적으르 다루어지지 않았으며, 그 개념과 실천에 있어서 도전과 과제를 남겨두고 있다. 특히 세계시민교육을 방법론적으로 추진하는데 있어서 고려할 도전 사항은 몇 가지 있다. 현대사회는 '국가주의 vs 탈국가주의'간 괴리가 분명히 존재한다. 국가주의적 관점에서 세계시민교육은 전 세계를 지배할 엘리트시민을 양성하기 위한 도구적 교육으로 변환될 수 있지만, 탈국가주의적 관점에서는 세계평화와 지구공동체의 번영을 위한 시민교육으로 방향성을 찾게 된다. 다시 말해서 세계시민교육은 국가의 글로벌 인재개발교육으로 정치되거나, 혹은 반대로 세계 공영을 위한 시민교육이라는 두 가지의 평행선을 내포하고 있다. 이는 현대 세계의 두 가지 모순적 체제와 맞물린다. 하나는 강력한 지역적 자치와 지역주의(localism)이며 나머지 하나는 보다 강한 글로벌리즘(globalism)의 개념으로서 글로벌 거버넌스(governance)를 지지하는 입장이다. 그러나 오늘날 국가의 이해관계를 대변하는 유엔(UN)의 한계를 인식한다면 글로벌 멤버십이라는 아이디어를 표현할 실질적 장치가 구축되지 않은 현실에서 세계시민적 정체성은 무정부적 자유주의로 변질될 우려가 있다. 자유주의적 전통에서 시민권은 완전히 개인주의적 용어로 구성되기 때문이다. 한편 마르크스주의적 사상에서 시민권은 세계체제가 상정하는 자본의 재생산을 비판하고, 사회적 약자를 위한 아래로부터의 연대를 모색하는 것이 세계시민교육의 실현방법으로 규정할 것이다. 이처럼 세계시민교육은 그것이 가진 이념적 스펙트럼에 따라 다양하게 전개될 수 있고 이상적 담론이 아닌, 실질적인 세계시민교육의 토대를 형성하는 글로벌 거버넌스와 프로그램이 미비한 한계가 노정되어 있다.

세계시민주의에 대한 회의적 입장을 탈식민주의 관점, 엘리트 세계시민주의의 관점, 그리고 신슈미트주의 관점이라는 세 측면에서 분석한 허영식의 연구(2012)는 세계시민교육의 제약을 분석하였다. 탈식민주의적 관점에서 보건대, 글로벌 이동이 빈번한 이주사회에서 세계시민의 모습이 관광객과 방랑자로 표현될 수 있기 때문에 하버마스가 제기한 공공적 담론을 통해 세계시민성을 재구조화할 필요가 있다. 여기서 전 지구적 수준에서 발생하는 불평등의 구조를 파악하고, 탈식민주의적 역사적 성찰이 요구된다. 다음으로 엘리트 세계시민주의는 문화적 자본을 갖춘 교육 받은 시민, 지식인, 예술가들이 '아래로부터의 세계시민주의'를 설파하는 계몽적 세계시민성이 강조하고 있어서 지역 풀뿌리 차원의 소수자를 포용하는 세계시민주의적 민주주의를 실현하는데 한계를 가진다는 관점이다. 마지막으로 신슈미트주의적 관점에서는 오늘날 세계시민주의적 민주주의가 기존의 권력 구도의 재편을 민주화하려는 혁신적 시도를 취하는 교육개혁으로 볼 수 없으며, 심각한 글로벌 이슈를 평화적으로 해결하는 절대적 대안이 될 수도 없다는 점을 비판한다. 그 이유는 첫째, 세계시민주의적 민주주의의 구상은 국민국가의 민주화를 전제로 하는 취약점을 갖고 있다. 밑으로부터의 합의도출을 통한 민주주의 구현은 현재로서는 공상적 희망에 가까울 수 있다는 것이다. 둘째, 오늘날 지구촌문제가 민주주의의 보급과 확산을 반드시 보장하지 못한다는 것이다. 오히려 권위주의 정권은 글로벌 이슈의 위험담론을 이용하여 정치적 개입을 강화하고 권위주의적 정권 안정화에 이용할 수 있는 여지가 많다. 셋째, 규범적 원칙과 가치의 결속력이 세계시민교육의 한계를 노정한다는 점이다. 정치적 패권과 지배권이 존재하는 상황에서 인류의 규범과 가치가 모든 국가와 민족을 민주적으로 결속시킬 수는 없다.

따라서 세계시민교육이 국가 단위에서, 또한 초국적 단위에서 제대로 실천되기 위해서는 이러한 담론구조의 복합성과 한계를 분석하고, 탈국가적 시민으로서 성찰적으로 행동하는 행위주체의 참여가 무엇보다 중요하다.

Ⅳ. 다문화교육과 세계시민교육의 조우: 교육적 함의

지금까지 다문화교육과 세계시민교육의 개념과 특징을 살펴보았다. 개념의 포괄성과 다양한 해석적 접근으로 인해 이들 교육을 한마디로 정의하기는 여전히 쉽지 않다. 교육을 실천하는 각 국가의 교육목표 및 상황에 따라 상이할 뿐만 아니라, 전 지구적 이슈의 발생과 국제 관계의 성격에 따라 조금씩 달라질 수 있기 때문이다. 본 절에서는 다문화교육과 세계시민교육의 관계를 분석하고 이들이 조우하면서 도출되는 교육적 함의를 분석하고자 한다.

1. 다문화교육과 세계시민교육의 개념적 근접성과 교수방법의 유사성

본 연구의 양대 분석 축을 형성하는 다문화교육과 세계시민교육은 글로벌화가 심화됨에 따라 교육과 학습 양식이 새롭게 재구조화되는 국제교육의 본령을 형성하는 교육 분야이다(Sleeter and Grant, 2009). 다문화주의와 세계시민주의를 융합하게 될 경우, 기존의 국민국가 단위의 문화단일주의에서 설정해 온 교육 내용, 교수법, 교육문화, 그리고 교육 관계는 재구성된다. 2009년 개정 교육과정에 따르면 사회과 교육과정 내용(2011년 고시)에서 예비교원 및 현직교원을 위한 다문화교육의 필요성이 점차 점증되고 있음을 알 수 있다. 또 오늘날 모든 교육지표와 사회지표는 OECD의 세계지표를 기준으로 비교·해석되고 있기에, 세계 간 상호연관성은 교육계에서도 긴밀해 지고 있다. 더욱이 전술하였듯이 2010년에 우리나라가 OECD DAC에 가입하여 공적개발원조 분야에 활발히 참여하면서, 우리나라의 이해관계를 넘어서 세계의 빈곤 해소와 지구 공동체의 발전을 위해서 세계시민교육의 중요성이 강조되고 있다. 이를 볼 때 첫째, 다문화교육과 세계시민교육은 정치사회적 맥락에 따라 그 수요와 필요에 민감한 영향력을 주고받기에 교육적 외재성이 높은 영역이라는 점에서 공통점을 가진다. 둘째, 다문화교육과 세계시민교육은 다양성을 근간으로 하는 글로벌시대에 맞는 창의적이고 능동적인 민주시민을 키우는 교육이라는 점에서 공통점을 가진다. 셋째, 기존의 교육세계가 준거로 삼아 온 동일한 언어적, 민족적, 집단적 배경을 가진 동형질 국민국가 중심의 접근(nation state-centred approach)에 대한 변화를 기획하는 교육 기제이다. 즉 교육내용, 환경, 방법, 체제에서 '이질성(heterogeneity)'과 '다양성(diversity)'을 인식하고, 학습자의 열린 변화를 촉구하는 교육이라는 점에서 공통의 특징을 가진다. 넷째, 다문화교육과 세계시민교육은 주지주의(主知主義) 교육학이 상정한 이론과 관념 중심의 교육이라기보다는 '경험'과 '활동'을 통해 학습자의 성찰과 실천을 중요시한다는 점에서 유사하다. 즉 교수자는 학습자의 다양한 학습경험을 하나의 유의미한 교수학습의 자원으로 활용한다. 다섯째, 교수방법 및 전략 측면에서 두 교육 분야는 학습자 중심주의 교수법(learner centred pedagogy)과 평등주의 교수법(equity pedagogy)을 적용할 때 높은 학습 성과를 가져올 수 있다. 여섯째, 다문화교육과 세계시민교육은 학교교육의 경계를 넘어서 평생학습차원에서 지속적으로 전개되어야 하는 교육영역이다. 정해진 학령기 학습자가 특정한 시기에 배워서 한 번에 달성할 수 있는 정형화된 교육목표와 내용을 가진 분야가 아니기 때문에, 정규 교육체제를 넘어서 인간이 전 생애 동안 경험하게 되는 다문화상황, 글로벌화 맥락을 삶의 역동적 단계에서 조응하는 지혜와 역량이 필요하다. 일곱째, 다문화교육과 세계시민교육은 학급환경을 하나의 커뮤니티로 상정하고, 작은 커뮤니티 내에서 폭력, 차별, 편견, 사회정의 등 다문화적이고, 전 지구적인 국제이슈를 상황별로 적용하는 실제 학습(real learning)이 이루어지도록 총체적 접근을 강조한다는 점에서 유사성을 가진다(Noddings, 2005). 여덟 번째, 다문화교육과 세계시민교육은 '나'의 개별적 능력을 극대화하고 지식의 총량을 제고하는 교육이라기보다는 '모두가 함께 살아가는 학습(learning to live together)'라는 점에서 모종의 공동체 지향성을 담보하는 교육이다.

2. 다문화교육과 세계시민교육의 통약 불가능한 특수성

근접 개념으로서 다문화교육과 세계시민교육은 공통 요인과 포괄적인 교차 지점을 가지지만, 차이점도 분명히 있다. 비교 분석을 위해 두 교육을 정리하자면, 다문화교육은 인종, 민족, 언어, 종교, 성별, 계층, 장애 등 다양한 구분으로 인해 개인과 집단이 차별받지 않도록 평등한 교육기회를 보장하는 교육이다. 이는 단순히 문화 간 이해 증진 교육이라기보다는 평등(equity), 다양성(diversity), 정의(justice)를 핵심가치로 추구하며 '사회변화'를 촉구하는 개혁적 민주시민교육이다. 반면 세계시민교육은 국가를 넘어서 전 지구적 문제 해결을 위해 세계공동체의 연대와 협력을 강조하고, 세계인이 전 지구적 이슈를 '이해'하고 '참여'하는 역량을 키우는 시민교육이다. 그런 측면에서 학습자는 국제사회의 시민으로서 지구촌이 직간접적으로 직면하는 빈곤, 인구, 인권, 환경, 평화의 문제에 대한 비판적 사고력과 참여 능력을 함양할 수 있는 교육이다.

다문화교육과 세계시민교육을 실천적 측면에서 보자면, 현재 우리나라에서 다문화교육은 한국 사회가 다인종·다문화사회로 전환되기 시작함에 따라 정부 차원에서 대응책을 마련하고 정책적 지원을 받아서 실천되고 있으나, 세계시민교육은 탈국가적 시민성을 강조하는 특성으로 인해서 국민 국가 단위의 정부가 적극적인 의지를 가지고 교육과정 내에서 정책적으로 추진하는 교육이 아니라는 점에서 차이가 있다. 전자는 사회통합을 위해서 필수불가결한 교육적 처지이자 개입으로 인식되지만, 후자는 중요성은 인정되지만 중장기적인 지구사회의 과제이기에, 국가의 교육 정책으로서 민감도와 우선수위에서 유약한 것이 사실이다.

지금까지 다문화교육과 세계시민교육을 비교·분석한 연구는 거의 없었지만, 다문화교육과 유사 개념으로서의 국제이해교육 및 세계시민교육을 논의한 연구들(설규주, 2004; 김현덕, 2007; 강순원, 2009; 김진희, 2011)에서는 다양한 해석이 시도되었다. 김현덕(2007)은 다문화교육은 국가 내 이민족간의 갈등을 해소하고 공존을 목적으로 발현된 교육이며, 국제이해교육은 공동체적 시각을 통해 세계 간 상호이해와 세계문제를 공동으로 해결하기 위해 발현한 교육으로 정의하면서, 초기에 갈등구조에 놓여있던 다문화교육과 국제이해교육은 발전과정에서 점차 통합적 양상을 보인다고 설명하였다. 강순원(2009)은 현재의 다문화교육은 분리주의에서 융합주의로 나아가고 있다고 진단하고, 국제이해교육은 인민의 평등권, 평화유지, 인종차별금지, 지속가능한 개발과 국제협력교육의 일환으로 전개되고 있음을 설명하였다. 그는 다문화에 대한 존중과 이해는 자칫 문화상대주의로 흐를 수 있음을 경계하고 세계시민교육은 가치

중심의 정체성과 미약한 가버넌스로 인해서 한계를 가진다는 점을 비판하였다. 김진희(2011)는 한국사회에 유입된 새로운 구성원으로서 결혼이주민과 이주노동자에 대한 실증 연구를 통해서, 일반시민과 이주민 모두를 위해서 복합적 시민성(plural citizenship)을 개발하고 평생학습 차원의 세계시민교육이 전개되어야 한다고 주장했다. 이민경(2008)은 다문화교육이 국민국가 유지를 위한 사회화의 도구로 활용되는 기능주의적 교육론으로 접근되는 경우가 많기 때문에 이제는 다문화적 지식 제공보다는 다문화사회에서, 넓게는 세계공동체에서 살아가는 비판적이고, 책임 있는 글로벌 시민의 태도를 함양해야 한다고 주장했다.

이러한 논의들을 볼 때, 다문화교육은 지식과 내용에 초점을 두고 있고 교육 체제 내에서 반편견교육과 평등교육을 실천함으로써 변화를 유도하는 교육이지만, 세계시민교육은 지구적 이슈에 대한 인식을 함양함으로써 학습자들이 학교 담장을 벗어나서 세계시민적 행위를 실천할 수 있도록 유도하는 보다 거시적인 시민교육이다. 말하자면 다문화교육과 세계시민교육은 여전히 통약 불가능한 그 나름의 상이점과 특수성을 가지고 있다. 다문화교육의 주된 목적은 인종, 민족, 언어, 종교, 성별, 계층, 장애, 성적 취향 등 다양한 특성을 가진 개인들이 어떠한 형태의 차별이나 소외로부터 자유로운, 평등한 교육기회를 누리는 데 목적을 두고 있다. 즉 다민족 '국가 내' 민족 간의 갈등 해소와 공존을 모색하기 위해 시작된 교육으로서 다양한 집단 간의 차이점이나 공통점에 대한 '이해' 보다는 이들의 특성을 존중하고 평등과 사회정의를 위해 '개입'하자는 측면에서 '차별을 해소하는 사회변혁적 교육'을 가리킨다(Banks, 2010; 김현덕, 2009; 김진희, 2012). 형평성(equity), 다양성 내의 통합(unity within diversity), 정의(justice)등이 핵심가치이자 목표지점이 되어 민주사회를 형성하는 것이 골자이다. 특히 미국의 다문화교육은 (1) 평등교수법을 실천하는 평등지향운동을 목표로 하고, (2) 다양한 관점에서의 교육과정을 재검토하는 교육과정개혁이며, (3) 자신의 문화적 관점뿐만 아니라 타인의 문화적 관점도 이해하게 되는 과정으로서 다문화적 역량을 함양하는 것 (4) 인종차별주의, 계급차별주의와 같은 모든 유형의 차별과 편견에 대한 저항으로서 사회정의를 지향하는 가르침을 실행하는 것을 그 목표로 설정하고 있다(Bennett, 2010).

그러나 세계시민교육은 발생배경 자체가 세계화와 밀접하게 관련되어 있다(허영식, 2012). 국가내의 갈등과 문제가 아니라, 국가를 넘어서 전 지구적 문제 해결을 위해 지구적 연대와 협력을 강조한다. 그것은 국경을 초월해 세계인이 하나의 공동체 시각을 갖고 세계체제를 '이해'하고 전 지구적 이슈를 '해결'하는 역량을 키우는 교육이다. 여기서 교육 목적은 학습자들이 국제사회의 시민으로서 타국의 문화와 세계문제에 대한 이해를 증진하여 지구촌 전체가 직간접적으로 경험하고 있는 빈곤, 인구, 인권, 환경, 교육의 문제에 관심을 갖고 이에 대한 공동체적 해결방안을 모색하는 데 초점을 둔다. 즉, 세계시민교육은 국가 간 이해와 세계 공존, 평화교육, 국제사회 문제해결, 국제사회 책임의식 등에 세계적 시각과 참여적 태도를 강조하는 것이다. 이는 단순히 일 국가 내에서 소수민족집단 간의 평등 및 조화로운 균형의 문제라기보다는, 모든 지구촌 구성원 간의 열린 태도와 초국적 상호학습 맥락(transnational learning context)을 존중하는 교육이다. 따라서 다문화교육은 소수 집단이 주류사회에서 차별과 소외를 받지 않도록 공정한 학습기회를 제공하는 '사회변혁적' 교육이라면, 세계시민교육은 세계를 하나의 단위로 인식하여 세계 안에 다양한 문화 및 사람들과의 상호의존성을 이해하는 '보편적 인류 공영'을 추구하는 가치 지향적 교육이자 그 실천이라는 점에서 차이점을 가진다. 이러한 이질성과 특수성으로 인해서 다문화교육학자는 세계시민교육이 국내 문제에 무관심하고 지역 내 다양성과 평등한 교육 기회에 대해 개입하지 않는 국제적 엘리트주의자의 허상이라고 비판하고, 반면 세계시민교육론자들은 다문화교육이 소수자의 지위향상만 강조함으로써 오히려 문화적 분리주의를 조장하고 세계가 당면한 국제 이슈와 세계 간 불평등과 차별에 대해서는 안일한 태도를 견지하는 협소한 개혁이라고 비판하는 것이다(김현덕, 2007). 이러한 맥락에서 다문화교육을 많이 받은 학습자라 할지라도 반드시 세계시민적 역량이 높다고 장담할 수 없고, 세계시민교육을 충분히 받은 학습자라 할지라도 다문화역량 및 다문화 실천도가 반드시 높다고 할 수 없을 것이다.

3. 다문화교육과 세계시민교육의 융합: 담론적 가능성과 향후 과제

다문화교육과 세계시민교육은 그것의 관계론적 유사성과 차이점이 있지만, 두 교육 영역의 조우는 오늘날 교육현장에 주는 시사점이 적지 않다. 학계에서도 다문화교육과 세계시민교육은 분명히 구별해야 한다는 입장, 다문화교육이 세계시민교육을 포괄한다는 관점, 역으로 세계시민교육이 다문화교육을 포괄하면서 종합적인 글로벌교육으로 나아가야 한다는 관점 등이 혼재되어 있다. 분명한 것은 '다문화'와 '세계시민성'은 태생적 차이를 가진 개념이고, 실제로 이를 교육 영역에서 반영하고 수렴하는 것은 교육적 상황과 맥락에 따라 달라질 수 있다는 점이다.

설규주(2004)는 상호 양립 불가능한 성격을 내재한 두 교육 분야를 설명하면서 다문화교육은 태생적으로 '다양성'을 잉태한 개념이고, 세계시민교육은 특수성을 초월하는 인류 '보편성'을 강조한다는 점에서 선명한 차이를 가진다고 보았다. 그러나 그는 이어서 세계시민교육의 보편성이 획일주의로 환원되지 않도록 지원하고 개입하는 교육이 다양성을 중시하는 다문화교육일 수 있으며, 특수한 집단과 정체감의 폐쇄성이 문화적 분리주의와 방관적 다문화주의로 고착화되지 않도록 보완하는 교육이 세계시민교육이 될 수 있다고 보았다. 이를 볼 때 다문화교육의 핵심적 가치는 문화적 다양성의 인정과 인간의 존엄성 그리고 보편적 인권에 대한 존중이라는 점에서 그것은 세계시민교육이 지향하는 바와 양립 불가능한 대척지점에 놓여 있지 않다. 따라서 다문화교육과 세계시민교육은 상보적 관계를 형성할 수 있는 것이다. 다문화주의의 출발이 한 국가 내에서의 다양한 문화의 존재를 인정하고 이해하는 것이라면 이것이 한 단계 나아가, 국가 단위를 초월해 세계 수준으로 확장시켰을 때는 '함께 살아가는 교육'이 국가적(national)-지역적(regional)-국제적(international) 단위에서 전개될 수 있는 것이다. 그런 측면에서 다문화교육과 세계시민교육은 단순히 교육과정을 일부 개정하거나 학교체제의 변화에 머무는 것이 아니라, 글로벌 시대에 살아가는 우리 구성원들이 주체적으로 사고하고 참여하면서 사회 전체의 질적인 변화를 도모하는 평생학습차원의 민주시민교육으로 볼 수 있다(김진희,

2012).

이러한 지점에서 두 교육영역의 상호 보완을 통해서 융복합 교육 프로그램이 개발되는 것은 유의미하다. 즉 다문화교육과 세계시민교육의 융복합 프로그램의 목표는 "우리 동네와 내 삶의 다문화적 동태를 바라보고, 세계의 눈을 통해 다시 우리(지역)를 돌아보고 참여할 수 있는 성찰적 세계시민을 키워내는 교육'으로 재구조화될 수 있다. 향후 우리 교육계에서는 보다 깊은 고민과 성찰이 필요하며, 다음과 같은 과제를 제시하고자 한다. 첫째, 우리사회에서는 누구나 인종, 종교, 국적, 계층, 성의 배경에 차별받지 않고 평등한 교육 기회를 전 생애에 걸쳐 향유할 수 있도록 보장하는 교육적 안전망이 필요하다. 둘째, 혈연 중심의 민족주의, 국가주의를 넘어서 자신이 살고 있는 세계 공동체의 책임 있는 시민으로서 지역 커뮤니티와 국제사회에 긍정적 영향을 끼칠 수 있는 시민 양성이 이루어져야 할 것이다. 셋째, 글로벌교육으로 범주화되는 다문화교육과 세계시민교육을 보다 활성화시키기 위해서는 대화와 소통을 유도하는 공론의 장이 폭넓게 마련되어야 할 것이다. 예컨대 우리사회에서도 절대 빈곤상태로 살아가는 취약 계층이 엄연히 존재하는데, 왜 굳이 저 멀리 떨어진 아프리카 대륙에서 에이즈와 기아로 죽어가는 어린이를 지원해야 하는지에 대한 논쟁부터 의미 있을 것이다. 하버마스의 의사소통행위이론(theory of communicative action)은 공론의 장에서의 합리적 의사소통과 개별주체의 반성이 건강한 시민사회를 형성하는 기제라는 것을 역설하였다. 따라서 인식의 공유와 토론, 이를 통한 사회적 환기는 우리 사회를 민주적으로 성숙하게 하는 소통의 시발점이라 할 수 있다. 넷째, 교육현장의 변화를 이끄는 물꼬는 교사에서부터 출발해야 한다. 교사도 끊임없이 배우는 학습자이다. 글로벌교육 체제에서 강조되는 다문화교육과 세계시민교육의 핵심 가치와 내용을 교육과정(형식적/잠재적 교육과정)에 유의미하게 융합할 수 있도록 교사 스스로 세계시민적 정체성을 가지고 새로운 배움을 지속적으로 추구할 수 있도록 지원책이 마련되어야 한다. 이는 글로벌 체제가 강화되는 새로운 변화의 시대에 교사와 학생간의 교육적 감화가 시작되는 토대라는 점에서 중요하다. 마지막으로 다섯째, 다문화교육과 세계시민교육의 성숙을 위해서는 특정한 연령, 시기, 공간에서 단시간에 이루어지는 교육이 아니라, 생애에 걸쳐 지속적으로 재구성되는 평생학습과정이며, 평생교육적 실천이 수반되어야 한다.

V. 결론 및 제언

지금까지 본 연구는 다문화, 글로벌화 맥락에서 새로운 교육적 대응으로 주목 받고 있는 다문화교육과 세계시민교육의 제 특징과 관계성, 그리고 교육적 함의를 고찰하였다. 새로운 교육환경의 도래는 다문화주의와 세계시민주의를 반영한 교육 철학의 재정립, 다문화·세계공동체적 인식론을 융합한 교육 내용의 변화, 다양한 인종적, 민족적, 문화적 배경을 가진 학습자 및 초국경 학습 경험에 대한 이해, 비판적 사고력과 실천을 강조하는 평생학습 차원의 교수방법의 다각화, 세계 체제적 관점에서의 교사교육 지평 확장 등 교육 사회의 변화를 요청하고 있다.

본고는 다문화교육과 세계시민교육은 모두가 함께 살아가는 학습

(learning to live together) 여정이라는 것을 강조한다. 이에 두 교육 영역은 특정 시기, 특정 대상, 특정 공간을 넘어서 학교 안과 밖의 경계를 넘나들면서 시민사회에서 꾸준히 전개되는 것이 보다 바람직하다. 다문화교육과 세계시민교육은 다른 어떤 교육보다도 '세계'와 '나'의 관계성을 고찰하는 학습자의 성찰과 반성적 실천(praxis)을 요청하는 교육 영역이다. 따라서 학습자가 수동적으로 '받는' 교육보다는 자신의 경험과 실천을 기반으로 '참여하는' 교육으로 거듭나, 다양성과 사회정의를 존중하고, 더 나아가 지역사회를 무대로 세계시민교육의 실제가 구현되도록 기획하는 것이 보다 효과적이다.

요컨대 세계 간 상호의존성이 점증하고 전 지구적 영향력이 일상세계까지 미치는 오늘날, 우리는 글로벌시대에 알맞은 창의적이고 혁신적인 교육이 필요하다. 다문화교육과 세계시민교육은 글로벌시대에 재편되는 교육의 내용과 체제 변화를 보여주는 중추적인 교육 분야이다. 다문화·다인종사회에서 이질적인 사회구성원들과 소통하며 새로운 변화를 모색하는 다문화교육은 국가의 경계와 범주를 초월하여 사고하고, 성찰하고, 행동하는 것을 함축하고 있는 세계시민교육과 그리 멀지 않다. 다문화교육은 교육자와 학습자, 우리 스스로가 다문화적 존재(multicultural entity)로서 다양한 경계를 넘을 수 있는 유연성을 가지도록 하며 참여와 소통을 통한 다원적 시민성을 키워가는 견인차적 역할을 한다. 또한 문화 다양성을 수용하고, 다문화적 의사소통력을 키우는 것은 세계인으로서의 자질과 태도 형성과 밀접한 관계를 가진다. 세계시민교육의 실현 역시 다문화적 학교환경, 다문화적 지역사회에서 풀뿌리 형태로 전개될 수 있다는 점에서 두 영역은 지속적으로 교차하면서 상보적 관계를 가진다. 따라서 앞으로 교육자들은 다문화교육과 세계시민교육을 교육과정 내에서, 교육내용 차원에서, 교수방법상에서, 학습 성과 측면에서 다양하게 활용할 수 있는 연구와 실천적 노력이 필요하다.

앞으로 이를 위해 크게 두 가지 접근이 필요할 것이다. 첫째, 교육당국은 다문화, 글로벌화에 발맞추어 세계시민으로서의 교수자와 학습자의 정체성을 고양할 수 있는 교육적 지원 사업이 학교교육에서 뿐만 아니라 학교 밖의 다양한 영역에서도 꾸준히 전개될 수 있도록 정책적 지원을 아끼지 않아야 한다. 둘째, 교육현장의 능동적 참여와 변화를 유도하기 위해서는 체계적이고 효과적인 교원 연수 프로그램이 제공되어야 한다. 실제로 교육 현장에서 최근의 일련의 변화에 대해 교사들은 혼돈과 갈증을 경험하고 있으며, 동시에 다문화교육과 세계시민교육을 잘 가르치고자 하는 의욕도 적지 않다. 체계적인 교원 연수(직전교육/현직교육)를 통해 교사들이 다문화교육과 세계시민교육에 대한 이해의 지평을 넓히고, 우리나라 교육현장의 질적 변화가 추동되도록 해야 한다. 교사 간 자발적 학습공동체를 통해서 다문화교육과 세계시민교육의 개념과 실제를 연구하고, 교육적 적용 방안을 마련할 수 있다면 글로벌교육이 현재의 교육체제에서 보다 유의미하게 수렴될 수 있을 것이다. 이제 다문화교육과 세계시민교육을 통해 우리 교육은 새로운 교육사적 여정의 한 챕터를 써내려가고 있다고 볼 수 있다.

참고문헌

강순원. “다문화교육의 세계적 동향을 통해서 본 국제이해교육과의 상보성 연구.” 『국제이해교육연구』. 제4권 제1호(2009년 봄), pp. 5-56.

국가인권위원회. 『국가인권위원회 연관보고서』, 2011.

김진희. “국제개발협력 참여 경험을 통한 간문화 의사소통과 세계시민성 함양: 다문화교육에의 시사점.” 청소년대상 다문화시민성 함양 교육 포럼 발표자료집(2013년 가을), pp. 23-40.

김진희. “호주사회의 국제난민을 둘러싼 다문화담론과 난민 이주민을 위한 교육.” 『Andragogy Today』. 제15권 제3호(2012년 가을), pp. 209-237.

김진희. “다문화시대의 한국과 호주의 국제이해교육 특성과 과제.” 『비교교육연구』. 제21권 제1호(2011년 봄), pp. 33-63.

김진희. “국제결혼이주여성과 이주여성노동자의 교육 참여 현실과 평생교육의 방향성 모색.” 『평생교육학연구』. 제17권 제1호(2011년 봄), pp. 25-51.

김현덕. “미국에서의 다문화교육과 국제이해교육과의 통합에 관한 연구: 교사교육과 대학교육을 중심으로.” 『비교교육연구』. 제19권 제4호(2009년 겨울), pp. 29-51.

김현덕. “다문화교육과 국제이해교육의 비교연구:미국사례를 중심으로.” 『비교교육연구』. 제17권 제4호(2007년 겨울), pp. 1-23.

류방란·오성배. “중도입국 청소년의 교육기회와 적응 실태.” 『다문화교육연구』. 제5권 제1호(2012년 봄), pp. 29-50.

서덕희. “이주민 집단에 따른 이주 배경 학생의 학교생활: 공통점과 차이점에 대한 메타분석을 중심으로.” 『다문화교육연구』제6권 제2호(2013년 여름), pp. 23-58.

설규주. “세계시민사회의 대두와 다문화주의적 시민교육의 방향.” 『사회과교육』. 제43권 제4호(2004년 겨울), pp. 31-54.

이민경. “한국사회의 다문화교육 방향성 고찰: 서구 사례를 통한 시사점을 중심으로.” 『교육사회학연구』. 제18권 제2호(2008년 여름), pp.

31-54.

유네스코 한국위원회. 『2012 Rainbow 청소년 세계시민프로젝트 활동보고서』. 서울: 유네스코 한국위원회, 2013.

윤인진. "한국적 다문화주의의 전개와 특성: 국가와 시민사회의 관계를 중심으로." 『한국사회학』, 제42권 제2호(2008년 여름), pp. 72-103.

장인실·전경자. "초등교사의 다문화교육 인식과 실행에 관한 사례 연구." 『다문화교육연구』, 제6권 제1호(2013년 봄), pp. 73-103.

정두용. 『세계시민을 위한 국제이해교육』. 서울: 정민사, 2000..

정세구. 『시민윤리교육과 도덕교육의 관련성 연구』. 서울대학교 BK 21 연구보고서, 2002.

한양대학교 다문화교육센터. 『청소년대상 다문화-시민성 함양 교육을 위한 프로그램 주제 분류 및 가이드라인 자료집』, 2013.

허영식. "다문화·세계화시대를 위한 세계시민주의의 담론과 함의." 『 한·독사회과학논총』. 제22권 제3호(2012년 가을), pp. 57-86.

Banks, J.A., & Banks, C.A. . *Multicultural education: issues and perspectives.* Hoboken, N.J.: John Wiley and Sons, 2010

Bennett, C. *Comprehensive Multicultural Education: Theory and Practice* (7th ed). Boston: Allyn & Bacon,2010.

Branson, M. *The Role of Civic Education.* A forthcoming Education Policy Task Force Position Pa from the Communitarian Network,1998.

Conley, M. W. "Theories and attitudes towards political education". In M. A. McCleod(Ed.). *Canada and citizenship education.* Toronto Canadian Education Association, 1989.

Falk, R. "The Making of Global citizenship". Van Steenbergen. B.(Ed). *The condition of citizenship.* London: The Sage Publications,1994.

Giroux,H.A. "Critical theory and rationality in citizenship education". *Curriculum Inquiry,* 10(4), 1980, pp.329-366.

Gustavsson, B. & Osman, A."Multicultural Education and Life-Long learning. Walters", S(Ed). *Globalization, adult education and training. London* & New York: ZED books,1997.

Habermas, J. *Die postnationale Konstellation.* Frankfurt: Suhrkamp,1998.

Harbermas.J. 『현대성의 새로운 지평』. 한상진(편). 서울: 나남,1996.

Heater, D. *World citizenship and government.* London: Macmillian Press,1998.

Ian Davies & Mark Evans & Alan Reid. "Globalising Citizenship Education? A Critique of 'Global Education' and 'Citizenship Education'". *British Journal of Educational Studies,* 53(1), 2005, pp.66-89.

Ichilov.O.. Conclusion: "The challenge of Citizenship education in a changing world". *Citizenship and Citizenship education in a changing world.* London: The Woburn Press, 1998.

Jarvis, P. *Globalisation, lifelong learning and the learning society.* London: Routledge,2007

Noddings, N. *Educating Citizens for Global Awareness.* Teachers College Press,2005

Osborne, K.(1997). "Citizenship education and Social Studies". Wright, I. & Sear, A.(Eds). *Trends & issues in Canadian Social studies.* Vancourver: Pacific Educational Press, 1997.

Pike, G & Selby, D. *Global teacher, Global learner.* Hodder & Stougton,1998.

Selby, D. "Kaleidoscopic mindset: New meaning within citizenship education". *Global education,* (2), 1994, pp.20-31.

Sleeter, C.E. & Grant, C.A. *Making Choices for Multicultural Education: Five Approaches to Race, Class and Gender*(6th ed). Wiley, 2009.

Torres.C.A. *Democracy, Education and Multiculturalism: Dilemmas of Citizenship in a Global World.* Boston: Rowman & Littlefield, 1998.

〈Abstract〉

Critical Understandings of Multicultural Education and Global Citizenship Education

Under the impact of globalised educational discourses and its emerging change, it is noted that high attention has been paid to multicultural education and global citizenship education in Korea. This study attempted to demonstrate the characteristics, conceptual relations of similarity and differences between multicultural education and global citizenship education. Finally, The study sought to produce educational implications and policy recommendation in diverse dimensions.

Major findings showed that multicultural education and global citizenship education could be concepturalisd as 'learning to live together', underlining diversity, equity and global involvement in contemporary society. It should be promoted while espousing an epistemology of lifelong learning, not only within the formal education system, but also at the civil society dimension. Despite the differences between multicultural education and global citizenship education, Both fields could be complementary in the educational practice continuously. It is revealed that multicultural education and global citizenship education emphasize learner's critical reflection and engagement(praxis) rather than knowledge and skill.

It is argued that teacher education and teacher training is highly significant to nurture multicultural education and global citizenship education in practice, which enables to make a better change in contemporary educational context. As a democratic citizenship education, both education could play a important role to reshape a typology of Korean education. Thus it should be promoted in a lifelong learning process for all.

[Key words] multicultural education, global citizenship education, lifelong learning

제 5 장

다문화시대의 한국과 호주의 국제이해교육 특성과 과제[1)]

1) 제5장의 내용은 『비교교육연구』 제21권 제1호(2011.03.)에 게재한 필자의 글을 부분적으로 수정·보완한 것임.

〈국문초록〉

전 지구적 이동(global mobility)이 증대되면서 점차 세계는 다민족, 다인종, 다문화체제를 삶의 양식으로 만들어가고 있다. 특히 우리나라의 경우 급속한 다민족·다문화적 사회 전환기를 맞으면서 각계에서 다문화정책을 쏟아내고 있으나 그 경험은 아직 일천하다. 다문화주의를 약 30년 넘게 국가 정책(Multiculturalism for national agenda)으로 표방하고 실천해 가고 있는 호주는 다문화정책의 준거와 성찰의 대상으로 종종 논의한다. 이에, 본 연구는 아시아·태평양 지역의 두 나라, 한국과 호주의 국제이해교육의 특성과 내용을 분석하였다. 연구 내용으로 첫째, 다중적인 개념의 국제이해교육이 전개된 역사가 반세기를 넘어가면서, 그동안의 논의와 담론들에 대한 재정의를 시도했다. 둘째, 역사적 맥락에서 한국과 호주의 국제이해교육의 전개 과정 및 특성을 탐색하였다. 셋째, 각 국가의 국제이해교육의 내용과 방법을 비교하였다. 이를 통해 양국의 국제이해교육의 발전 과제와 교육적 시사점을 도출하였다. 연구 결과 한국의 국제이해교육은 분단과 통일이라는 한반도의 지정학적 특수성으로 인해 평화 교육 및 통일교육을 주요 내용으로 수용하고, 특히 2000년대 기점으로 급증한 결혼이주민과 이주노동자의 유입으로 다문화교육을 교육과정 속에 융합하려는 시도가 전개되는 양상을 발견하였다. 반면 호주는 간문화교육(inter-cultural education)과 민족적, 인종적 조화를 지향하는 다문화교육을 주로 추진해 왔다. 궁극적으로 본 연구는 국제이해교육은 정규 교육체제에서는 물론 세계시민성교육으로서 시민사회에서 평생학습차원으로 나아가야 함을 강조하였다.

[주제어] 한국, 호주, 국제이해교육, 다문화교육, 평생학습, 시민사회

Ⅰ. 서론

세계화의 가속화에 따라 지금 전 지구적으로 약 2억 1천명의 이주민들이 고향을 떠나서 살아가고 있고, 이는 세계 인구의 3.1%를 차지한다(UN 2008). 이에 따라 점차적으로 다문화주의 정책을 공표하고 시행하는 국가의 증대도 두드러진다. 우리나라의 경우 특히 지난 10년간 외국인의 국내 유입이 빠른 속도록 진행되면서 다문화사회로의 전환이 급격하게 이루어지고 있다. 국내에 체류하는 외국인이 115만명에 육박하고 이들이 남한 인구의 2.3%를 차지하며, 다문화가족 규모는 27만명에 달한다는 외적 지표는 한국 사회가 다문화, 다민족 사회로 변화하고 있음을 보여준다(출입국·외국인정책본부, 2009; 김진희, 2010). 사회문화적 측면에서 2010년 현재 157개의 다문화가족지원센터와 200여개의 이상의 이주노동자 지원 시민사회단체(NGOs), 그리고 정치적 측면에서 지방 선거권을 가진 12만여명의 다문화가족의 존재는 기존에 우리사회에서 경험하지 못했던 다문화주의 담론을 본격화하는 환경을 구성하고 있다. 한국은 서구 선진국들이 수백 년에 걸쳐 진행된 근대화가 1970년대부터 집약적으로 급속히 이루어졌듯이, 다문화적 사태도 특히 2000년대를 기점으로 10년간 급속한 추이로 전개되어 온 만큼 아직 일천하다. 이에 따라 우리 사회 각계에서는 비교적 오랜 시간에 걸쳐 다문화적 사회 구성체를 지탱하고, 정치, 경제, 문화, 교육에 걸쳐 다문화정책을 표방해 오고 있는 미국, 호주, 캐나다 등의 정책 및 사례를 탐색하고 시사점을 도출하는 움직임이 두드러진다. 비록 정치사회적 맥락이

상이하지만 이들 국가의 경험을 살펴보는 것은 발전적 담론과 실천을 도출할 수 있기 때문이다.

특히 본 연구는 한국과 호주를 비교하고자 한다. 그 이유는 첫째, 세계화는 지역화와 양면적 성격을 가지고 있다. 동일한 아시아 태평양 지역에 위치한 호주의 경우는 중남미, 유럽, 중동, 인도계 등에서 주로 유입되는 미국과 캐나다의 이민자 구성에 비해, 한국과 마찬가지로 아시아권 이주자의 비율이 월등히 높으며(National Association for Multicultural Education, 2010), 이는 아·태 지역의 다문화정책을 이해하는데 유의미하기 때문이다. 둘째, 다문화정책은 동화-수용-통합-분리라는 복합다층적 개념을 전제하기 때문에, 단순한 조화가 아니라 사회적 갈등과 논쟁을 유발하기 쉽다. 우리나라의 경우, 다문화정책의 주류 담론은 많은 예산을 투여하여 관(官)주도로 이루어져 왔고, 그 대상도 결혼이주민과 그 가족을 온정적으로 한국 사회에 적응시키고 통합시키는데 주력을 두고 있지만(강순원, 2010; 한건수, 2010), 그 이면에는 여전히 다인종, 다민족, 다문화화 되어가는 사태가 가진 문제점들이 갈등 요인으로 잠재하고 있다. 다문화가정의 주변화와 이주민의 교육적 소외 현상, 이주노동자의 사회적 격리 등이 해결되지 않고 있는 것이다. 1960년대부터 시민운동 차원에서 본격적으로 전개된 미국과 캐나다의 반인종주의 정책과 달리(Banks & Banks, 2010), 호주의 경우는 80년대 후반에 와서야 백호주의를 포기하고, 국가 주도로 다문화정책을 선언하면서 많은 사회적 갈등과 정치적 논쟁이 진행되어 왔다(이태주, 권숙인 외, 2007). 따라서 한국과 호주의 경우는 각기 특수한 사회문화적 배경에도 불구하고 다문화적 사태를 둘러싼 구성적 측면과 정책의 흐름 측면에서 유사성과 상이성을 동시에 비교할 수 있기에 본 연구에서 고찰하고자 한다.

이러한 맥락에서 본 연구는 여러 민족과 인종이 함께 모여 사는 다문화시대에 가장 요청되고 있는 교육 가운데 하나로서 국제이해교육을 주목한다. 국제이해교육은 1990년대부터 가속화되기 시작한 세계화 또는 국제화라는 시대적 흐름과 깊은 관련이 있다. 국가간의 상호의존과 협력이 어느 때보다 중요한 시점에서 정규 학교교육안의 학습자들은 물론 지역사회의 주민들에게도 국제사회에 대한 이해교육은 큰 의미를 가진다. 국가적인 체제 변화부터 개인의 생활세계(life world) 주변까지 큰 영향을 미치는 세계화는 곧 세계 '단일화' 혹은 '동질화'의 동의어라기보다, 각 국가의 정치적, 경제적, 사회문화적 특수성에 따라 상이한 코드로 전개되는 측면이 강하다. 인간과 자본의 국제적 이동과 교류가 빈번한 세계화라는 구도 속에서 지역화-블록화의 중요한 양상 역시 간과할 수 없다. 이에 터하여 본 연구는 아시아·태평양 지역의 여러 나라 가운데 두 국가, 즉 한국과 호주를 선정하여 이들 국가의 국제이해교육의 제 영역을 분석하고자 한다.

교육이라는 것이 본래적인 성격상 정치, 경제, 사회문화 영역과 독립 상태로 존재할 수 없고 이들 다양한 변인들과의 긴밀한 상호연관성을 가진다는 점을 인식할 때, 국제이해교육은 그러한 관계성이 보다 다층적이다. 특히 국제이해교육은 각 국가의 역사 문화적 특수성에 따라 각 국이 전개하고 실천하는 모습이 상이한 측면이 있다. 또 국가중심주의적 맥락(nation state centred context)에서 국제이해교육은 국가경쟁력 강화와 자국의 이익을 증대할 인재양성을 위한 기능적 교육 기능을 수행하는가 하면, 범세계주의적 맥락에서는 지속가능한 인류 공영을 위해 평화교육을 중심축으로 유토피아적 세계 교육의 역할을 담당하기도 한다. 이러한 양면성은 결국 국제이해교육이 개별 지역·국가의 특수한 정치·문화적 환경 뿐만 아니라 국가 단위를 넘어서 국제 사회의 태동과 범주에 따라 그 내용 및 방법이 역동적으로 변화하는 성격을 담지하고 있음을 보여준다. 이처럼 기타 변인과의 긴밀한 상호작용이자 태동(movement)으로서의 국제이해교육에 대한 다각적 인식을 본 연구의 인식론적 분석틀로 설정하고, 이에 터하여 한국과 호주의 국제이해교육의 성격을 역사적 특수성과 사회 문화적 맥락에서 비교하고 국제이해교육의 발전 과제를 도출하고자 한다.

실제로 단일 민족 국가이자 분단국가로 남아 있는 한국의 사회·문화적 특성과 다양한 이민자를 수용하면서 발전하기 시작한 다민족·다문화국가라는 호주가 갖는 특성은 각 국의 국제이해교육의 전개 과정과 현황에서 상이한 측면을 보여 줄 수 있다. 즉, 한국의 경우는 일제 식민지와 미군정, 한국 전쟁, 분단, 이념 대립 그리고 급속한 경제 성장, 외국인 근로자 및 결혼이민자의 급증이라는 역사적 경로에 따른 특성을 가진다면, 이에 반해 호주의 경우는 영국 유형지로 시작한 역사, 1901년 독립과 호주 연방 수립, 다문화주의를 국가 모델로 선포한 다민족 복합사회라는 특수성을 가진다. 이런 역사적 맥락은 두 나라의 국제이해교육의 내용과 방법을 결정하는데 중요한 영향을 끼치는 배경으로 인식할 수 있다. 이 논지에서 본 연구는 구체적으로 다음과 같은 구성으로 논의를 전개하고자 한다.

첫째, 국제이해교육의 개념적인 재정의를 시도한다. 현재까지 다양한 용어로 표현 되어온 국제이해교육을 어떻게 이해할 것인지 분석한다.

둘째, 역사적 맥락에서 한국과 호주의 국제이해교육의 전개 과정을 각각 살펴보고 각 국이 처한 시대적 배경과 정치 문화적 특성이 어떻게 반영되었는지를 탐색한다. 여기서 논의의 주요시기는 한국의 경우 1950~53년 한국전쟁과 1960년대 ASP(Associated School Project: 유네스코 협동학교) 가입이후, 반면 호주의 경우는 1970년대 백호주의 철폐와 1980년대 다문화주의 정책이 발표 이후부터 2010년 현재까지로 시기를 한정하여 동향 및 특성을 고찰한다.

셋째, 국제이해교육의 내용과 실천이라는 프레임에서 한국과 호주의 다문화교육 담론의 유사점과 제 특성은 무엇인지, 이것을 어떠한 맥락에서 이해할 것인지 논의하고자 한다.

이러한 연구문제를 분석함으로써 1990년대 후반 아시아 태평양 지역을 중심으로 블록의 허브(hub)로서 위상을 제고하고자 하는 한국과 '아시아 속의 호주'를 강조해 온 호주의 국제이해교육의 방향 및 과제를 고찰하고자 한다. 본 연구는 양국의 국제이해교육의 특성을 분석하는 것이므로 문헌연구방법론에 터하여 맥락적 해석을 위한 관련 자료들을 포괄적으로 살펴본다. 텍스트의 역사적인 맥락을 이해하고 연구자의 내용적 분석틀에서 문헌을 읽고, 전체적인 흐름을 분석하는 주제 분석 연구방법(method of theocratical theme analysis)을 취하고자 한다.

II. 국제이해교육의 재개념화

국제이해교육은 개념이 포괄하는 범위의 방대함과 다양한 해석적 접근으로 인해 한마디로 정의하기는 쉽지 않다. 국제이해교육이라는 용어를 사용한지도 1950년대 이래로 60여년이 지났음에도 불구하고 내용적인 측면에서는 세계 상황의 구조와 국제 관계의 성격에 따라 조금씩 달라져 왔고 국가의 상황과 형편에 따라 강조점과 차이가 있기 때문에 각기 다르게 정의되어 왔다. 담론 수준이나 적용에 있어서도 일반적인 합의가 구축되지 않았기에 국제이해교육은 고정된 불변의 개념이 아니라 유동적인 가변 개념이다. 이처럼 국제이해교육의 개념과 이론에 관한 어떤 합의를 도출하기는 힘들지만 그것을 실천하기 위해서는 국제이해교육의 여러 개념을 재검토하고 개념적 접근을 시도하는 작업이 필요하다.

1. 국제이해교육의 관계개념의 다양성 검토

유네스코가 국제이해교육(Education for International Understanding)이라는 용어를 사용하기 시작한 것은 1946년 런던에서 개최된 제 1차 유네스코 총회에서부터이다(UNESCO, 1974). 그 후 국제이해교육의 사업 명칭의 변천을 바탕으로 국제이해교육이 포괄하는 개념상의 영역은 국제이해 및 협력교육, 평화교육, 인권교육, 민주주의교육, 관용교육 등 다섯 가지 영역으로 나눌 수 있다. 이러한 다양한 영역들은 서로 독립적 관계에 놓이기보다는 국제이해교육의 내용 면에서 밀접하게 연계되어 있으며 따라서 상호의존적이며 보완적인 성격을 가지고 있다.

우선 세계 교육(Global Education)이라는 용어는 1970년대 미국과 영국을 중심으로 사용되었다. 세계이해(Global Understanding)와 세계적 역량(Global Competency), 세계적 시각(Global Perspective)을 강조하는 세계교육은 인류공동의 문제가 상호협력 속에서만 해결될 수 있다는 신념에서 전 지구적 문제를 교육과정 속에서 다루는 것을 강조한다. 특히 미국과 일본 등 선진국은 국제사회에서 국가경쟁력을 높이고 유능한 인재를 양성하기 위한 교육으로 이해되어왔다.

한편 발전교육(Development Education)이라는 용어는 개발도상국들이 안고 있는 문제들이 선진국을 포함한 전 세계적인 문제로 인식하고 그 문제 해결에 전 인류의 인식과 노력이 필요하다는 인식에서 1960년대부터 유럽을 중심으로 전개된 교육이다(한국국제이해교육학회, 2001).

또 하나의 주요한 관련 개념으로 다문화 교육(Multi-cultural Education)은 다인종, 다민족 국가들이 경험하는 교육문제를 국내·외적 관점에서 파악하려는 시도로 흔히 타문화 교육, 문화간 교육, 이문화 교육이라는 용어와 혼용되어 이해되어 왔다. 다문화교육은 미국과 같은 이민자의 나라에서 모든 학생들에게 균등한 교육의 기회를 제공하고자 교육개혁운동의 일환으로 시작되었다. 물론 다문화 교육의 다양한 정의 역시 1970년대를 시발점으로 지난 40년간 수많은 학자 및 연구자, 단체들 제안되었다. The National Association for Multicultural Education(2010)의 정의에 따르면 다문화교육은 유엔의 인권선언문에 기반 하여, 민주사회에서 다원성을 존중하고, 어떤 형태의 인종, 민족, 성, 계층에 따른 차별과 폭력을 지양하고 사회정의를 구현하는 시민교육으로 정의된다. 다시 말해 다문화교육은 다양한 인종, 민족, 계층적 배경을 가진 학습자들이 평등한 교육 기회에 접근하고, 공동의 이익을 추구하는 시민적 의무와 권리를 고양하는 교육이라 할 수 있다. 뱅크스는 다문화교육의 다층성을 개념화하면서 ① 민족 연구(ethnic studies), ② 다민족 연구(multiethnic studies), ③ 여성과 장애인을 포함한 소수자 연구(minority studies)를 포괄하여 교육체제와 상호작용하는 문화정체성과 힘의 문제(power issues)에 대한 비판적 사고를 길러주는 교육으로 설명하였다(Banks, 1997). 흥미로운 점은 역사적으로 '국제이해교육'과 '다문화교육'은 특히 미국의 경우, 다소 상이한 배경에서 출발하여 그 목적과 교육내용에서도 대립과 차이를 보여 왔으나 최근에 와서는 교육개혁 현장에서 상호협력의 관계를 모색하고 있다는 점이다(김현덕, 2007).

이 밖에 광의의 국제관계를 함축하는 국제교육(International Education), 세계 시민적 자질에 초점을 둔 세계시민교육(Global Civic Education), 세계 여러 지역의 특성을 연구하는 국제지역연구(International Areas Studies) 들이 국제이해교육과 깊은 관련을 맺고 있는 영역들이다. 이상에서 국제이해교육이 포괄하는 범위의 광범위성과 다양성을 파악할 수 있으며, 동시에 이런 개념의 다층성으로 인해 국제이해교육에 대한 하나의 합의가 이루어지지 못한 점을 발견할 수 있다.

2. 국제이해교육의 개념적 재정의

본 연구는 기존의 국제교육을 둘러싼 다양한 논의를 국제이해교육이라는 광의의 프레임에서 접근하고자 한다. 혼재된 개념에 대한 성찰 가운데 하나로, 최근 우리사회에서 주목받는 다문화교육이 실제로는 다문화가정의 구성원과 자녀들을 '분리'하여 이루어지는 사태에 문제제기가 필요하듯이, 국제를 '이해'하는 교육의 개념과 실천적 측면에 대한 재검토 역시 요청된다. 국제이해교육은 제 2차 세계대전 이후 세계질서 재편과 평화에 대한 열망으로 유네스코의 실천적 교육사업 중 하나로 전개되어 오면서 그 실천과 전략이 강조되다보니, 아직까지 학문적 이론화를 갖추지 못하고 당위성만 강조되어 온 측면이 있다. 이를 극복하기 위해서는 앞에서 검토한 관련 개념들을 구조화하는 작업이 병행되어야 한다. 국제이해교육의 개념상의 영역들을 보면 국제이해 및 협력교육, 평화교육, 인권교육, 민주주의 교육, 문화다원성교육이라는 다섯 가지 주요 영역을 포괄하며, 그 각각의 개별 주제 교육이 될 수도 있다. 이들 개념에 중핵적인 요소로 용해되어 있는 것이 '세계의 상호의존성과 다원성에 대한 학습자의 비판적 사고력 증진'이라 할 수 있으며, 구체적 구성요소는 다음과 같이 정의될 수 있다(김신일 외, 1997).

1) 세계적인 시각 혹은 관점(Global Perspective)에 대한 교육

'세계적인 시각'의 영역에는 자기중심적 세계관에서의 탈피, 다양한 세계관의 인정, 상반된 세계관의 인정, 인간의 기본적 욕구, 행동, 관심, 경험의 유사성에 대한 인식 등이 포함되어 있다. 또한 이러한 세계적인 시각을 증진하는 교육에는 동일 사회내의 다른 계층에 대한 이해(빈곤층, 여성, 아동, 소수민족 등)도 포함된다. 세계적인 시각의 영역에는 인간의 관점과 행위가 지역적, 국가적, 세계적으로 상이할 수 있다는 인식을 다룬다.

2) 문화간 이해(Cross-Cultural Awareness)를 위한 교육

'문화간 이해' 영역에는 각 나라 문화 및 가치의 다양성에 대한 이해, 문화의 상호 비교, 이를 통한 문화와 가치의 보편성에 대한 인식, 타문화의 관점에서 자기문화 조망, 문화간 상호작용을 통한 세계문화의 개념 형성, 타문화를 수용하는 태도, 전통 및 자기문화에 대한 태도 등이 포함된다. 국제이해교육은 이들 문화간 이해 요소들의 증진을 위해 여러 다양한 프로그램을 마련한다.

3) 세계적인 문제나 이슈(Global Problems and Issues)에 대한 교육

'세계적 문제와 이슈'에는 평화와 안보의 문제, 개발과 관련된 문제 인류 환경에 대한 문제, 인권의 개념 등이 포함되어 있다. 또한 생명, 자유, 평등, 정의, 식량, 인구, 에너지 등 인류가 행복한 삶을 유지하기 위해서 반드시 존중해야 할 보편적인 가치관들도 이에 포함된다.

4) '세계체제(Global Systems)'에 대한 교육

세계의 다양한 사람을 연결시키는 '세계체제(Global Systems)'는 경제체제, 정치체제, 사회나 문화체제를 비롯하여, 지구 생태계의 구조, 기술체제 등의 하위개념을 포함하고 있다. 즉, 기술적, 생태적, 문화, 경제적, 정치적 문제에 대해 세계 여러 나라들이 긴밀히 관련되어 있고 개별 국가의 힘으로 해결될 수 없기 때문에 국제이해교육에서의 세계는 하나의 상호의존체제로 다루어진다. 이처럼 상호 연결되어 있는 전 지구적 시스템에 대한 학습과 교육을 실시하는 것이다.

이를 정리하자면 국제이해교육은 세계의 상호의존성에 대한 이해를 증진시키는 세계적 관점의 교육, 문화간 이해 교육, 세계문제 및 이슈에 대한 교육, 그리고 세계체제에 대한 교육을 포함하는 포괄적인 개념의 세계시민성 함양교육이라 할 수 있다. 무엇보다 국제이해교육은 단순히 이국의 문화를 이해하거나 다른 나라나 국제관계에 대한 지식과 정보만을 제공하는 것을 의미하는 것이 아니라, 지구사회조직의 역동이나 국제 사회의 상호의존적 관계에 대한 연구·분석능력까지 포함하기 때문에 역동적인 교육과정 및 방법을 요청하는 전문적인 영역이다.

한편 국제이해교육의 개념 및 실천에 상존하는 두 가지 측면을 인식할 수 있다. 국제이해는 평화와 협동의존만을 생각하기 쉬운 용어지만, 국제경쟁력 강화와도 밀접하게 관련되어 있다. 실제로 유네스코를 중심으로 주창되어온 국제이해교육의 궁극적인 목적은 교육을 통한 세계평화(World peace)의 구축이었지만 이것은 각 국가의 상황에 따라 서로 상이하게 반영되고 역동적으로 작용해왔다. 일례로 세계 평화와 인류 공영이 국제이해교육의 본래적 개념이었지만 미국, 영국, 독일, 일본 등의 선진 강대국에서는 자국이 이익과 국제적 위상을 드높일 인재의 양성과 도구적인 역할을 수행할 교육으로서의 국제이해교육이 강조되어 온 측면을 상기해야 한다. 즉 국제적 경쟁력을 키우려는 세계교육으로서의 국제이해교육이다. 반면 다양한 인종, 민족, 문화, 성(性), 계층에 대한 열린 다원성과 인류 공영을 위한 **다문화교육**으로 이해되는 **국제이해교육**의 한 축이 존재한다.

주로 수많은 이민자들을 보유하고 있는 미국과 유럽에서는 모종의 규범화된 국가 정신의 형성은 물론 다양한 소수자를 사회적으로 통합하고 포용하는데 강조되어 왔다. 이는 최근 우리나라의 이주노동자와 결혼이민자의 급증으로 인한 다문화사회 전환과 맞물려 주목받는 지점이다. 이를 볼 때 국제이해교육에서 인류 공영을 위한 세계주의(Globalism)와 이와 상충하는 국가적 이해관계와 국민의 주체성을 강조하는 국가주의(Nationalism)도 엄존하는 쟁점을 인식하게 된다. 본래적 의미의 국제이해교육이란 한 국가의 내부의 문제는 무시하고 다른 국가와 국제라는 거대 구도만 예의 주시하는 것은 아니다. '국제이해'라는 이름으로 탐구의 시각과 관심의 대상을 오로지 외부 국제사회로만 조준할 측면이 농후하지만 이는 절름발이 국제이해교육의 단상으로 전락할 위험이 있다. 세계화 및 국제화의 구도 속에 국내문제와 국제문제 등에 관한 상호 유기적 사고가 요청된다. 가령 한국의 문제를 국제적인 시각에서 바라보고 이를 분석하고 해결할 수 있는 교육 역시 국제이해교육의 범주에 포함되며, 곧 국제 가치의 한국화뿐만 아니라 한국 가치의 세계화에도 균형적 관심을 기울이는 교육적 태도가 필요하다. 결국 위와 같은 논의의 다층성은 국제이해교육의 담론과 실천의 딜레마를 반영하고 있다.

최근 국제이해교육은 국가나 사회들 사이의 관계를 이해하는 것에 그치지 않고 국제관계의 방향과 본질에 중대한 영향을 미칠 수 있는 국내문제와 지역문제, 평화·인권·환경 등의 전 지구적 이슈가 되는 국제개발협력 문제 등 기존의 자유주의적 인식론에서 보다 비판적인 세계시민교육으로 전환되는 움직임이 나타난다(김현덕, 2007; 강순원, 2010). 무엇보다 다문화적 사회 체제의 도래에 따라,

정규 학교체제의 규범화된 학습자는 물론 다양한 삶의 경험과 배경을 가진 성인을 포함하여 전 생애적 학습경험이 재구성되고 성찰될 수 있도록 평생교육적 맥락에서 전개될 필요가 있다(유성상, 2010; Kim, 2010). 지금까지 논의한 개념망을 토대로 한국의 국제이해교육의 전개 과정과 특성이 무엇인지 분석하고자한다.

Ⅲ. 한국의 국제이해교육 탐색

1. 한국 사회와 국제이해교육: 역사적 발전 과정

국제이해교육이 한국에 소개되고 실천된 지도 벌써 반세기가 되었다. 1961년 유네스코 한국위원회가 주축이 되어 4개 중·고등학교가 유네스코 협동학교계획(Unesco Associate Project, ASP)에 가입함으로써 국제이해교육이 한국에 본격적으로 씨앗을 뿌리게 되었다(유네스코 한국위원회, 2000). 1945년 해방 후 3년 간 미국정기를 거치는 과정에서 미국식 교육 체제가 학교 교육을 형성하는 근간을 이루었고, 미국의 교육 원조는 1960년대까지 지속되어 미국식 교육 체계를 한국에 이식하는 주요한 통로가 되었다. 이러한 역사성으로 인해 반공(反共)사상이 한국에 팽배하였던 시절이었기 때문에 공산주의나 사회주의 국가에 대해서는 알 수도 없었고, 접촉할 수도 없었으며 더구나 그에 관한 교육을 시킬 수 없었다. 이념적, 정치·외교적 그리고 군사적으로 북한과 대치하고 있었던 한국적 상황의 특수성으로 인해 당시로서는 인권이나 평화와 같은 세계 인류의 양심과 윤리에 바탕을 둔 유네스코 본래 이념을 담은 국제이해교육을 실시할 수 없었다(유네스코 한국위원회, 2000). 자연히 한국의 국제이해교육은 미국 중심의 자유우방 국가들의 문화를 이해하는 것에 국한할 수밖에 없었다. 따라서 남북 분단과 냉전체제의 존속은 국제이해교육의 성장 발전의 분명한 한계를 지니고 있었다.

그 가운데 유네스코 한국위원회는 1961년부터 매년 국내 연구협의회를 개최하여왔다. 처음 3년간은 국제이해교육의 필요성을 주지시키고 구체적 활동 방법을 모색하기 위해 각 시도 장학사 및 사범대학, 교육대학 교수들을 초청해서 서로의 경험과 연구 결과를 교환토록 했다(정두용 외, 2000). 1973년부터는 문교부 장학 지침에 국제이해교육을 실시할 것을 시달하기에 이르렀다. 또 1971년과 1981년 두 차례에 걸쳐 유네스코 국제이해교육 아시아 지역 회의를 서울에서 개최하였다. 1986년에는 유네스코 협동학교 중 희망학교를 대상으로 매년 '국제이해교육 시범 연구학교'를 지정하고 현장연구비를 지원하고 그 결과를 다른 협동 학교 및 관련 정부 부처, 교육 연구 기관과 공유하도록 자료집을 배포해왔다. 한편 1994년에는 11월에는 유네스코 청년원에서 유네스코 협동학교 30주년 기념세미나를 개최하였다. 한국의 국제이해교육사에서 주목할 유네스코 협동학교는 학교교육을 통해 국제협력 및 평화 증진을 위하여 탄생하였다. 그것의 주요 주제는 첫째, 범 지구적 문제와 유엔 및 유네스코와 같은 국제기구의 역할, 둘째, 지속가능발전교육, 셋째, 평화와 인권, 민주주의, 넷째, 문화 간 학습이다. 이를 통해 학생들에게 평화와 인권에 대한 개념을 심어주고, 세계화에 부응하여 더불어 살아가는 세계시민을 육성하는데 초점을 둔다. 2009년 현재 협동학교는 초등학교 16개교, 중학교 27개교, 고등학교 61개교 등 총 108개교가 활동하고 있다.

1995년에는 국제이해교육에 대한 학문적 연구의 진작과 토론의 장을 마련하기 위해 국제이해교육 세미나와 유네스코 협동학교 교사 워크숍이 개최되었다. 1997년에는 초·중·고 교사 40인이 참가한 가운데 유네스코 청년원에서 제 1회 국제이해교육 교사 일반 연수를 실시하였다. 2000년에는 국제이해교육 연구회가 국제이해교육 학회로 승격하고 2000년 8월에는 유네스코 본부와 대한민국 정부간 조약 협정을 맺어 「아시아·태평양 국제이해교육원(APCEIU), 이하 아태교육원」을 설립하기까지 이르렀다(한국교육개발원, 1997). 2011년 현재 창립 11주년을 맞이하는 아태교육원은 국내 첫 유네스코 카테고리Ⅱ기관으로서 47개 유네스코 아태지역 회원국을 대상으로 국제이해교육 사업을 펼치고 있다.

이러한 거시적 흐름에서 1945년 해방과 1950~53년의 한국전쟁(The Korean War)이후로 정부 주도의 반공 교육과 더불어 시행되기 시작한 국제이해교육은 학교교과 과정 속에서 주로 미국 중심의 자유 우방 국가에 대한 문화간 이해교육으로 반영되었다. 특히 한국의 국제이해교육사는 유네스코의 국제이해교육 발전 과정과 맥을 같이할 만큼 유네스코 한국위원회를 중심으로 실천 사업의 일환으로 추진되어 왔음을 알 수 있다.

2. 성격 및 동향 분석

1950년부터 70년대까지 냉전체제가 엄존한 현실과 세계간의 문이 열려있지 않은 가운데 한국에서 국제이해교육이 가지는 영향력과 위상은 '세계를 이해하는 하나의 좋은 프로그램'으로 인식되었다. 당시 ASP 가입 학교를 중심으로 한 세계 민속 공연, 세계 각국 우표 전시회, 세계 민속 의상 쇼, 모의 올림픽 등은 학생들의 국제사회와 다양한 문화에 대한 인식을 증진시켰을 뿐만 아니라 다양한 볼거리를 제공함으로서 당시 국제적 교류가 빈약했었던 사회적 상황에서 큰 역할을 하였다. 이를 통해 학생들이 국제 사회를 선망하고 UN을 비롯한 국제기구에 대해 이해를 갖게 하는데 일조하였으며 이들 프로그램은 국제교육 프로그램의 모델로 여겨져 다른 학교로 급속히 파급되었다(유네스코 한국위원회, 1999).

1990년대 들어서는 환경 문제가 심각한 사회 문제로 대두되면서 국제 이해교육 활동 중 환경 교육이 특히 강조되었다. 1994년 문민정부의 국제화·세계화 시책에 따라 교육부는 국제화 교육 세계추진계획을 수립하였다. 이때 국제이해교육은 외국어 교육과 함께 이 계획 속에 포함되었다. 특히 이를 계기로 유네스코 한국위원회라는 반관(半官) 반민(半民)기구가 30년 동안 추진해온 국제이해교육이 정부의 공식적 교육 정책으로 수용되었다는 점에서 중대한 의미를 지닌다.

이러한 흐름 속에 한국의 국제이해교육은 평화, 인권, 환경, 문화간 교육 등을 포함하는 가치 지향적인 성격을 강하게 유지해왔다. 김영삼 정부(1992~1997) 이래 본격적으로 추진된 국제화, 개방화, 세계화 정책은 국제이해교육의 필요성을 더욱 증대시켰으며 국제사회에서 요구하는 자질과 한국인으로서의 필요한 능력을 고양하여 국제협력과 국제경쟁력을 동시에 기르도록 하는데 역점을 두었다. 교육시장 개방의 파고가 두드러지기 시작한 김대중 정부(1998년~2003년)는 7차 교육과정을 수립하고 교과 내용 속에 국제이해교육의 주제적 요소를 용해시키고 특별히 통일교육의 중요성을 강조하였다. 이어진 노무현 정부(2003~2008)에서는 교육양극화 해소와 사회통합을 화두로 국제교육 정책을 실천하였다. 글로벌화된 사회문화적 환경이 지역사회의 모습 변화를 보다 구체적으로 가져오면서, 2006년 4월에 '결혼이민자와 그 가족의 사회통합지원정책'을 발표했다. 현재의 이명박 정부(2008~)는 2008년 12월 외국인과 함께하는 세계 인류 국가 추진이라는 비전을 제시하면서 "제 1차 외국인기본정책"을 수립한다(한국염, 2010). 이러한 큰 틀에서 약 100여개 국가에서 온 다국적 이주노동자들와 결혼이주민의 사회통합을 위한 다문화교육 본격적으로 추진하기 시작하였다.

한편 국제이해교육 논의에서 강조되어 온 평화교육은 한반도의 특수성과 한국적 상황으로 인해 보다 주목받아 왔다. 본래 평화교육은 국가적·세계적 차원에서 지역적·개인적 차원에 이르기까지 '갈등과 폭력의 문제를 탐구하고 대처'하는데 초점을 둔 교육이다. 이는 20세기 후반에 전 세계적으로 심화되고 있는 불평등, 부정, 전쟁, 분단, 환경오염, 인종차별, 성차별, 핵문제 등의 문제를 극복하고 탐색하는데 필요한 교육으로 등장하였다(데이비드 힉스, 1993). 최근에는 세계에서 동시 다발적으로 일어나는 인종, 종교, 문화, 자본, 환경 등 국가의 경계를 넘나드는 초국경 이슈(Transnational Issues)에 대한 교육적 접근과 평화적 모색으로 그 중요성이 보다 부각되고 있다. 평화교육이 갖는 보편적인 중요성은 한국적 맥락에서는 분단의 역사를 안고 있는 한반도의 특수성으로 인해 새롭게 조명된다고 볼 수 있다. 한국의 평화교육은 서구의 평화 담론을 무비판적으로 해석하고 수용할 것이 아니라 분단상황과 여기에 개입된 국제 이해(利害)의 역학 관계 등을 고려하고 이를 비폭력적으로 그리고 체계적으로 접근하고 해결해 갈 수 있는 한국적 국제이해교육으로 방점을 찍고 있다.

그동안 단일민족 국가적 정체성이 강하던 한국은 2000년대부터 괄목할 수준으로 급증한 이주민의 유입으로 다인종, 다문화사회로 전환되기 시작했다. 이에 따라 정부, 시민단체, 학술연구 단체를 중심으로 다문화시대의 국제이해교육에 대한 국가 수준의 진흥 정책, 시민사회를 중심으로 한 국제개발협력 사업과의 교육적 연계성 강화, 그리고 다각적인 주제 중심(subject centred), 사례 중심(case centred) 연구들이 추진되기 시작하였다.

3. 내용 및 실천적 방법론

제도교육 차원에서 이루어진 한국의 국제이해교육의 내용과 교수학습 장면은 주로 초·중등학교 수준에서 사회과 교과 수업 차원에서 다루어져 왔다. 대학에서의 국제이해교육은 50여년의 한국 국제이해교육의 역사에도 불구하고 그 필요성과 중요성에 비해 활발하게 실시되지 못했다. 교육부는 1996년부터 국책사업의 일환으로 국제통·협상 및 지역전문가 양성을 목표로 국제대학원의 설립을 추진하면서 전문 분야의 국제인력 양성에 투자해 왔다. 그러나 일반 대학생을 대상으로 하는 세계시민으로의 자질을 교육하는 '교양과목'으로서의 국제이해교육과 향후 교직에 진출할 교사들을 위한 '교직과목'으로서의 국제이해교육을 실시하는 대학은 극소수이다. 그러나 교육현장에서 국제이해교육의 많은 부분들이 이미 실제로 실시되고 있다고 볼 수 있다. 세계화가 일상으로 침투한 오늘날 어떤 교육 과정이라도 내용상 국제적 요소나 상호의존성은 필수불가결하기 때문이다.

국제이해교육의 내용은 학년별, 학교별, 교과 목표별로 다양한 측면에서 전개되며 정치·경제·문화·환경 분야로 나누어 제시될 수 있다. 우선 정치적 측면에서 본 국제이해교육의 내용은 인간 권리의 존엄성과 인권 및 자유 신장, 역사를 통해 살펴본 국가 간의 상호이해와 우호적 협력 등이 그 내용이 될 수 있다. 다음으로 경제적 측면에서는 세계 자유시장 경제 속에서 국제협력의 필요성, 경제 활동의 세계화와 상호 의존에 대한 이해 등이 포함된다. 사회·문화적 측면에서의 국제이해교육은 각 민족의 독특한 문화 양식과 문화 상대주의적 태도 의 필요성, 전통문화와 외래문화에 대한 이해 등이 그 내용이 된다. 마지막으로 환경적 측면에서 본 국제이해교육은 환경보호의 이념과 방법에 대한 이해, 환경 파괴와 인간 생존의 관계 등이 그 내용으로 다루어지는 경향이 있다.

이러한 내용을 다룸에 있어 국제이해교육은 생활세계의 관계 속에서 어떤 형태로든 경험할 수 있는 구체적인 사회 현상으로 학습된다. 학교 수업 과정에서도 탐구 학습, 세미나 발표, 역할극, 신문이나 TV 혹은 VTR 테이프, 공장 견학, 여행자 초청, 이러닝을 통한 학습 내용, 현장 방문, 국제교류 프로그램 참여 등 다양한 방법을 통해 국제이해교육은 실시된다.

2007년 개정된 교육과정에서는 다문화가정의 급증이 교육 현실로 다가오자 학교교육에서 국제이해교육의 역할을 통합적으로 활용하고 있다. 현재 우리나라 제7차 교육과정에는 각 교과에 국제이해, 다문화, 국제관계 등을 주제로 하는 내용들이 융합되어 있다. 이처럼 국제이해교육을 다양한 방법으로 어느 특정 교과에서 실시하기보다 여러 교과에 포함시켜 보다 폭넓게 교육할 수 있다. 예컨대 초등학교 사회과 교육내용에서는 국제사회의 환경이나 문화에 대한 이해와 생활방식에 대한 존중, 평등의식이 바탕이 된 교육을 실시하고 있다.

전 과목에 국제이해 요소를 도입하여 교사들의 교과연구 능력과 창의성, 다양한 학습 자료와 수업방법의 활용으로 융합프로그램을 통한 국제이해교육은 문학, 지리, 역사, 체육, 미술 등 여러 교과목에서 실시될 수 있다. 또한 현재 일부 학교에서는 국제이해교육이 교과 외 특별 재량 활동의 일환으로 토론식 수업이나 역할극 등을 통해 실시되기도 한다. 중요한 사실은 국제이해교육의 성패는 일방적인 수업보다 학습자의 다양한 경험과 사고력을 신장시킬 수 있는 학습자 중심의 교수방법에 의해 많이 좌우된다는 점이다(유성상, 2010). 따라서 교사의 일방적인 강의식 교수법보다는 학생들의 적극적인 참여를 유도하는 교수방법 즉, 역할학습법, 토론학습법, 협동학습법, 모의학습법, 프로젝트학습법 등의 다양한 교수방법의 활용이 주목받고 있고, 이를 교육 현장에서 개발하고 실천하는 것이 무엇보다 중요하다(한국국제이해교육학회, 2001). 이에 국제이해교육은 간학문적 접근을 요하는 것이며, 전통적인 교수 중심의 일방적 교수법을 적용하기보다는 학습자 중심의 쌍방향 상호작용과 참여가 지속적인 자기주도적 학습 효과를 배가하는 역동적인 교육이라 할 수 있다(Kim, 2010). 최근에는 학교교육 과정에서 적절한 국제이해교육의 방법을 실시하기 위해 교수 및 교사 연수가 학습동아리 차원에서 다양하게 전개되기도 한다.

한편 시민사회 단체를 중심으로 다양한 다문화사업과 교육 프로그램이 활발하게 전개되고 있다. 주로 인권, 평화, 빈곤을 주제로 다각적인 사회운동을 펼쳐온 시민단체들은 국제이해교육, 세계시민교육, 다문화교육 등과 같은 중첩된 용어를 사용하면서 관련 교육사업을 추진하고 있다. 일례로 '굿네이버스(Good Neighbor)'는 세계시민교육 프로그램(일명 One Heart)을 개발하여, 지구촌의 전쟁과 가난, 질병과 억압으로 고통 받는 세계 이웃들의 삶을 이해하고, 존중하며, 나눔을 실천하는 방법을 제시하고 있다. 구체적인 학습 내용으로 2015년까지 인류가 해결하고자 하는 밀레니엄 개발목표(MDGs)를 다루는가 하면, 아프리카 에티오피아 아동들의 일상생활을 통해 국제적인 이슈와 관점을 학습하기도 한다. 또한 '참여연대'는 일반 시민들을 대상으로 상시적인 국제이해교육 프로그램을 개설하여 지구촌의 제 문제와 정의로운 세계시민사회를 구성하기 위한 통합적이고 비판적인 시민학습 기회를 제공하고 있다. 이주노동자 관련 단체 가운데 'YWCA', '이주여성인권연대' 등은 2006년 교육인적자원부에서 '다문화가정 자녀 교육지원 대책' 발표에 탄력을 받아, 국제결혼가정과 그 구성원, 그리고 일반 시민의 참여를 독려하며, 다문화교육 프로그램을 개발하고 현장의 능동적 변화를 이끌어 가고 있다. 단순히 인종과 언어를 달리하는 결혼이주 여성과 외국인근로자들이 한국문화를 일방향적으로 수용하고 한국어 교육을 받는 것을 넘어, 지역사회의 일반 시민들이 문화다원주의에 대한 비판적이고 통찰적인 사고력을 증진하고, 다름과 차이를 통해 함께 살아가기 위한 학습(learning to live together)을 보여주는 움직임이다(김진희, 2010).

지금까지 본 절에서 논의한 것을 종합하면, 유네스코를 중심으로 실천 사업의 일환으로 이루어진 한국의 국제이해교육은 평화, 인권, 환경, 문화간 교육 등을 포함하는 가치 지향적인 성격을 강하게 유지해 왔음을 알 수 있다. 특히 이는 학교의 정규교과 과정에서는 타문화에 대한 교육적 이해를 중심으로 다루어져 왔다는 점에서 확인된다. 이것은 19세기에서 21세기로 이어지는 현재까지 한국의 국제이해교육이 식민지, 분단, 냉전 등 파란만장한 역사적 경로의 특수성 아래서 전개되었기 때문에 보다 가치와 이념에 중점을 둔 것을 보여준다. 세계 평화를 주창하며 실시된 유네스코 중심의 국제이해교육은 한국에서는 인권이나 평화와 같은 전 세계 인류의 양심과 윤리에 바탕을 두고 실시되기에는 제약이 있었고, 남북 분단과 냉전 체제의 존속은 국제이해교육의 성장과 발전의 분명한 한계를 지니고 있었다. 그러나 김대중 정부와 노무현 정부에서는 한국전쟁 50년 만에 남북 정상회담이 성사되고 금강산 관광, 이산가족 교류 등 평화 공존과 통일을 향한 분위기가 형성되면서 북한에 대한 이해와 통일 교육이 조명 받기에 이르렀다. 이러한 맥락에서 한국의 국제이해교육을 논함에 있어 평화교육과 밀접하게 연계를 지니는 통일교육은 특수하게 강조되는 영역이다. 북한 사회를 이해하고 분단의 현실을 인식하여 평화 및 화해 협력을 주요 내용으로 삼는 통일교육은 그렇기 때문에 한국의 평화교육의 기저에 자리 잡고 있다(한국교육개발원, 1999). 곧 '국제'를 '이해'하는 단초가 한반도의 통일과 국제정세 및 국제관계에 대한 통찰에서 비롯되어야 한다는 점을 보여준다. 이처럼 한국사회의 특수한 정치 문화적 환경에서 국제이해교육은 평화교육, 통일교육이 주요한 영역으로 조명되며 그 유기적 관련 속에서 비중 있게 다루어져야 함을 인식할 수 있다. 보다 근자에는 중국, 일본, 몽골, 필리핀, 베트남 등 외국태생 인구비율이 처음으로 100만 명을 돌파한 2007년을 기점으로 '다인종, 다문화사회 코리아'라는 담론이 낯설지 않은 사태에서 학교, 시민단체, 지역자치단체를 중심으로 다문화교육이 전개되고 있다. 그렇다면 지금까지 분석한 한국의 국제이해교육의 제 특성에 비해, 사회사적 맥락이 다른 호주의 경우는 어떤 특성을 가지는지 살펴보고자 한다.

Ⅳ. 호주의 국제이해교육 탐색

1. 호주 사회와 국제이해교육: 역사적 경로의 특수성

영국연방에 속하는 남반구의 대륙국가인 호주는 1788년 영국이 유럽인 정착지를 세운 이래 영국의 식민 상태였다가 1901년 1월 1일 호주독립 연방을 수립하였다. 영국식 제도가 정치사회의 모델이 된 호주는 19세기말부터 20세기 초까지 아시아의 유럽을 자처하며 아시아인들의 유입을 배제하였다. 하지만 제 2차 세계대전 후에 구소련을 포함하여, 아시아계, 중동계, 아프라카계 이민자들을 받아들면서 점차 다양한 언어와 민족, 종교, 문화유산을 수용하게 된다. 그리하여 1970년대 백호주의를 철폐하면서 1989년 마침내 '호주 다문화 국가 아젠다(National Agenda for a Multicultural Australia)'를 채택하였다. 1990년대부터 보다 본격적으로 다문화주의가 국가이념으로 널리 수용되었으나, 2001년에 발생한 9·11 사태 후 정치사회적 저변에서 주춤거리는 모습을 보이기도 했다(이태주,

권숙인 외, 2007). 그럼에도 불구하고 분명히 호주는 다문화사회(Multicultural society)를 정책적으로 표방하면서 국가정체성을 세워 나가고 있다.

아시아에 가까우면서도 유럽의 문화를 계승한 호주는 1990년대 이후로 아시아 이민 인구가 급증하고 아시아 국가와의 경제적 교역과 문화적 교류가 빈번해지면서 아시아·태평양 지역권에서 그 역할과 위상을 강조하면서 자신들도 아·태 지역 국가의 일원이라는 의식을 확산해 왔다. 한편 1901년 영국의 식민 유형지에서 독립한 호주가 백호주의를 발의한 것은 당시 호주사회에서 중국인 이민자의 대거 유입이 백인의 노동권과 생활권을 제약한다는 연유로 시작되었다. 이러한 문제를 해결하기 위해 중국인 이민자 수를 제한하는 안(1887)을 채택하였는데 이것이 기원이 된다(김형식, 1997). 그러나 백호주의는 넓은 호주 대륙에서 생활의 터를 닦고 국방을 담당하고, 역동적인 경제활동을 통해 국가의 발전을 도모할 풍부한 인구를 자생적으로 생산하는데 부적합한 기조라는 판단에서 호주 정부는 그것을 포기하고 점차 이민에 대한 제약을 철폐하면서 다문화주의 정책을 표방하였다. 최근에는 영연방 국가에 속한 호주가 이제는 영국과의 주종관계를 청산하고 독립국가로서 '아시아 속의 호주'에 대한 목소리가 논쟁이 되고 주목받기도 한다. 경제적·문화적 제 측면에서 아시아와의 긴밀한 교류의 중요성이 대두되기 때문이다. 이러한 움직임은 호주의 정치·문화적 특수성을 보여주며, 국제이해교육도 이 맥락에서 이해된다. 예컨대 호주의 국제이해교육의 하나의 단면으로 '아시아 알기'라는 내용이 교육과정 속에서 강조되는 것이다.

특별히 주목할 논의의 지점으로 호주의 국제이해교육에서 다문화교육이 중심축을 이루는 배경을 역사를 통해 살펴볼 수 있다. 오늘날 약 2,100만 명의 인구를 가진 호주의 역사는 이민의 역사라 할 만큼 초기에는 영국인이, 중반에는 넓은 의미의 유럽계 백인이, 현대에 와서는 아시아계를 비롯한 다양한 인종이 호주에 정착해왔다. 실제 호주의 인구 민족 분포는 유럽계 백인이 89%, 아시아인과 원주민 등이 11%를 차지하고 있으며 인구의 약 250만 명 정도가 집에서 영어가 아닌 다른 언어를 사용한다고 한다. 2006년 호주 인구조사(census) 통계를 근거로 추산하며, 호주인 가운데 약 46%는 자신이 다른 나라에서 태어났거나 그 부모가 다른 나라에서 태어난 사람들로서 270개 이상의 민족이 살고 있다. 호주 인의 10명중 4명은 이민자거나, 이민자의 후손이다(National Association for Multicultural Education, 2010). 특히 노동 인구의 25% 이상이 이민자이며, 15%는 비영어권 국가 출신이다. 종교는 가톨릭교 26.4%, 성공회 20.5%, 그 외 그리스도교 20.5%, 불교 1.9%, 이슬람교 1.5% 등 약 80여개로 다양하고, 45개 이상의 토착어를 포함하여 이태리어, 그리스어, 아랍어, 중국어 등 200개가 넘는 언어가 사용된다(만보김, 2010). 이처럼 한 국가의 영역에서 다양한 문화와 종교를 가진 사람들이 다양한 문화를 잉태하고 있다는 점에서 호주는 외적 체제에서나 시민들의 일상 생활세계(life world)에서나 다민족·다문화사회임을 확인할 수 있다. 즉 유럽과 아시아로부터의 이민자들의 유입은 의식주 문화, 생활방식과 언어 그리고 규범과 정체성까지 혼합을 가져올 수밖에 없다. 이에 호주 정부는 국가적 수준에서 다양한 다문화정책을 도입하여 사회 통합을 위한 방안을 모색해왔다.

이와 같은 호주의 사회문화적 특수성으로 인해 호주에서의 국제이해교육은 동아시아의 단일민족 국가이자 분단국가인 한국과 성격을 달리하는 측면이 발견된다. 영국으로부터 독립, 1901년 호주 연방 정부를 수립, 1945년 2차 세계대전 이후로 이민자의 대량유입 그리고 1970년대의 백호주의의 종결과 1980년대의 다문화주의 정책으로 이어지는 일련의 과정 속에서 호주 사회는 점점 더 다민족(Multi-radical), 다문화(Multi-cultural), 다종교(Multi- religio-us) 사회의 길을 걸어오게 된다. 현재까지 영국 여왕을 국가 원수로 두는 연방국가 호주는 오랫동안 서구 유럽의 문화가 지배문화의 주류로 자리 잡아 왔지만, 그 속에서 이민이라는 정책적 선택과 원주민을 포함한 다양한 소수 민족(ethnic minority) 구성원은 호주만의 사회적 특수성을 결정하는데 사회적 영향력을 미치는 요체로 인식되어 왔다. 여기서 다문화교육을 중핵으로 삼는 호주의 국제이해교육의 특성과 방향이 도출된다. 즉 자신들의 국가를 구성하고 있는 다양한 민족, 인종, 문화, 계층에 대한 문화간 이해(Inter-cultural understanding)와 다원성 존중이라는 기본적인 교육 영역을 다루어야 함은 물론이고, 세계화, 이민, 그리고 국가 이해관계라는 세계체제에 대한 분석틀을 학습하는 것이 핵심이므로 다문화교육이 그 역할을 수행해 온 것이다. 특히 근래에는 영국을 위시한 서구 유럽 문화 중심의 국제이해교육에서 탈피하여 그간 상대적으로 소홀하게 치부되었던 아시아·태평양 지역에 대한 문화이해 및 국제교류라는 방향으로 힘이 실리고 있다(박지용, 2010).

한국의 국제이해교육이 유네스코 한국위원회와 학교교육을 중심으로 제도권 안에서 선도적, 계몽적 차원에서 이루어졌다면, 호주의 국제이해교육은 국가 주도의 정책과 병렬하여 지역 사회 속에서 이루어져왔다. 왜냐하면 호주사회에서 다문화주의와 국제이해는 그것이 단순히 이념형이 아니라 삶터의 직접적 현장과 실천의 문제이기 때문이다. 즉 다양한 문화들이 공동체를 이루는 호주라는 다문화의 실험장에서 국제이해교육, 보다 엄밀히 말해 문화간 이해(Intercultural understanding)는 반드시 국가 주도의 정책적 개입이 아니더라도, 일상에서 사람들이 부딪히고 주고받는 다문화적 상호작용에서 전개되는 현재 진행형의 학습 차원이라 할 수 있다. 일례로 2009년을 기준으로 한국인의 국제결혼 비율이 약 11%라면(이삼식, 최효진, 박성재, 2009), 이미 1998년의 호주통계조사국은 결혼 커플의 52%가 출생지(birthplace)가 서로 다른 사람들간의 결합이라는 조사를 발표했다(Susan Pascoe, 2000). 따라서 단일민족이 대부분의 국가 성원을 이루고 있는 한국과 달리, 다양한 민족 성원이 사회 추동체로서 주요 축을 이루고 있는 호주 사회에서의 국제이해교육은 다양한 문화간 융합과 접변, 소통과 참여라는 역동적인 양상이 삶의 국면에서 필연적으로 전개될 수밖에 없음을 알 수 있다.

2. 성격 및 동향 분석

한국에 약 100여 개국 출신의 이주민이 살아가고 있다면, 호주에는 현재 약 200여 개 국가 출신의 이주민이 살고 있다. 다문화국가로서 사회통합을 위한 다양한 교육, 의료, 정치, 경제 정책 개발이 사회적 화두이자 과제일 수밖에 없는 것이다. 호주는 1975년에 인종차별금지법을 제정했고, 시민단체, 다문화 연구소 등 관련기관들과 함께 문화적, 언어적, 인종적으로 다양한 배경을 가진 학생들을 교육하는데 방점을 두었다. 다문화정책의 기본원리는 시민적 의무,

상호존중, 공평성, 공동체 이익추구라는 틀에서 전개되고 그 실천전략으로 호주 정부는 다양한 인종간의 조화롭게 살기, 공평한 정부서비스 및 프로그램 제공, 생산적 다양성 제고를 추진한다(이태주, 권숙인 외, 2007) 특히 호주에서 국제이해교육은 다문화교육이라는 프레임에서 다문화교육지원, 이주민의 현지적응 영어지원교육, 다언어정책, 다양성촉진 프로그램을 중심으로 이루어진다.

호주의 정치문화적 특수성이 교육영역에서 반영되는 일례로 '이민아동교육'을 주목할 수 있다. 한국에서는 흔하지 않은 이러한 특수한 교육 영역이 '이민자의 나라'라는 역사적 배경을 가진 호주에는 중요한 위치를 점하고 있다. 이민아동교육은 이민자를 위한 융합과 참여교육의 일환으로 이민센터와 각 학교 야간 영어 학교, 호주 방송협회의 통신 영어 강좌 등을 통해 영어는 물론 다양한 사회 학습의 기회가 부여된다. 이는 교육 불평등을 우려한 연방정부가 1971년 이민교육법을 제정하여 비영국계 이민 자녀의 교육에 대한 재정 지원으로 시작된 것이다(백종억, 1998). 이민 학생들에게 이민 조국의 문화를 긍정적으로 수용하고 호주사회에 조화를 이루도록 종합적인 교육 정책을 강구한 방편이었던 것이다.

또한 호주의 국제이해교육의 성격과 위상을 파악하기 위한 주요 지점으로 시민교육(Civics and Citizenship)과 주 정부의 교과 과정(State Curricula) 목적, 국가적 차원에서 실시되는 아시아 언어와 연구전략(National Asian Languages and Studies in Australian Schools Strategy)을 살펴볼 필요가 있다. 우선 시민 교육을 통한 국제이해교육의 전개가 두드러진다. 1994년 호주 정부는 젊은 이들이 영국 식민지와 연방 정부 수립까지의 호주 역사의 다양한 전개 과정과 국제 관계의 중요성을 인식하는가에 대해 의문과 우려를 제기하였다. 여기서 시민 전문가들은 정부에게 세계 체제를 이해하고 문화다원주의를 존중하는 비판적 사고력을 증진시키는 시민교육의 실시를 권고하였다(National Association for Multicultural Education, 2010). 학생들에게 다양한 문화에 대한 자료를 편견없이 제공하고 교사들에게는 다문화적 역량을 갖춘 전문적인 시민교육을 위해 교육에 참여할 것을 요구하였다. 이때 시민교육은 학교교육에서 우선순위로 다루어져야 한다는 점이 강조되었다. 시민교육의 한 분야로 호주 정부의 'Discovering Democracy' 프로그램은 교사와 학생을 위한 CD롬과 웹사이트 등의 ICT 수업을 위한 자료의 집합체이다. 이는 원격교육을 활용하여 문화적 다양성에 대한 관용, 수용과 같은 가치를 고양하고 타자를 존중하고 언론과 종교, 집회의 자유를 보장하도록 하는 주제 영역을 담고 있다(김형식, 1997; 박지용, 2010). 이처럼 호주의 시민교육에서는 주로 호주 사회의 다문화적 민주주의를 관통하는 지식, 이해, 행동, 가치의 함양에 초점을 두고 있으며 학생들이 세계의 서로 다른 정치와 문화 시스템을 국제적인 관점에서 이해하도록 하는 기회를 제공한다.

한편, 호주 교육부가 실시한 21세기 학교교육에 대한 국가적 목표를 분석함으로써 호주가 제시하는 국제이해교육의 상을 파악할 수 있다 1989년 호주 교육부는 'Common and Agreed National Goals for Schooling'을 발표하였고 그로부터 10년 후에는 '21세기 학교교육에 대한 국가적 목표'를 개정 출판하였다. 목표는 학생의 학습, 교육과정 그리고 사회 정의라는 세 범주 속에서 파악될 수 있으며 이들 목표들이 곧 호주의 국제이해교육의 근간이 되는 것이다(Susan Pascoe, 2000). 주요 전략은 다음과 같이 정리될 수 있다.

- 학교 교육 목표의 국가적 성취는 젊은이들이 지역적이고 세계적인 맥락에서 호주의 사회, 문화, 경제적 발달을 도모하는데 기여하게 한다.
- 학교교육은 학생들이 자신의 자질과 능력을 충분히 발휘하도록 하고 세계를 이해하기 위한 도덕성, 윤리·사회적 정의 그리고 세상을 이해하는 능력을 갖추도록 판단과 책무를 다한다.
- 학교교육의 결과는 성, 문화, 언어, 종족, 지역과 장애 등 사회경제적 배경과 지리적인 위치로 인한 차이점 등으로 인한 차별을 낳지 않도록 한다.
- 모든 학생들은 문화적·언어적 다원성의 가치를 인정하고 호주사회의 공동체의 세계성을 인식하면서, 다양성 제고를 위한 지식과 능력을 가진다.

위와 같은 전략적 목표와 가치는 큰 맥락에서 국제이해교육에 관한 것이며 나아가 이질적이고 복합적인 다문화사회 호주에서 교육을 통한 사회통합의 토대를 구현하는 것이라 볼 수 있다. 말하자면 학생들은 국제이해교육을 통해 다양한 사람들이 어떻게 함께 어울리며, 다원성을 존중하고 서로의 다름과 차이를 이해하고 참여하는가를 학습하는 것이다.

특히 호주에서 국제이해교육을 추진하는데 교사들의 역할과 적극적인 참여가 강조되어 왔다(Susan Pascoe, 2000). 교사는 학생들이 미래에 대한 자신감과 책임감을 불어넣고 미래에 대한 준비를 하게하며 그들이 세계화라는 현상을 이해하고 사회적 연대를 촉진하도록 조력한다. 또한 학생들이 살고 있는 지역공동체, 사회, 세계에서 일어나는 다양성, 소외, 조화, 힘의 문제를 입체적으로 분석하는 안내자 역할을 수행한다. 따라서 호주정부는 인종적으로, 문화적으로, 언어적으로 다양한 역량을 갖춘 유능한 인력을 교원으로 충원하고 이들의 다문화적 문해력(multi-cultural literacy)을 제고하는 것을 강조한다. '변화'와 '이해' '관용'을 증진시키는 교사의 역할이 명백하게 강조되고 있는 호주의 학교는 학생들이 호주 사회의 고유한 특성에 대해 이해하고 사회 화합을 위한 보다 종합적인 교과 과정을 운영하고 있다.

호주의 국가 교과과정에서도 국제이해교육의 현황을 파악할 수 있다. 호주의 교육은 대개 주 정부의 책임 하에 이루어지며 각 주는 자신의 영역 안에서 고유의 교과과정을 운영하지만 모든 주에서 8개의 핵심 영역을 적용하고 있으며 대부분이 '가치'와 '실천'에 관한 것이다. 예컨대 빅토리아 주(州)에서 사회·환경교과 영역에서 제시한 학습의 목표이자 결과는 학생들이 그들의 문화와 타인의 문화를 알고, 이해하여, 변화하는 것을 기대한다. 즉 호주의 다양성에 기여한 다른 문화에 대해 인식하고 아시아의 최근 역사에서 중요한 사건과 사람이 무엇인지 알아보는 등 국제사회의 정치적 경향의 핵심적 변화와 호주사회의 가치에 대한 설명을 교과과정에서 다루고 있다.

다음으로 NALSAS(National Asian Languages and Studies in Australian Schools Strategy) 즉 국가적 차원에서 추진하는 아시아 언어와 연구 전략을 통해 호주의 국제이해교육의 성격과 위상

을 조망할 수 있다. 1992년 호주정부위원회는 아·태 지역에서 호주의 이해관계와 관련하여 아시아 언어와 문화의 중요성을 논의하였다. 1994년에는 학교교육에서 아시아 문화와 언어에 관한 연구를 우선순위에 둘 것을 권고하였다. 양모, 밀, 쇠고기 등 주요 품목을 축으로 최근 한국과의 자유무역협정(FTA)를 추진하고 있는 호주는 자원 중심의 경제적 교역은 물론 영어 연수 및 유학과 같은 교육산업 교류, 영화로 대표되는 문화 산업 교류 등을 축으로 아시아와의 활발한 교류을 추진하고 있다. 여기서 아시아에 대한 국제적 이해와 다각적인 관련 연구는 그 중요성이 부각되고 있다. 최근 대두되는 주요 언어도 중국어, 베트남어, 인도네시아어, 그리고 한국어이다. 학교에서 아시아 문화와 언어에 대한 교수-학습을 추진하기 위해 NALSAS는 1998년 그 중요성을 다음과 같이 두 측면에서 제시한다.

- 호주의 지리적·전략적 위치로 인해 아시아와의 교류 협력은 절대적인 사명을 가지는 것이고 이를 위해 아시아의 언어와 문화를 배우고 익히는 것이 필요하다.
- 호주라는 다문화·다중 언어 사회에서 젊은이들이 조화와 관용의 삶을 만드는데 적극적으로 참여하고 아시아 문화와 언어를 이해하는 것은 국가적 응집력을 고양하는데 중요성을 가진다 (Susan Pascoe, 2000).

이를 통해 아시아 언어와 문화를 위한 교사 연수, 여행 프로그램, 다문화 이해를 강조하고 호주 학교에서 유럽문화와 아시아문화 그리고 유럽어와 아시아어의 균형을 도모하는 것이다. 대부분의 호주 학교는 교과과정에서 아시아 연구를 포함하고 있으며 저학년 학생들은 타문화의 음식, 음악 등을 경험하고 다름 문화와 삶의 방식을 배우고, 고학년 학생들은 세계 모든 지역의 정치, 역사 그리고 종교를 배운다. 이를 통해 오랫동안 유럽 중심적 교육과정의 틀에서 벗어나, 국제 문제를 이해하고 문화다원주의를 학습하는 국제이해교육을 추진하고 있다. 이는 곧 호주의 국제이해교육의 현재적 특성을 보여주고 있다.

3. 내용 및 실천적 방법론

호주에서의 국제이해교육은 한국과 마찬가지로 하나의 분리·독립된 교과영역으로 다루어지지 않지만, 한국이 주로 사회과 교과를 중심으로 내용적 측면을 다룬다면 호주는 다양한 과목들을 통하여 간학문적 방법을 취하여 국제이해교육을 추진하고 있다. 즉 역사, 지리, 문학과 같은 일부 과목들은 학습자가 자신의 문화와 태생을 달리하는 다양한 문화를 배우게 하는 핵심 과목이며, 미술과 체육 교과와 같은 교과목들을 통해서도 다른 문화의 유산을 존중하고 몸으로 체험하는 현장 중심 교과과정을 통해 실시한다. 특히 1980년부터 다문화주의를 대외적으로 선포하였기 때문에 국가 교육과정에서 강조되어 왔고 다양한 소수민족 공동체가 호주 전역에 형성되면서 시민사회 영역에서도 관심을 기울여 왔다.

특히 다문화주의 교육은 호주의 대표적인 교육 정책이자 교육 내용을 구성하는 전략이라 할 수 있다. 다문화국가인 호주의 국제이해교육은 학생들이 전체 역사를 통해 호주 사회의 모든 측면을 다문화성으로 이해할 것을 돕고, 호주와 호주 사회의 발전을 이끌어온 다양한 민족 집단의 주체성과 그들의 기여를 인식하도록 도모한다. 이러한 틀에서 다문화사회와 다문화주의에 적합한 학습자의 태도, 가치, 신념을 고양시키도록 하고, 민족 갈등을 해소하고 다문화국가의 호주인으로의 정체성과 자신의 고유한 민족 정체성에 대해 인식하도록 한다. 이러한 내용이 학교교육에서 5가지 항목의 프로그램이 되어 실제 방법론으로 적용된다.

1) 교과 과정에서 다문화 주의적 관점
2) 국제이해와 세계체제 인식
3) 다양한 민족 연구
4) 문화와 언어 교육
5) 비영어권자를 위한 교육

아울러 호주의 국제이해영역 중 인권교육 역시 큰 비중을 차지하는데 이것이 국제이해교육의 주요 방법으로 실시되어 왔다. 1984년 호주인권위원회가 『인권을 위한 교육』과 『취학 전 어린이와 초등학교 저학년을 위한 인권교육』을 발간하면서 인권 교육 전반에 대한 상세한 논의가 이루어졌다(유네스코 한국위원회, 1999). 이를 통해 다양한 인권교육 사례 활동으로 인권교육 프로그램이 학교교육에서 자리잡게 된다. 이같이 호주의 국제이해교육 가운데 강조되는 다문화주의 교육 내용과 인권 교육은 다양한 인종과 민족이 어울려 사는 호주사회에서 중요한 위상을 가지고 다루어져왔다. 즉, 국제이해교육은 호주사회의 구성원에게 차이와 다름을 통해 도출되는 '풍성하고 건강한 다양성'을 비판적으로 사고하고, 복합문화사회에서 다원적인 시민 권리와 사회통합을 고양하는 모종의 방법론으로 활용되고 측면이 있다.

한편 시민사회 영역에서 전개되는 국제이해교육의 내용과 방법을 고찰할 수 있다. 1999년 호주 정부는 1999년 반인종주의(anti-racism) 운동의 일환으로 '함께 살아가기(Living in Harmony)' 프로그램을 실시한다. 그 일환으로 하모니 데이(Harmony Day, 3월 21일)를 중심으로 3~4월 두 달간 콘서트, 다문화 관광, 다문화 강좌, 워크숍 등 다문화에 대한 이해증진과 다양한 커뮤니티 간의 통합과 소통을 꾀한다. 기존의 정부 주도의 다문화프로그램에서 체육, 문화, 종교, 학술기관, 이민자 단체, 원주민 그룹 등 다양한 시민단체가 참여하는 지역 공동체(community-centred)형으로 전환하고 다문화, 다인종, 다종교에 대한 사회적 포용과 조화의 저변을 확대하는 움직임이라 할 수 있다. 이처럼 호주 시민사회에서 국제이해교육은 실천 방법론에 있어서 참여의 다각화를 강조한다. 특히 2009년 현재 거주민의 28%가 외국 태생인 시드니 시티(the City of Sydney)의 경우(중국인, 인도네시아, 한국, 러시아, 타이 순), 2008~2011년까지 추진할 다문화전략을 기반으로 다민족 공동체의 참여를 장려한다(만보김, 2010). 커뮤니티 정착 서비스 프로그램(Community Settlement Services Scheme), 이주자자원센터(Migrant Resource Centers), 호주문화 오리엔테이션 프로그램(Australian Cultural Orientation Program), 다민족 통역관제도, 다문화 담당관 신설, 성인 영어교육 프로그램 등을 통해 자발적 커뮤니티의 참여가 포괄적으로 지원되는 것이다(이태주, 권인숙, 2007; 박지용,

2010). 이를 종합하여 분석하면 다인종, 다문화 배경을 가진 커뮤니티들이 지역을 기반으로 스스로 참여하고(태도), 일반 시민들과의 상호 이해를 증진하고(지식), 문화다원성을 존중하고(가치), 조화로운 시민공동체를 구현하는(규범) 전 과정이 시민사회의 국제이해교육의 성격을 보여준다.

이상에서 보건대, 이민을 통해 사회 구성원의 대다수를 채우고, 다민족·다인종 집단들이 모듬살이를 하고 있는 호주의 국제이해교육은 다양한 민족간·문화간 의사소통과 이해 증진, 그리고 사회 통합 실천을 중점에 두고 전개되어 왔다. 인종, 종교, 계층의 차별을 넘어 대등한 교육 기회를 제공하기 위해 국제이해교육은 구성원들이 호주사회의 다원성을 인식하고, 다문화적 자산을 가진 개인의 성장과 국가의 발전을 동시에 강조하고 있음을 알 수 있다. 따라서 호주의 국제이해교육은 '다양성'이 국가의 거대 담론이나 정책에만 머무르는 것이 아니라, 그 자체가 일상 국면에서 화두가 되는 현실의 문제이므로, 단순한 국제문화 '이해'를 넘어 더불어 살아가는 '실천'을 향한 교육임을 발견할 수 있다.

V. 한국과 호주의 국제이해교육 과제와 시사점

전 지구적인 다문화 패러다임이 도래하면서 본 연구는 세계화와 지역화를 동시에 주목하면서, 아·태 지역의 한국과 호주를 비교하여 국제이해교육의 의미를 새롭게 해석하고자 했다. 본고에서 분석한 한국과 호주의 국제이해교육의 특성을 연구의 세부 내용에 따라 상호 비교하면 종합적으로 이해될 수 있다.

첫째, 역사적 발전 경로의 특수성이라는 측면에서 보자면, 한국은 냉전과 분단이라는 세계사적 구도 아래서, 한반도의 특수성으로 인해 국제이해교육의 주요 영역으로 주로 통일교육과 평화교육을 강조해 왔다. 교육 실천의 주체에 있어서도 문교부·교육부의 정책적 지침과 유네스코 한국위원회의 교육 사업을 중심으로 문화간 이해 증진을 위해 주로 학교교육 영역에서 전개되어 왔다. 반면, 다문화 국가로 대표되는 영연방 국가 호주는 한국의 78배에 달하는 국토의 발전을 위해 폐쇄적인 백호주의를 폐기하고 다양한 이주민을 수용할 수밖에 없는 역사성을 가지고 있다. 한국은 저출산·고령화 해소의 방책으로 결혼이주여성을 적극적으로 포용하거나, 이주노동자를 단기 수용하는 이중적· 폐쇄적 이주 정책을 취한다면, 호주는 거대한 국토의 발전을 해 이민이라는 거국적 선택과 원주민 소수 공동체를 수용하는 포용적·전략적 다문화정책을 추진해 왔다.

둘째, 성격 및 동향이라는 측면에서 보자면, 한국은 평화, 인권, 통일 등의 주제별 국제이해교육을 교육과정에서 추진해 왔고, 최근 다문화적 인구변동을 급속하게 경험하면서 국제이해교육의 실천적 패러다임이 다문화교육을 중첩적으로 계승하는 움직임이 나타나고 있다. 그런데 다문화교육의 대상이 일반 시민을 포용하는 형태로 확산되기 보다는 '다문화가족에 대한 사회통합과 적응 교육' 중심으로 전개되는 한계를 가지고 있다(김진희, 2010). 반면, 호주는 국제이해교육의 핵심 영역으로서 '이민자를 위한 교육'과 동시에 일반 학생들과 지역주민을 위한 '간문화교육'을 학교는 물론 시민사회 영역에서도 강조해 왔다. 특히 국제이해교육은 곧 다문화교육과 등식화되면서 난민, 이주민, 원주민 등 다양한 문화복합체를 조화롭게 수용하고, 역량을 강화하는 교육적 실천을 전개하고 있다.

셋째, 내용 및 실천적 방법론이라는 측면에서 보자면, 한국은 과거에는 국제이해교육의 '가치'와 '규범' 위주로 주로 정치·문화·환경 분야에서 다루어졌지만, 최근에는 다양한 교육과정 속에서 국제이해, 다문화, 국제관계 등을 융합하고 있다. 최근에는 학교 교육을 넘어 시민단체, 지역자치단체를 중심으로 다문화교육이 실시되는 움직임은 호주의 발전 경로와 유사한 실천이라 할 수 있다. 한편, 호주는 국가 주도의 다문화정책과 발맞추어 시민사회의 다문화운동이 오랜 기간에 걸쳐 뿌리내릴 수밖에 없는 특성을 가지고 있다고 볼 수 있다. 최근의 한국의 방법론과 마찬가지로 국제이해교육을 하나의 분리·독립된 교과영역으로 다루기보다는 간학문적 실천을 통하여 국제이해교육을 추진하고 있다.

지금까지 제 측면에서 분석한 한국과 호주의 국제이해교육은 각 국가의 역사적 특수성과 상이한 맥락으로 인해 주요 내용 및 방법론에서 특성을 나타내거나 강조되는 지점이 있었다. 그러나 큰 틀에서 그것은 다양한 민족과 인종이 복합적인 문화를 잉태하는 다문화시대에 이질적인 배경을 가진 구성원들이 차이와 다름을 통해 조화롭게 살아가며, 궁극적으로 시민적 통합(civic integration)을 구현하는 역량을 기르는 교육이라는 점에서 시사점을 공유한다고 볼 수 있다.

이제 한국과 호주 양국은 다문화적 세계체제에서 문화다원주의를 비판적으로 사고하는 세계 시민 양성을 위한 국제이해교육, 평화 지향적인 전인교육으로서의 국제이해교육, 그리고 지식기반사회에서 평생학습하는 국제이해교육으로 나아가야 할 것이다. 그러나 분명한 것은 국제이해교육은 세계 공동체주의와 국가 중심주의라는 이중구도에서 완전히 자유로울 수 없고, 그 틀에서 국제사회와 문화이해, 세계 체제에 대한 이해, 그리고 문화다원주의에 대한 인식이 끊임없이 재구성되는 역동성을 잃지 않을 것이라는 점이다. 특히 한국의 경우 한반도의 분단이라는 특수한 현실을 안고 있으므로 한반도의 평화정착과 국제이해교육의 유기적 관련성이 국제이해교육의 중요한 축이자 과제로 자리 잡고 더욱 활발하게 논의될 부분이다. 또한 서구 편향의 국제이해교육에서 벗어나 아프리카, 아시아 등 그동안 조명하지 못했던 세계에 대한 다각적인 이해를 증진하는 전지구적 지역성(global locality)의 확장을 도모할 시점이다. 무엇보다, 최근 우리사회에서 외국태생 인구비율이 2.3%를 육박하는 인구통계학적 변화로 인해 본격화된 다문화주의 담론에 탄력을 받아서, 다문화교육이 국제이해교육의 중추적인 주제로 부상할 것이다. 나아가 한국의 국제이해교육은 한반도의 지정학적 특수성 아래 난민수용과 같은 국제사회의 요청에 대비하는 노력에 부응해야 할 것이다. 반면, 1980년대부터 다문화국가 체제를 지속적으로 추진해 온 호주는 아시아 이민 인구의 급증과 거대한 아시아 시장과의 교류를 위해, 영국 중심의 유럽이해에서 벗어나 아시아에 대한 비중을 국제이해교육에서 높이고 있다(김형식, 1997; 한국국제이해교육학회, 2001). 더욱이 최근 영연방을 탈피하고 공화국을 건설하자는 담론 아래, 아시아 태평양 지역 국가로서 국제사회의 경쟁력을 강화하고 다문화체제의 사회적 응집력을 높이려는 노력이 국제이해교육에 투영될 것으로 예견된다.

이상의 분석과 해석을 토대로 국제이해교육의 과제와 시사점을 정리하면 다음과 같다. 첫째, 다문화시대의 평생교육과정으로서 국제이해교육이 전개되어야 한다. 물론 국제이해교육을 학령기 학습자를 대상으로 학교교육 차원에서 실시하는 것은 매우 하지만 교육목표에서 인종, 언어, 문화, 성, 그리고 계층의 다양성을 이해하고, 모든 집단 학생들에게 동등한 교육 기회를 제공하는 것과 교육내용에서 문화다양성 이해, 편견과 차별의 해소, 사회 정의 등을 포함한다는 점에서 국제이해교육은 단순히 제도교육(schooling)에 머물러서는 안 된다. 이것은 아동은 물론 부모교육과 교사교육을 포함한 일반 시민들도 자신의 지역사회의 문화다양성을 기반으로 참여하고, 지속적인 평생학습차원에서 전개될 필요가 있다.

둘째, 학습자 중심주의에 기반을 둔 국제이해교육이 실천되어야 한다. 기존의 '국제이해'가 교수자 중심의 교수방법, 그리고 세계체제와 문화에 대한 지식 및 내용 전달 중심으로 이루어졌다면(김신일 외, 1995), 향후 국제이해교육은 그 교육내용 및 방법에서 다양한 배경과 문화를 가진 학습자들이 그들의 역사와 삶의 경험을 교수학습과정의 중심에 맥락화(contextualisation)하도록 도모해야한다. 기존의 다문화적 교육과정이 관광 교육과정(tourist curriculum)처럼 마치 여행자가 흥미위주의 겉핥기식 여행을 하듯이 이국적 내용을 국제이해교육에서 다루는 것을 지양하고(김혜연, 1997), 이제 교육내용의 공식성과 체계성을 다양한 학습자의 실제적 학습경험으로 변환하고 그들의 일상적 학습양식에 의미를 부여하는 전환적 움직임이 필요하다(유성상, 2010). 즉 국제이해교육은 학습자의 다문화적 삶의 경험을 지속적으로 확장하고 성장시키는 방향을 도모해야 한다.

셋째, 시민사회의 다문화 역량 강화를 위한 공동체중심의 국제이해교육이 요청된다. 국제이해교육은 세계화에 대한 이해를 증진하는 것뿐만 아니라, 공동체적 역량 함양을 위해 반성적 실천을 추구하는 방향으로 나아가야 한다. 이는 기존의 국제이해교육이 학문적 담론과 실천의 연계 안에서 인권과 평화에 근거한 상생의 삶을 꾸준하게 강조해 온 맥락과 일치한다. 현재의 다문화교육이 다문화가정 학생들을 특별하게 대상화하고 분리하는 학습경험을 제공하는 것이 위험하듯이, 시민사회 안에서 다문화에 대한 상호 존중과 이해가 공공의 번영을 위해 실천되도록, 즉 다문화적 역량을 제고할 수 있는 거시적인 틀과 세부적인 방법론이 실천되어야 할 것이다. 그런 점에서 진정한 국제이해교육은 주체의 참여를 통한 자기 이해와 변화, 그리고 공동체의 상생을 도모하는 평생학습체제 안에서 이루어져야 할 것이다. 이상의 제 측면을 종합하면, 국제이해교육은 단순히 다문화에 대한 내용적 이해와 지식과 가치 습득이 아니라, 교육공동체는 물론 전 사회적으로 함께 살아 기기 위한 학습(Learning to live together)을 전개하는 포괄적인 메시지를 담지하고 있다고 할 수 있다.

Ⅵ. 결론

1. 연구의 제약 및 추후 과제

본 연구는 전 지구적으로 다문화적 생활세계의 깊이와 폭이 확장되는 시대에 한국과 호주라는 상이한 국가의 국제이해교육의 제 특성을 이해하는 해석적 연구로 의의를 가진다. 그러나 본고는 몇 가지 제한을 가지고 있기에 이를 토대로 추후 연구 과제가 요구된다. 첫째, 다문화시대에 요청되는 교육내용으로서 국제이해교육, 다문화교육, 세계시민성교육 등 유사개념에 대한 충분한 개념적 분석 비교를 수행하지 못했다. 다만 국제이해교육을 포괄적 관점에서 재정의하고, 그것이 실천되는 정책과 내용 중심으로 고찰하였기에, 이를 보완하기 위해 향후 보다 엄밀한 개념적 쟁송지대를 탐색하고, 각각의 세부적인 쟁점과 특성을 도출하는 연구가 추가될 필요가 있다. 둘째, 본고에서 고도의 깊이로 다루어지지 못한 한국과 호주의 국제이해교육의 심층적 분석과 논의를 국가별로 분리하여 새롭게 심화 연구하거나, 체계적인 비교 연구를 통해 양국의 사회적 발전 맥락 안에서 심층적으로 고찰하는 심화 연구가 추가되어야 한다. 셋째, 연구방법론에 있어서 국제이해교육을 엄밀한 학문 체계로 구조화하는 1차적 사료의 제약으로 인하여, 주로 통합적인 2차적 문헌 자료에 의존한 한계가 있기에, 이를 보완하여 국제이해교육에 대한 독창적인 담론과 논리 전개를 발전시키는 과제를 안고 있다.

2. 제언

국제이해교육은 개념의 다중성아래 개별 국가들이 각자의 특수한 사회 문화적 배경에 따라 실시해 왔다. 본 연구를 통해 다문화시대에 국제이해교육은 교육 현장은 물론 생활세계 전역에서 역동적인 실험을 거듭하고 있음을 알 수 있다. 말하자면 한국과 호주의 국제이해교육은 양자 모두 완벽한 형태로 정립된 완료형이 아니라, 관(官) 주도를 넘어 학교와 시민사회에서 인종적, 민족적, 문화적 차이를 가진 상이한 주체들이 문화다양성을 비판적으로 이해하고, 사회정의를 실천하는 소통(communication)과 개입(engagement)의 시민교육으로써 현재진행형으로 전개되어야 할 것이다(Kim, 2010). 왜냐하면 다문화시대의 국제이해교육은 이주민뿐만 아니라 일반 주민들이 시민적 연대(civic solidarity)를 이루어 쌍방향으로 참여하는 역동적인 상호작용을 통해 꾸준히 확산될 때 성공할 수 있기 때문이다. 실제로 전 세계적으로 다문화국가 체제의 대표 모형으로 손꼽히는 호주에서도 정교한 다문화정책이 교육, 의료, 정치, 경제 등 제 분야를 거의 완벽하게 관통하고 있으나, 일부에서는 '문화다양성'을 국가가 인위적으로 기념하고, 다문화축제와 이벤트를 주도함으로써 오히려 소수민족 문화를 주류 문화에서 이국적으로 치부하고 상업화한다는 비판을 제기한다(이태주, 권인숙, 2007; Banks & Banks, 2010). 누구든지 민족, 인종, 문화, 언어에 차별받지 않고 사회 보장 제도를 누리도록 하는 다문화 시민권(multicu-lutral citizenship)의 정립에도 불구하고, 중동계, 아시아계 이민집단과 주류 백인 사회 간의 갈등과 충돌이 상존한다는 사실에서 다문화정책의 제도적 수립과 실제적 현상의 이중성과 딜레마를 발견할 수 있기 때문이다. 다문화주의가 자칫 인종적 편견과 문화 본질주의를 강화하여 시민사회의 연대를 저해하는 담론으로 그칠 수 있다. 이는 소위 국가주도형 '다문화프로젝트'가 범람하고 있는 최근의 한국사회에서도 적용되는 부분이다. 관주도형 다문화정책이 풍성하게 전개되고 있으나 이주민에 대한 법적, 제도적 차별과 인식적 주변화(marginalisation)를 극복하는데 한계가 있고, 학교 현장에서 다문화교육이 오히려 다문화가정의 학생들을 일반 학생들과 타자화(othering) 시키는 역설은 갈등의 요소를 보여준다. 따라서 이주민뿐만 아니라, 다문화가정의 가족, 그리고 일반 시민들의 상호이해와 소통을 위한 교육이 전개되지 못한 점을 반성하고 이를 극복하기 위한 교육정책과 프로그램이 시급히 요청된다.

요컨대 다문화 시대의 국제이해교육은 단순히 규범적 이념형에 머무르는 것이 아니라, 순혈주의와 배타적 민족주의를 해소하고 다양한 이민자와 소수집단이 시민적 권리와 의무를 나누며 함께 살아가기 위한 시민적 통합(이태주, 권인숙, 2007; 김영화, 2009)을 구현하는 실천적인 교육 메커니즘으로 거듭나야 한다. 그리고 무엇보다 그에 부응하는 비판적 시민교육이 평생학습과정을 통해 지속적으로 전개되어야 한다는 점을 다시금 역설하지 않을 수 없다.

참고문헌

강순원. "다문화사회 세계시민교육의 평생교육적 전망." 『 평생교육학연구』. 제16권 제2호(2010년 여름), pp. 69-91.

김신일 외. 『국제이해교육의 실태와 국제비교연구』. 서울: 유네스코 한국위원회, 1995.

김영화. 『다문화이해의 다섯 빛깔: 아시아 이해를 위한 국제이해교육』. 서울: 한울아카데미, 2009.

김진희. "이주노동자 지원센터와 지역사회의 다문화적 학습 탐색." 『평생교육학연구』. 제16권 제3호(2010년 가을), pp. 151-182.

김현덕. "다문화교육과 국제이해교육의 비교연구: 미국사례를 중심으로." 『비교교육연구』. 제17권 제4호(2007년 겨울), pp. 1-23.

김형식. 『호주의 사회와 문화』. 서울: 지구문화사, 1997.

김혜연. "다문화 교육에 대한 일반적인 고찰." 『제주관광전문대논문집』. 제3호(1997년 가을), pp. 220-237.

David Hicks(고병헌 역). 『평화교육의 이론과 실천』. 서울: 서원, 1993.

만보김. 호주 다문화 정책 및 다문화의 날 (http://blog.naver.com/kimjisoo902?Redirect=Log&logNo=30093273997).(2010년1월 10일 검색).

백종억. 『주요국의 교육행정제도』. 서울: 교육과학사, 1998.

유네스코 한국위원회. 국제이해교육(제3호). 서울: 유네스코 한국위원회, 2000.

유네스코 한국위원회. 『아시아의 인권교육』. 서울: 사람생각, 1999.

유성상. "국제이해교육으로서의 교육 분야 개발협력에 대한 접근." 『국제이해교육 연구』. 제5권 제1호(2010년 봄), pp. 5-33.

이삼식, 최효진, 박성재. 『다문화가족의 증가가 인구의 양적, 질적 수준에 미치는 영향』. 서울: 한국보건사회연구원, 2009.

이태주, 권숙인 외. 『다민족·다문화사회 진전에 있어서의 사회 갈등 양상과 극복과정』. 서울: 한국여성정책연구원, 2007.

정두용 외. 『세계시민을 위한 국제이해교육』. 서울: 정민사, 2000.

출입국·외국인정책본부. 『국내 체류 외국인 통계 자료』. 서울: 출입국·외국인정책본부, 2009.

한건수. 다문화사회, 글로벌시대의 경쟁력. 공감코리아 메타블로그. (http://blog.korea.kr/). (2010년 5월 24일 검색).

한국교육개발원. 『통일교육 실태조사와 활성화 방안 연구』. 서울: 한국교육개발원, 1999.

한국교육개발원. 『유네스코 정책분야 및 프로그램 분석』. 서울: 한국교육개발원, 1997.

한국국제이해교육학회. 『지구촌 시대의 국제이해교육 프로그램』. 서울: 한국국제이해교육학회, 2001.

한국염(2010). 이명박정부의 결혼이주여성 정책과 과제. (http://cafe.naver.com/peacehope.cafe?iframe_url=/ArticleRead.nhn%3Farticleid=545) (2010년 5월 24일 검색).

클라크(임찬빈 역). 『호주의 역사』. 서울: 나남, 1995.

박지용. 『호주 유학 이민 사용설명서』. 서울: 영진닷컴, 2010.

Banks, J. A. "Multicultural Education: Characteristics and Goals". In J. A. Banks & C. A. M. Banks, (Eds.). *Multicultural Education: Issues and Perspectives (3rd ed).* Boston: Allyn and Bacon, 1997.

Banks, J.A., & Banks, C.A. *Multicultural education: issues and perspectives.* Hoboken, N.J.: John Wiley and Sons,2010.

Edward,Ignas. *Comparative Educational Systems.* FE: Peacoek Publishers,1981.

Jarvis, P. *Globalisation, lifelong learning and the learning society.* London: Routledge,2007.

Kim, JinHee.(2010). "A changed context of lifelong learning under the influence of migration". *International Journal of Lifelong Education,* 29(2).pp.255-272,2010.

Kim, Shin-il(2000). "Value Issues in Education for International Understanding: Nationalism and Globalism", *Document of*

Commemorative International Symposium for the Opening of the Asia-Pacific Centre of Education for International Understanding. Korean National Commission for UNESCO,2000.

Foster, Lois. *Multiculturalism: Changing Australian Paradigm.* Colourways Press,1984.

National Association for Multicultural Education(online, 2010). http://nameorg.org/

Pike, G & Selby, D. *Global teacher, Global learner.* Toronto: Hodder&Stougton, 1998.

Susan Pascoe(2000). "Education for International Understanding: An ustralian Perspective", *Document of Commemorative International Symposium for the Opening of the Asia-Pacific Centre of Education for International Understanding.* Korean National Commission for UNESCO, 2000.

Tye, K.A.(Ed.) Global education: from thought to action. Alexandria, SCD, 1990

Tye, Barbara Benham & Tye, K.A. Global education. State University of New York Press, 1992.

UN. Current report of global migration. (http://esa.un.org/migration).(2008년 7월 15일 검색).

UNESCO. *Recommendation concerning education for international understanding. cooperation and peace and education relating to human rights and fundamental freedoms,* 1974.

〈Abstract〉

A Study on Characteristics and Development of Education for International Understanding(EIU) in the Republic of Korea and Australia in the multi-cultural era

The purpose of this study is to demonstrate the characteristics of the Education for International Understanding in the Republic of Korea and Australia among Asia-pacific area. Education for International Understanding(EIU) tends to change its contents and methods of education according to not only individual region or state's situation but also international society's global tendency. Underlying this proposition, researcher examined two state's different features on EIU at the historical perspective within a social context.

Korea has been believed a racially homogeneous nation and also divided-country between South and North for about 60 years, while Australia has been considered to be a multiracial country and Immigrant's country. For these different political, cultural and historical situations of two country, their focus on EIU produced different aspects. Korea's focus has been placed on Unification Education and Peace Education. More recently, due to the surplus of migrant workers and marriage-migrants, Korean society and its policies have commenced to underline the importance of Multi-cultural education. In comparison with Korea's features, Australia's prime object on EIU has been anchored on Intercultural education and Education for Immigrant.

Anchoring on these findings, Korea and Australia's different characteristics on EIU indicate different societal conditions of two countries. Finally, this study emphasised that EIU should be further developed through the lifelong learning process, not only in the formal school sector but also in the civil society sector engaging with different groups and intensifying civic solidarity.

[Key words] Korea, Australia, education for international understanding, multicultural education, lifelong learning, civil society

제 6 장

간문화성과 유럽연합의 인권정책[1)]

1) 제6장의 내용은 『EU연구』 제33호(2013.02.)에 게재한 필자의 글을 부분적으로 수정·보완한 것임.

〈국문초록〉

본 연구는 유럽연합 인권정책의 동향과 특징을 살펴보는 데 목적을 두고, 마스트리히트조약 발효(1993) 이후의 일반현황을 개관하였으며, 공동외교안보정책의 틀 속에서 인권정책의 수단·기제 및 도전·과제를 기술하였다. 그리고 유럽연합 인권정책의 맥락에서 독일의 경우를 중심으로 하여 국가인권정책의 사례를 소개하였다. 본고에서 강조하고자 하는 사항은 다음과 같이 몇 가지 명제로 정식화할 수 있다. 첫째, 유럽연합의 기반을 이루는 것은 자유·민주주의의 원칙, 인권·기본권 존중의 원칙, 법치국가의 원칙이다. 이러한 원칙에 대한 신봉은 특히 마스트리히트조약(1993년 발효)에서 일차적 법(조약)의 수준에서 착근되었다. 둘째, 특히 공동외교안보정책의 틀 속에서 인권정책의 특징을 살펴볼 때, 정합성과 일관성을 갖춘 접근방안을 개발하는 데 중점을 두고 있다는 사실을 확인할 수 있다. 셋째, 유럽연합은 포괄적이고 분화된 인권정책을 추구하고 있지만, 다른 한편으로는 인권전담기구가 아니라, 안보·경제·환경·이주정책과 같은 다른 이해관계를 갖고 있는 정치적 행위주체라는 점에 유의할 필요가 있다. 인권침해를 자행하는 국가에 대한 강력한 대외정책의 조치는 그 적용에 있어서 상당 부분 상위의 더 포괄적인 안보·경제정책의 목표에 의존하고 있다. 넷째, 독일의 사례를 중심으로 살펴본 국가인권정책과 관련해서는, 대체로 유럽연합 인권정책의 흐름에 부응하고 있지만, 적어도 인권적 접근방안에 비추어볼 때, 형식적·과정적·내용적 차원에서 부분적으로 개선의 여지가 있다는 점을 지적할 수 있다.

[주제어] 유럽연합, 인권정책, 공동외교안보정책, 국가인권정책, 마스트리히트조약

Ⅰ. 서론

국제연합은 1948년 12월 10일 세계인권선언문을 채택하였으며, 이를 통해 인권의 이념을 정립·발전시키는 데 중요한 이정표를 제시하였다. 이에 따라 모든 인간은 단지 인간이라는 이유만으로 일정한 권리에 대한 요구를 할 수 있다. 이 권리에는 생명에 대한 권리, 자유에 대한 권리, 종교의 자유, 의사표현의 자유에 대한 권리 등이 속한다. 여기서는 총 30개의 기본적인 권리가 고려되고 있다(Woyke, 2010: 5).

세계 여러 곳에서 인권의 개념은 아직 여전히 성취되지 못한 약속으로 남아있다. 그럼에도 불구하고, 아니 바로 그렇기 때문에, 인권은 동시에 '현실(주의)적 유토피아(realistic utopia)'로서의 비전을 표현하고 있다. 즉, 더 좋은 삶의 비전을 현실로 만들고 싶다는 희망을 갖고 세계 도처에서 수많은 사람들이 도달하기 위하여 노력을 경주하고 있는 준거점 혹은 '가치의 나침반(Wertekompass)'으로서 기능을 수행하고 있는 것이다(Lohrenscheit, 2008: 68-69; Krennerich, 2010: 97).

인간의 존엄성을 유지하는 데 지향을 둔 이러한 인권은 일반적으로 인간이 태어나면서 갖게 되고 양도할 수 없다는 점, 원칙적으로 누구에게나 평등하다는 점, 불가분의 것이라는 점, 그리고 보편적이라는 점을 근본적인 특징으로 갖고 있다. 그리고 국가는 인권에 대한 존중·보호·보장의 의무를 지고 있다. 즉, 국가는 자의적으로 인권을 침해해서는 안 되며, 제3자가 인권을 침해하지 못하도록 필요한 조치를 취해야 하며, 인권의 실현을 목표로 하는 조치를 강구하고 정책을 실행에 옮겨야 한다(Gandenberger and Reitz, 2010: 103-104).

인권의 의미와 중요성은 지난 반세기 동안 상당한 발전과 진전을 이루었다고 평가할 수 있다. 세계인권선언문이 통과된 1948년을 기점으로 삼을 때, 감히 누구도 인권이 반세기 뒤에 사실상 국제관계에서 핵심적인 정책적 범주로 자리매김할 것이라고 기대하지 못했을 것이다. 지난 반세기 동안 인권은 일부 국제법학자의 아이디어에서 출발하여 법적으로 확고하게 성문화되었으며, 소송을 제기할 수 있으며, 여러 나라에서는 사실상 관철시킬 수도 있는 규범으로 위상이 제고되었다(Haspel, 2010: 9; Dicke and Froehlich, 2011: 343-347; Hamm et al., 2010: 201-203).

이 맥락에서 특히 유럽연합이 대내외적으로 매우 중요한 역할을 수행했으며, 앞으로도 역시 그럴 것으로 예상된다. 유럽연합의 기반을 이루는 것은 다름 아니라 모든 회원국에게 구속력이 있는 자유와 민주주의의 원칙, 인권·기본권 존중의 원칙, 그리고 법치국가의 원칙이다. 이러한 신봉은 마스트리히트조약(1993)에 와서 비로소 일차적 법의 수준에서, 즉 조약수준에서 착근되었지만, 이미 제도의 자기이해, 유럽연합 확대과정, 그리고 대외관계에서 언제나 본질적으로 중요한 의미를 지니고 있었다. 오늘날 이러한 책임과 의무는 대내적 통합과정 그 자체에서 작용할 뿐만 아니라, 유럽연합의 대외적 행위 전체를 관통하는 나침반으로서도 역시 기능을 수행하고 있다(Tannous, 2011: 302; 양현모·홍재환 편, 2011: 479).

이러한 배경에서 출발하여, 본고의 주된 목적은 유럽연합 인권정책의 동향과 특징을 살펴보는 데 놓여 있다. 이 목적에 도달하기 위하여, 우선 상기한 마스트리히트조약 발효(1993) 이후 유럽연합 인권정책의 일반적인 현황을 간단히 개괄적으로 기술한다. 이어서 특히 공동외교안보정책의 틀 속에서 인권정책의 수단과 기제, 그리고 도전과 과제를 보다 더 자세하게 다룬다. 그 다음 독일의 사례를 중심으로 하여 유럽연합 인권정책의 맥락에서 국가수준의 인권정책이 어떻게 구현되고 있는지에 초점을 맞추어 그 특징과 현황에 대해 알아보기로 한다. 마지막으로 결어부분에서는 이 글에서 강조하고자 하는 사항을 몇 가지 명제로 정식화하여 제시하고자 한다.

II. 마스트리히트조약 이후 인권정책의 일반현황

유럽공동체의 설립조약에는 인권 및 시민권의 보호와 관련된 특별한 조항이 없었다. 왜냐하면 유럽연합의 전신으로서 유럽경제공동체는 우선적으로 상품·사람·서비스·자본의 자유로운 거래에 관심을 두고 있었기 때문이다.

1993년 11월 1일 발효된 마스트리히트 유럽연합조약과 더불어 인권이 공동체의 법질서에 통합되었다. 제6조 제1항에 따르면, 유럽연합은 자유·민주주의·인권존중·법치국가의 원칙을 기초로 삼고 있으며, 이것은 모든 회원국에 공통된 것으로 간주되었다. 제6조 제2항에 의거하면, 유럽연합은 유럽인권협약에 의해 보장된 기본권, 그리고 공통체법의 일반원칙으로서 회원국의 공통된 헌정전통에서 나온 기본권을 존중하는 것으로 되어 있다. 유럽연합조약 제7조에 따르면, 제6조 제1항에서 언급된 원칙을 심각하게 훼손하거나 지속적으로 훼손할 경우 여기에 해당하는 회원국의 일정한 권리를 중단시킬 수 있다(Heinz, 2010: 64).

1999년 5월 1일에 발효된 암스테르담 유럽연합조약은 인권과 관련하여, 첫째, 유럽연합을 자유·안전·법의 공간으로서 유지·발전시켜야 하고, 둘째, 국경검사, 망명, 이주, 범죄예방·퇴치와 관련된 적절한 조치와 결합시켜 사람의 자유로운 교류를 보장해야 한다고 규정하였다.

2004년 11월 4일 유럽이사회는 자유·안전·법의 영역에서 새로운 목표를 설정하였으며, 2005~2010년에 해당하는 새로운 다년간 작업프로그램(헤이그 프로그램)을 통과시켰다. 집행위원회 및 이사회의 견해에 따르면, '첫 번째 기둥'의 영역(보기: 기본권, 유럽연합 시민권, 민사관련 사법, 약물, 망명, 이주, 비자·국경정책, 국제테러와의 투쟁)에서 상당한 진전이 있었다. 그럼에도 불구하고 오늘날 사법·자유·안전의 정책영역에서 균열이 존재하고 있으며, '세 번째 기둥'의 영역(형사사건과 관련된 경찰·사법기관의 협력)에서 해당조치의 실행이 지체되고 있다. 유럽연합수준에서 마련된 법적 수단을 여러 회원국이 각국의 법질서에 반영해야 하는 기간을 준수하지 않고 있거나 실행과정에서 지체현상이 나타나고 있다.

2009년 12월에 유럽연합이사회는 자유·안전·법의 공간을 발전시키기 위하여 스톡홀름 프로그램을 통과시켰다. 이 프로그램의 실행을 위하여 2010년부터 집행위원회 및 이사회의 공동실행계획을 통과하는 것으로 되어 있다. 4년 동안(2010-2014) 이 프로그램은 유럽의 사법·내무정책에 집중을 한다. 하지만 의결이 그렇게 간단하지 않은 것으로 보인다. 왜냐하면 현재 적지 않은 회원국이 유럽연합의 초국가적 처리방식에 대하여 회의적인 태도를 취하고 있으며,

각국 정부의 결정에 맡기는 방안을 선호하고 있기 때문이다. 이 전략의 주요요소는 자료조사·교환, 국경수비, 경찰, 형사관련 사법, 망명, 이주의 분야에서 협력을 개선하는 일과 관련되어 있다(Heinz, 2010: 65-66; Mueller-Graf and Kainer, 2011: 326-328).

14개의 부속의정서를 갖추고 있는 유럽인권협약은 유럽이사회(Europarat)에 소속되어 있는 47개국을 위해 가장 중요한 인권수단이다. 2010년 6월 룩셈부르크에서 유럽연합 법무장관은 유럽연합이 유럽인권협약에 가입하는 사안에 대하여 유럽연합과 유럽이사회가 협상을 벌이기로 결정하였다. 유럽집행위원회에 따르면, 이를 통하여 유럽연합 인권헌장에 기초한 보호조치를 보완할 수 있으며, 유럽연합시민이 기본권을 침해당했다고 느낄 경우 추가적인 법적수단을 얻을 수 있다고 보았다. 여기서 명료화하거나 검토해야 할 문제로는 다음과 같은 사항을 들 수 있다.

〈표 6-1〉 유럽연합의 유럽인권협약 가입과 관련된 질문

① 유럽인권법원(슈트라스부르크 소재)을 위한 판사의 선출과 관련하여 유럽연합이 어떻게 유럽이사회의 의원총회에서 대변할 수 있을 것인가?
② 유럽연합 사법재판소(룩셈부르크 소재)와 유럽인권법원이 서로 어떤 관계에 놓여 있어야 하는가?
③ 슈트라스부르크에서 내려진 판결의 집행을 감시하는 유럽이사회 각료위원회에서 유럽연합의 역할이 무엇인가?
④ 유럽인권협약에 해당하는 총 14개의 부속의정서 중에서 유럽연합이 어떤 것을 취할 것인가?

출처: Gimbal, 2011: 162-165; Heinz, 2010: 66-67; Hoffmeister, 2011: 105 재구성

이 맥락에서 유럽연합 가입신청국과 잠재적 가입신청국에 대한 유럽연합의 인권정책에 대해 특별한 주의를 기울일 필요가 있다. 유럽연합에 가입하기 위해서 가입신청국은 유럽연합이 모든 잠재적 가입신청국과 협상을 벌일 경우 논의의 대상으로 삼는 안정·제휴협정의 일부분에 속하는 코펜하겐의 기준에 도달하지 않으면 안 된다. 여기서 민주적 법치국가질서를 위한 보장으로서의 제도적 안정, 인권준수, 소수집단에 대한 존중·보호가 정책적 기준으로 확정되어 있다. 협상대상국이 민주주의·자유·인권의 원칙에 대하여 심각한 혹은 지속적인 훼손을 보일 경우 가입협상이 중단될 수 있다. 일반적으로 말해서, 가입신청국에서 주로 고려해야 할 인권문제로는 소수자의 권리보호, 고문방지, 수감자의 권리를 들 수 있으며, 이때 물론 나라마다 사정이 다를 수 있다.

유럽연합에 가입하고자 하는 국가와 관련하여 인권의 접근방안을 평가하는 데 있어서는 민주주의와 인권을 보호하고 신장해야 한다는 요구와 주장이 유럽연합의 확대정책을 도덕적으로 정당화하는 데에도 역시 이용된다는 점이 드러났다. 그 이전의 협상과는 대조적으로 동구에 속한 국가와의 가입협상에서 코펜하겐의 기준이 까다로운 조건으로 이용됨으로써 그 결과 보다 더 엄격하고 비대칭적인 대화가 이루어지게 되었다. 따라서 새로운 후보국을 고려할 때, 특히 소수자보호의 질문과 관련하여, 보다 더 정합성을 갖춘 정책이 바람직한 것으로 보인다(Heinz, 2010: 67).

Ⅲ. 공동외교안보정책과 인권정책

1. 공동외교안보정책의 틀과 인권정책의 수단과 기제

공동외교안보정책을 통하여 유럽연합은 그 나름의 고유한 방식으로 매우 독특한(sui generis) 행위주체로서 자리를 잡게 되었다. 여러 정치적 입장을 조율하기 위하여 27개 회원국 외부장관의 참여가 요구된다. 유럽연합은 인접지역의 국가와 개도국에 대하여 점점 더 중요한 행위주체로서 등장하고 있다. 또한 국제연합·세계무역기구와 같은 국제포럼에서 지역을 대변하는 집단으로서 점점 더 많이 두각을 나타내고 있다. 인권정책에서 이 의미와 중요성의 증가는 제도적인 측면에서도 역시 확인할 수 있다. 유럽연합의 역내(域內)에서는 2007년에 기본권을 위한 유럽연합 담당부서가 설립되었으며, 개발정책에서는 민주주의·인권을 위한 유럽이니셔티브(2007년부터: 유럽수단)(EIDHR)가 마련되었으며, 외교정책에서는 인권대화와 제재조치의 활용이 강조되었다(Heinz, 2010: 69; Tannous, 2011: 304).

국제적인 행위주체로서 유럽연합의 의미와 중요성이 강화되면서, 좀 더 정확하게 말하자면, 유럽연합 외교정책의 여러 가지 목표 중 하나로서 그리고 통합적인 과제로서 인권의 비중에 대한 질문도 역시 제기되고 있다. 국가수준의 외교정책에서 바라볼 때, 인권과 외교정책 사이에 목표의 갈등이 존재한다는 것은 이미 잘 알려진 사실이다. 특히 안보·동맹정책과 경제정책의 영역에서 이러한 목표의 갈등이 표출된다. 이 갈등은 선험적으로(a priori) 해소할 수는 없으며, 정책을 통해 처리하지 않으면 안 된다.

여기에 해당하는 보기로는 러시아·중국·미국과의 관계, 그리고 과거에 나토 내에서의 전개과정(포르투갈·스페인·그리스·터키)을 들 수 있다. 이러한 맥락에서 외교정책의 목표를 설정할 때, 인권에게 중요성을 부여하지 않거나 부여하더라도 그 정도가 매우 낮을 수 있는 위험성이 종종 존재한다. 왜냐하면 국가수준의 외교정책이 상당 부분 전략적 논리와 현실정치의 논리에 의해 결정되기 때문이다. 유럽연합의 틀 속에서 여기에 해당하는 대표적인 사례로는 인권문제가 거의 아무런 역할을 수행하지 못했던 2003년의 유럽안보전략을 들 수 있다.

잘 알려진 바와 같이 아직 경제영역만큼 공동체의 성격을 갖추지 못한 공동외교안보정책의 틀 속에서 이사회가 가장 강력한 행위주체이다. 집행위원회와 유럽의회는 이사회의 의도와 계획에 대해 통보받지 않으면 안 된다. 외교안보정책을 위한 유럽연합의 고위대표직을 마련함으로써 대외관계에 있어서 한목소리로 의사를 표현하려는 유럽연합의 주장과 요구가 제도적 측면에서도 역시 착근되었다. 집행위원회에서 외교정책을 대변하는 행위자는 외교안보정책 고등대표(유럽연합 집행위원회 부통령), 그리고 유럽연합확대와 인접지역정책, 경제·통상, 국제협력·인도지원·위기대처, 개발·에너지 담당위원이다(Heinz, 2010: 69-70; Klein, 2011: 274-275).

2011년 9월 11일 국제테러가 발생한 이후 외교관계에서 안보정책의 측면에 더 많은 의미와 중요성이 부여되었다. 이것은 특히 유럽의 인접지역정책과 유럽·지중해 동반자관계에서 분명하게 나타났으며, 대외관계에서 인권보호의 비중에 대해 부정적인 효과를 수반하였다. 특히 유럽연합 국경에 접한 나라와의 실제적인 협력에서 안보정책과 관련된 주제가 우선적으로 다루어졌기 때문에 그러한 현상이 두드러지게 나타났다. 일차적으로 유럽의 안보가 주된 관심사로 간주되었으며, 이것이 대외관계의 본질적인 요소가 되었다. 안보정책의 논리가 지배적으로 작용했기 때문에, 인권의 구성요소와 그 비중을 고려할 때, 양자관계에 있어서 쌍방의 실행계획이 서로 상당한 차이를 보여주었다. 여기에 더하여 전적으로 국제안보에 중점이 놓임으로써 인권대화를 위한 예방대책이 강구되지 못하였다(Heinz, 2010: 70; Tannous, 2011: 305-306; 양현모·홍재환 편, 2011: 480-481; Reese-Schaefer 2007: 37-50; Brunkhorst, 2007: 52-54).

제3국에서 인권과 민주화를 진흥하는 데 있어서 유럽연합이 수행해야 할 역할에 대한 공고(2001년 252호)에서 집행위원회는 인권정책의 중점을 정합성과 일관성을 갖춘 접근방안을 개발하는 데 두었다. 이 인권정책의 접근방안에서는 공동체와 유럽연합의 여러 가지 활동을 서로 조율하고, 인권을 주류화(mainstreaming)의 형태로 제3국과의 대화·협력에 포함시키고, 민주주의·인권을 위한 유럽이니셔티브(EIDHR)의 프로젝트를 인권정책과 더 잘 연계시키는 일이 강조되었다(Heinz, 2010: 70-71; Tannous, 2011: 303-304). 유럽연합의 여러 문서에서는 다음과 같은 인권정책의 수단과 기제가 거론되고 있다.

〈표 6-2〉 유럽연합 인권정책의 수단과 기제

① 공동의 전략·실행·입장
② 다음 사항에 대한 유럽연합의 지침: 사형제도(1998, 2008), 고문과 다른 끔찍하고 비인간적·굴욕적인 취급이나 형벌(2001, 2008), 무장한 분쟁에서의 아동(2003, 2008), 인권옹호자의 보호(2004, 2008), 아동의 권리 신장·보호, 여성에 대한 폭력, 모든 차별의 퇴치에 대한 인도적 국제법의 인정(2005, 2007, 2008)
③ 외교적 조치(항의)와 선언(성명)
④ 인권대화(제3국과의 인권대화에 대한 지침(2001, 2009) 포함)
⑤ 인권문제에 대한 미국·캐나다·일본·뉴질랜드 및 유럽연합 가입신청국과의 협의
⑥ 제3국과의 협력협정에 포함시켜야 할 인권조항(유보조건)
⑦ 민주주의·인권을 위한 유럽이니셔티브·수단(EIDHR)의 틀 속에서 재정지원의 대상이 되는 조치

출처: Heinz, 2010: 71; Tannous, 2011: 305-306 재구성

이사회는 공동의 지침·실행·입장, 그리고 해당국가에 대한 제재를 결정한다. 과거에 제재는 대부분 국제연합의 결의에 지향을 두었다. 이사회는 또한 유럽연합의 인권정책에 대한 보고서를 매년 발행한다. 아래에서는 인권대화·제재·개발정책의 세 가지 수단에 대해 좀 더 자세하게 살펴보기로 한다.

1) 인권대화

제3국에 대한 유럽연합의 모든 대외정책의 관계는 공식적인 대화를 포함하고 있다. 집행위원회가 1995년에 도입한 대화의 본질적 구성요소는 민주주의원칙의 유지와 인권존중을 고려하는 일이며,

이것은 표준조항(유보조건)에 명시되어 있다. 유럽연합은 2001년에 인권대화에 대한 지침을 의결했으며, 2009년에 개정되었다.

유럽연합은 캄보디아, 방글라데시, 중국, 쿠바, 이집트, 인도, 이란(2006년 이래 중단), 이스라엘, 요르단, 카자흐스탄, 키르기스스탄, 라오스, 레바논, 모로코, 파키스탄, 팔레스타인, 스리랑카, 타지키스탄, 튀니지, 투르크메니스탄, 우즈베키스탄, 그리고 베트남과 인권대화를 수행하고 있다. 또한 미국, 캐나다, 일본, 뉴질랜드, 러시아, 그리고 가입신청국인 크로아티아, 터키, 마케도니아와 함께 인권주제에 대한 협의를 진행하고 있다. 여기에 더하여 2005년의 코토누(Cotonou)협정 제8조에 기반을 두고 특정한 아프리카·카리브·태평양 소재 국가(AKP-Staaten)와의 대화가 실시되고 있다.

하지만 유럽의회가 2007년에 발행한 보고서 중 인권대화의 분석·평가에 해당하는 부분을 살펴보면, 이사회와 집행위원회가 대화의 결과를 전체관점에서 관찰할 수 있도록 대화와 협의를 조직하고 체계화하는 데 있어서 아직 적절한 방법을 개발하지 못했다는 비평이 제시되고 있다(Heinz, 2010: 72; Tannous, 2011: 304-305; Regelsberger, 2011: 241).

2) 제재

제재는 예를 들면 국제사회에서 해당정부에게 분명한 정치적 신호를 보내거나, 제재조치를 취하는 자국의 정책을 위해 어떤 입장을 표시하거나, 아니면 표적국가에서 어떤 변화가 나타날 수 있도록 영향을 미치려는 시도와 같이 여러 가지 서로 다른 기능을 수행할 수 있다. 이에 따라 제재의 상대적인 성공 혹은 실패를 판단·평가하기 위한 척도에 대해 서로 다르게 숙고할 수 있다.

유럽연합은 최근에 여러 나라에 대해 공동의 실행과 입장을 통과시켰다. 아래에 소개하는 사례는 유럽연합이 취한 가장 강력한 조치에 해당하는 제재영역과 관련된다. 유럽연합조약 제15조에 의거하여, 제재는 공동의 입장으로서 만장일치로 의결된다. 유럽연합조약 제11조에서 명시하고 있는 바와 같이, 유럽연합은 다음과 같은 공동외교안보정책의 목표를 실현하기 위하여 제재를 가하거나 제한조치를 취한다.

〈표 6-3〉 제재를 통해 추구하는 공동외교안보정책의 목표

① 국제연합헌장의 원칙에 부응하면서 연합의 공동가치, 근본적 이해관계, 독립성과 보전의 유지
② 안보의 모든 형태를 고려하여 연합의 안보강화
③ 국제연합헌장의 원칙, 헬싱키선언의 원칙, 파리헌장의 목표에 부응하여 평화유지와 국제안보의 강화
④ 국제협력의 진흥
⑤ 민주주의와 법치국가의 발전 및 강화
⑥ 인권과 기본적인 자유권의 존중

출처: Heinz, 2010: 73; Tannous, 2011: 305-306 재구성

유럽연합의 제재와 관련된 일반적인 동향·추세는 다음과 같이 세 가지 사항으로 정리할 수 있다(Heinz, 2010: 73-74; Froehlich, 2011: 85-87).

① 유럽연합은 여러 나라를 대상으로, 특히 아프리카 소재 국가와

다른 몇몇 국가(미얀마, 북한, 우즈베키스탄 등)에 대해 제재조치를 취하였다. 발칸지역의 나라에 대한 제재는 과거 유고슬라비아에서 형사재판소가 찾아내려 한 인물과 관련된다.

② 인권침해가 존재하는 아프리카 이외 지역(중동, 아시아, 남아메리카)의 나라에 대해서는 거의 제재조치가 취해지지 않는 경향이 있다. 여기서 어떤 동기가 역할을 수행하는지는 명확하게 말하기 어려우며, 유럽연합도 역시, 예를 들면 연례인권보고서에서, 이에 대한 설명을 하지 않고 있다.

③ 제재조치를 취할 경우 혹은 취하지 않을 경우 의사결정과정에서 어떤 근거가 작용하는지, 제재의 효과를 어떻게 평가하는지, 그리고 이것이 유럽연합정책을 위해 어떤 결과를 가져오는지에 대한 사항이 거의 알려지지 않은 상태에 놓여 있다. 대부분 제재는 국제연합결의의 틀 속에서 의결되며, 그 연속 여부는 뒤따르는 국제연합결의에 달려있다. 유럽연합은 단지 국제연합결의의 집행기관으로만 행위를 하기 때문에, 자체적으로 평가를 시도해야 한다는 압력은 그렇게 크지 않은 것으로 보인다. 개별국가에 대한 제재의 효과에 대해서는 어떤 평가가 존재하지 않는 것으로 보인다.

3) 개발정책

유럽연합의 개발정책은 전적으로 아프리카·카리브·태평양 소재 국가(AKP-Staaten)을 대상으로 삼고 있으며, 유럽개발기금(EDF)에 의해 행정적으로 관리되고 있다. 개발정책에 대한 유럽합의 제13조 따르면, 제3국에 대한 유럽연합의 동반자관계 및 대화는 공동의 가치(인권존중, 기본적 자유권, 평화, 민주주의, 책임 있는 국가경영, 양성평등, 법치국가, 연대, 정의 따위)를 진흥하는 것으로 되어 있다.

유럽연합의 경우 아프리카와의 관계는 세 가지 협정을 통해 조정되며, 여기에는 아프리카·카리브·태평양 소재 국가에 대한 코토누(Cotonou) 동반자협정, 유럽의 인접지역정책 및 (북아프리카 국가에 해당하는) 지중해 동반자관계, 그리고 남아프리카와의 통상·협력협정이 포함된다. 이로 인하여 정합성문제가 나타나며, 이것은 선정(good governance, gute Regierungsfuehrung) 및 인권의 질문과 관련하여 통일된 유럽연합정책을 추진하는 데 바람직하지 않은 것으로 보인다. 2007년에 개최되었던 유럽연합·아프리카연합 정상회담에서 새로운 유럽·아프리카 전략이 통과되었다. 하지만 유럽연합의 정책적 요구사항과 개별적인 아프리카국가의 반작용 사이에는 상당한 의견의 차이가 존재한다(Boom, 2011: 91-92; Heinz, 2010: 74; Froehlich, 2011: 76-81).

1994년 이래 연간 약 1억 유로의 예산을 확보하고 있는 재정지원 프로그램인 '민주주의·인권을 위한 유럽이니셔티브(EIDHR)'이 존재해 왔으며, 2007년부터는 '민주주의·인권을 위한 유럽수단'으로 개칭되었다. 이 프로그램의 연원은 유럽의회로 소급되며, 이 프로그램을 통하여 세계적 규모에서 인권신장을 위한 독자적인 재정지원 수단이 마련되었다. 2011~2013년의 기간 동안 4억7천2백4십만 유로의 지출예산이 책정되었으며, 다음과 같이 다섯 가지의 프로그램 중점사항이 설정되었다.

〈표 6-4〉 민주주의·인권을 위한 유럽수단 프로그램의 중점

① 인권과 기본적 자유권이 특별히 위험에 처한 나라에서 인권·기본권의 존중 개선
② 인권과 민주적 개혁의 진흥, 집단적 이해관계 사이의 갈등에 대한 평화적 해소, 그리고 정치참여 및 대표제도의 공고화에서 시민사회의 역할 강화
③ 유럽연합지침이 포괄하고 있는 영역에서 인권·민주주의의 질문과 관련된 조치(인권대화, 인권옹호자, 사형제도, 고문, 무장분쟁에서의 아동, 여성에 대한 폭력, 인도적 국제법, 미래의 인권지침에 해당하는 조치 포함)의 지원
④ 인권보호·진흥을 위한 국제적·지역적 틀, 사법제도, 법치국가, 그리고 민주주의 진흥의 지원 및 강화
⑤ 선거관찰을 포함하여 민주적 선거과정의 신뢰성·투명성 제고

출처: Heinz, 2010: 75 재구성

상기한 목표는 다른 공동체조치 및 동반자관계와 조율하면서 달성하는 것으로 되어 있다. 이때 독립적인 프로젝트도 역시 지원의 대상이 될 수 있다. 이것은 제3국의 동의를 구하지 않은 상태에서 재정적 지원을 제공할 수 있는 장점을 지니고 있다. 이를 통해 정치적으로 민감한 질문·문제에서 보다 더 목표지향적인 진흥을 기대할 수 있다.

전체적으로 바라볼 때, 중점과 그 근거는 국제적인 인권보호의 영역에서 필요에 대한 이해와 감수성을 보여주고 있다. 아프리카·카리브·태평양 소재 국가에 대한 코토누(Cotonou)협정의 제8조 제4항에 따르면, 정치적 대화는 해당국가의 인권상황에 대한 정규적인 분석·평가를 포함해야 하는 것으로 되어 있다. 인권의 원칙을 준수하지 않거나 반복적인 인권침해가 발생할 겨우, 협정 제96조에 의거하여 특별한 협의를 실시할 수 있으며, 이 협의는 문제가 되고 있는

상황에 대한 조사 및 해결을 목표로 삼고 있다. 하지만 수단과 짐바브웨에서 발생한 위기상황에서 확인할 수 있는 바와 같이, 대화는 매우 근소한 공통분모 내에서 비로소 합의에 도달할 수 있을 뿐이다 (Heinz, 2010: 75).

2. 공동외교안보정책의 틀과 인권정책의 도전과 과제

유럽연합은 포괄적이고 분화된 인권정책을 추구하고 있다. 그러나 유럽연합은 인권전담기구가 아니라, 예를 들면 안보·경제·환경·이주정책과 같은 다른 중대한 이해관계를 갖고 있는 정치적 행위주체이다. 법적인 권한, 제도, 그리고 종종 취해지는 입장이 능동적인 인권정책, 특히 공동외교정책을 위해 포괄적이고 견실한 근거를 제공한다. 유럽연합의 공간 그 자체에서는 특히 유럽기본권담당부서가 연구와 비교분석을 수행하고 있다.

인권을 민주주의·시장경제·지역통합의 유럽모형에 포함시킨다는 점에서 적지 않은 비평가가 대외관계에서 유럽연합의 인권정책이 안고 있는 구조적인 문제점을 지적하고 있다. 이러한 모형을 도대체 보편적으로 적용할 수 있는지, 그리고 다른 나라나 지역으로 수출할 수 있는 것인지에 관한 질문은 특히 아프리카의 여러 국가에 비추어 볼 때 아직 논란의 여지가 있는 문제로 남아있다.

제3국에서 정책적·제도적 개혁에 대한 정치적 자세가 종종 부족하다는 점이 이 맥락에서 중요한 경험에 속한다. 해당정부는 물론 자국의 정책과정과 권력구조 속에서 의사결정을 내려야 하며, 이때 국제적인 맥락에서만 고려를 하는 것은 아니다. 유럽연합의 규정·규칙을 채택할 경우 거기서 기대할 수 있는 이득이 이행(履行)의 비용을 능가한다고 판단할 때 비로소 해당국가가 그 규정·규칙을 수용하는 것이 대부분이다. 그리고 바로 그러한 이유 때문에 이제까지 유럽연합 가입신청국에 대한 인권정책이 가장 성공적인 것으로 드러났다.

또 하나의 어려운 문제는 유럽연합이 예를 들면 아프리카에서 중국 및 다른 나라들, 즉 아프리카와의 협력관계에서 인권·민주주의·법치국가의 요구사항을 제기하는 않는 국가에 직면해 있다는 점이다. 최근 발생하고 있는 세계경제·정치의 동요를 배경으로 하여, 러시아와 중국은 국가주권과 강력한 국가를 강조하면서 점점 더 국민주의적 개발모형을 대안적인 방도로 선전하는 경향이 있는데, 이것은 자유민주주의의 중심사상을 문제시하거나 거부하는 쪽으로 나아갈 수 있다. 이러한 맥락에서 여러 정부는 인권침해에 대한 비판을 국가주권에 대한 간섭과 침해로 간주하면서 이에 대해 거부하는 반응을 보이려고 한다.

전체적으로 살펴볼 때, 인권침해를 자행하는 국가에 대한 강력한 대외정책의 조치는 그 적용에 있어서 상당 부분 상위의 더 포괄적인 안보·경제정책의 목표에 의존하고 있다는 점에 유의할 필요가 있다. 바로 그렇기 때문에 어느 정도 대등하거나 서로 비교할 수 있는 나라들의 상황에서 인권정책의 수단을 완전히 동일하게 활용할 수는 없는 것이다(Heinz, 2010: 76-77).

현실정치의 측면에서 바라볼 때, 인권이 대외정책의 일차적인 우선순위를 차지할 것으로 예상되지는 않는다. 하지만 유럽연합은 계속해서 중요한 정책적 결정에서 인권을 우선적인 목표로 삼아야 하며, 가능한 한 많은 정책영역에 해당하는 통합적 과제로 만들어야 한다. 그리고 이것은 문서상으로만 남아있는 것이 아니라 실천으로 옮겨지도록 해야 한다. 유럽연합의 세계적 위상과 비중은 대외정책에서 근본적인 인권을 유지하는 데 있어서 그것이 수행하는 역할에 의해서도 역시 평가된다. 왜냐하면 유럽연합 그 자체가 이러한 목표를 지속적으로 정책의 전면에 내세우고, 이를 위해 폭넓은 사회적 지지기반도 갖추고 있기 때문이다.

이미 앞에서 언급한 바와 같이, 전략적인 정치적·경제적 이해관계가 대외정책의 의사결정에서 높은 우선순위를 차지하고 있다. 공동외교안보정책이 전적으로 이사회에 의해 조율되고, 대부분의 경우 거부권을 포함하고 있는 유럽연합조약 제23조에 의거 조율된다는 점으로 인하여 그러한 경향은 더욱 강화되고 있다. 여기서 최소의 공통점에 지향을 둔 정책이 나타나기 쉬우며, 이것은 인권표준에 대하여 특별히 부정적인 영향을 미친다.

이제까지 유럽연합은 인권침해에 근거한 제재조치를 거의 전적으로 경제적·정치적으로 덜 중요하거나 중요하지 않은 국가, 특히 아프리카의 국가들, 미얀마에 대하여 취했으며, 발칸지역의 일부 국가에서는 개별인물에 대하여 취하였다. 중국·러시아·미국과 같이 전략적으로 중요한 나라에 대해서는 훨씬 더 삼가는 태도를 취하였다. 최근에 러시아와 중국에 대해 경제적 혹은 정치적 제재조치를 의결한 적이 없다.

여기서 현실정치의 관점에서 유럽연합이 단순히 매우 강하게 의존하고 있다는 이유만으로 거의 제재를 부과할 수 없는 국가가 존재하는지의 질문이 제기된다. 예를 들면, 에너지와 관련하여 러시아에 대한 의존도가 높으며, 세계경제에서 중국의 역할이 매우 중요하며,

러시아와 중국 모두 국제연합 안전보장이사회에서 상임이사국으로서 큰 비중을 차지하고 있다. 이 두 국가는 거기서 중동분쟁, 이란, 수단, 그리고 대량살상무기(WMD)의 확산금지와 같은 주제에 참여하고 있다(Heinz, 2010: 77-78).

공공적 담론에서 유럽연합은 인권의 보편성과 불가분성을 분명히 밝히고 있다. 하지만 유럽연합의 정책에서 경제적·사회적·문화적 권리의 의미와 중요성이 약하다는 점이 명백하게 드러난다. 이에 대한 대표적인 보기로는 동구를 향한 유럽연합의 확대정책을 들 수 있다. 여기서 중점은 명백하게 해당국가의 경제자유화에 놓여 있었다. 시민의 사회권에 대해서는 별로 주의를 기울이지 못했다. 이와 같은 경향은 공동의 개발정책에서도 역시 분명하게 나타난다. 왜냐하면 경제적 동반자관계 협정은 개발도상국의 정부가 사회복지비용에 투자할 수 있는 가능성을 상당히 제한하기 때문이다.

인권의 관점에서 바라볼 때, 경제적·사회적 권리가 충분히 고려되지 못하고 있다. 개발협력에 있어서 교육·보건에 대한 권리를 인권에 대한 의무사항으로 인지하는 것이 보다 더 일관된 인권정책을 위해 중요한 일보가 될 것이다. 더 나아가서 시민사회의 행위주체와 협력관계를 지속적으로 유지하고 개선할 필요가 있다. 왜냐하면 이를 통해 질적으로 더 나은 인권진흥을 위해 중요한 기여를 기대할 수 있기 때문이다. 이것은 인권진흥을 위한 구상을 하거나 프로그램의 중점을 결정하는 데 있어서도 역시 해당하는 이야기이다.

유럽연합의 제도적 측면을 고려할 때, 유럽의회의 참여강화를 추구해야 한다. 왜냐하면 유럽의회가 인권영역에서 매우 적극적이며, 인권의 실천에 대한 평가를 실시하고 있으며, 정합성을 갖춘 인권정책을 위하여 적절한 제안을 모색하기 때문이다. 이러한 잠재력을 잘 활용함으로써 결국 유럽연합 인권정책의 진정성에 대한 비판을 줄어들게 할 수 있을 것으로 보인다.

마지막으로 인권정책에 대한 독립적인 평가의 필요성이 점점 더 많이 요청되고 있다. 관련된 모든 행위자를 포함시킬 경우 공동의 목표에 대한 보다 더 분명한 이해에 도달할 수 있을 것이며, 인권조치의 효과성을 제고시킬 수 있을 것으로 기대된다. 그리고 이것은 개발정책에 지향을 둔 유럽연합 프로젝트의 평가에 더하여 추가적으로 요청되는 사항이라고 이해할 수 있다. 대외정책의 행위에 대한 독립적인 평가는 이 영역에서 유럽연합의 정당성과 신뢰성을 강화시킬 것이다. 이 맥락에서 참고로 지적하고 넘어가야 할 사항은 개발정책에 대한 평가가 물론 존재하고 있지만, 그 구조상 이미 정책적으로 상당히 제한적이며 설득력이 부족하다는 한계를 안고 있다는 점이다(Heinz, 2010: 78-79).

Ⅳ. 국가인권정책: 독일의 사례

1. 국가인권정책의 개념과 특징

오늘날 인권정책의 초점에 놓여있는 것은 국제인권협정에 착근된 혹은 착근되어야 할 시민적·정치적·경제적·사회적·문화적 인권이며, 각국은 국제법의 학설에 부응하면서 인권을 존중·보호·보장해야 하는 것으로 되어 있다. 국가인권정책은 국제법의 인권규범을 구성·발전시키는 일뿐만 아니라, 국가·지역·세계수준에서 관철·실행하는 일과도 역시 관련되어 있다. 따라서 국가인권정책은 한편으로 의미상 서로 구분되지만 다른 한편으로 실제로는 서로 맞물고 있는 정치의 세 가지 차원(형식적·과정적·내용적 차원)을 포괄하고 있다.

여기서 형식적 차원(polity)이란 국가인권정책의 법적·제도적 기초를 가리키며, 과정적 차원(politics)이란, 다양한 행위주체가 관여하고 있는 국가인권정책의 구성, 즉 정치적 의사형성·결정의 과정을 가리키며, 내용적 차원(policy)이란 인권정책의 내용, 즉 인권의 보호·신장에 기여하는 입법·행정조치 혹은 여타의 조치를 가리킨다. 이와 동시에 보편적 인권의 구조적 특징(특히 자유·평등·연대) 그 자체에서 법적·제도적, 과정적, 내용적 측면에서 인권정책의 구성·발전을 위한 규범적 지침이 도출된다.

다시 말하면, 자유를 제한하는, 특수주의적인, 차별적인 그리고 배타적인 규범·실천·조치는 **인권정책**에 대한 규범적 요구와 일치시킬 수 없다. 상기한 사항을 고려하여 일반적 수준에서 국가인권정책에 대한 개념정의를 내리면 다음과 같다. 국가인권정책은 자유·평등·연대의 권리 측면에서 국제법 수준에서 착근된 인권규범의 구성·실행을 목표로 하여, 국가적·국제적 수준에서 이루어지는 국가기관의 정치적 행위가 안고 있는 규범적·제도적, 과정적, 내용적 측면의 총체를 가리킨다(Krennerich, 2010: 82-83).

국가인권정책은 각국의 대내적·대외적 관계에서 모든 국가기관의 행위를 포괄한다. 인권의 존중·보호·신장에 지향을 둔 국가인권정책은 국제인권규범과 근본적인 인권원칙(차별금지, 참여, 해명의무)에 명시적·일관적으로 지향을 두고 있으며, 개인을 권리의 소유자로 능동적으로 인정하고, 국가를 일차적인 의무의 담당자로 인정한다. 이러한 인권적 접근방안은 인권을 정책 전체의 구속력 있는 준거틀로 격상시키며, 따라서 여러 정책영역을 포괄하는 통합적 과제로서 위상을 확립한다(Lohrenscheit, 2008: 65-69; Hamm et al., 2010: 208-212). 인권적 접근방안에 입각한 국가인권정책의 특징은 다음과 같이 정리할 수 있다.

〈표 6-5〉 인권적 접근방안에 입각한 국가인권정책의 특징

① 인권은 국가정책의 핵심적인 준거틀로서 그리고 통합적 과제로서 기능을 수행한다.
② 국가정책은 명시적·일관적으로 인권규범과 인권원칙(차별금지, 참여, 해명의무)에 지향을 두고 있다.
③ 국가정책은 인권의 소유자라는 특성을 지니고 있는 개인의 인권적 요구사항을 인정·보호·지원한다.
④ 국가정책은 인권에 대한 존중·보호·보장·실행의 의무를 인정한다.
⑤ 국가정책은 인권에 대한 자체의 의무를 넘어서서 인권신장을 위해서도 역시 기여한다.

출처: Krennerich, 2010: 84 재구성

2. 정치의 세 차원에 입각한 국가인권정책 분석

1) 형식적 차원

국제적 수준에서 바라볼 때, 국제기구 및 초국가기구(국제연합, 유럽이사회, 유럽연합 등)에서의 회원자격과 더불어 세계적·지역적 인권협정의 비준이 국가인권정책의 법적·제도적 근거를 이룬다. 여기서 한편으로 각국의 인권의무가 도출되며, 이 의무는 법적인 구속력이 있으며, 해당국가가 이행하지 않으면 안 된다. 다른 한편으로

국제인권레짐의 규범과 제도는 국가가, 순수한 의무이행의 범위를 넘어서서, 인권정책의 책임을 떠맡고, 다른 나라나 지역에서의 인권보호와 실행을 위해 노력하는 데 있어서 근거가 되는 행위의 틀을 형성한다.

전통적으로 세계적·지역적 인권보호의 법적·제도적 확대·발전은 독일인권정책의 중요한 내용적 중점사항이다. 이 독일의 인권정책은 또한 국제인권규범의 보급·확산과 국제인권제도의 확충·강화를 위해서도 역시 기여하고 있다. 독일은 국제연합의 중요한 인권협정과 그 부속의정서를 비준하였으며, 그에 따라 거기에 착근된 시민적·정치적·경제적·사회적·문화적 인권을 실행에 옮겨야 할 의무를 지고 있다. 독일은 또한 유럽이사회의 인권레짐에 확고하게 들어가 있다. 또한 유럽연합의 회원국으로서 유럽연합의 일차적 법(조약)과 이차적 법(법령·지침)을 적용해야 할 의무가 있다. 여기서 특별히 중요한 법적 근거는 유럽연합기본권헌장인데, 이것은 2009년 12월 리스본조약과 더불어 효력을 발휘하게 되었으며, 공동체법의 실행에 있어서 유럽연합의 여러 기관·제도와 유럽연합회원국이 이것을 준거로 삼아야 한다(Hoffmeister, 2011: 102-105; Krennerich, 2010: 84-85).

국내법에 수용된 국제법 및 유럽법의 의무 이외에 국내수준에 주의를 기울인다면 우선 기본법(헌법)에서 인권보호에 대한 법적 의무가 도출된다. 인간의 존엄성에 대한 존중과 보호, 그리고 모든 공동체·평화·정의의 기초인 인권에 대한 신봉이 이미 기본법 제1조에 착근되어 있다. 하지만 국민국가 수준에서 정식화된 기본권은 모든 사람에게 허용되는 권리로서 형태를 취하고 있지 않다. 부분적으로 그것은 국적에 해당하는 시민권으로서의 지위만을 지니고 있다. 따라서 기본법의 기본권에는 모든 사람에게 해당하는 권리와 더불어 독일인에게 해당하는 권리가 병존하고 있다. 이를 통해 인권이 시민권으로 좁게 해석될 수 있는 여지가 남아있다.

여기에 더하여 인권정책의 법적 확대·발전을 위하여 중요한 의미를 지니고 있는 일련의 쟁점에 주의를 기울일 필요가 있다. 예를 들면, 국제법적으로 착근된 경제적·사회적·문화적 인권의 내용적 규정, 법적 성질, 구속력에 대한 토론과 논란이 계속되고 있다. 또한 인권에 대한 일반적·구체적 의무의 성격에 대한 논쟁이 벌어지고 있다. 여기에는 국가의 존중의무를 넘어서서 어느 정도로 국가의 보호·보장의무도 역시 유효하게 할 수 있는가의 질문도 역시 포함된다. 특히 보장의무의 인정 및 해석이 논란의 대상이다.

어느 정도로 국가가, 일반적인 위해(危害)금지(nil nocere, do-not-harm)의 원칙 혹은 접근방안을 넘어서서, 자국영토 바깥에 있는 사람들에 대하여 인권의무(영토 바깥의 국가의무)를 지고 있는가의 질문도 역시 논쟁적 토의의 대상이다. 또한 국제기구 혹은 다국적기업과 같은 비정부행위자가 어느 정도로 인권에 대한 의무나 책임을 지고 있는지 아니면 떠맡아야 하는지에 대한 질문도 역시 쟁점으로 남아있다(Krennerich, 2010: 85-87).

2) 과정적 차원

국가인권정책의 행위를 결정하고 거기에 영향을 미치는 행위자가 누구인가에 관한 질문과 관련하여, 일단 제도적 측면에서 한편으로 국가인권정책의 설정·실행에 참여하고 있는 행위자와 다른 한편으로 각 정책영역 내에서 특별한 자원과 활동을 제공한다는 의미에서 기능적(機能的) 측면에서 참여하고 있는 행위자를 구분할 수 있다. 여기에 더하여 정책형성에 직접 관여하고 있지는 않지만, 입장표명과 비평적인 발언을 통하여 공론장과 정책에 영향을 미치는 행위자가 있다.

이와 같이 여러 행위자는, 정도의 차이가 있긴 하지만, 어쨌든 인권정책의 안건 혹은 의사일정에 반영되는 것이 무엇인지(주제·의제설정), 인권정책의 어떤 목표와 조치를 추구하거나 취할 것인지 아니면 기각하거나 변경할 것인지(정책입안·결정), 이 조치를 어떻게 실행하고 어떻게 실행의 완급을 조절할 것인지(정책실행·집행), 인권정책의 과정을 따라가면서 혹은 사후(事後)에 그 정책에 대하여 어느 정도로 비평적 현황파악을 실시할 것인지(정책통제·평가) 결정한다.

국제연합이나 유럽연합의 틀 속에서 독일인권정책의 행위를 함께 결정하는 다양한 국제적 행위주체를 일단 도외시하고 국가수준의 행위주체에 초점을 맞춘다면, 일반적으로 말해서 연방정부와 그 산하부서가 상기한 정책과정의 모든 영역에서 능동적으로 작용한다. 그에 비해서 연방의회(하원)는 소통·입법·통제기능을 통하여 특히 국가인권정책의 의제설정 및 정식화·통제에 관여하고 있다. 주정부를 대표라는 기관으로서 역할을 수행하는 연방참의원(상원)은 인권정책에서 대부분 나중에 등장하며, 특히 국제법 수준의 협정과 부속의정서에 대한 동의가 필요한 경우 아니면 동의할 의무가 있는 법률을 인권표준에 적응시켜야 할 경우에 관여한다. 법적 통제에 있어서, 그리고 특히 기본권·인권보호를 위해서는 법원 및 연방헌법재판소가 핵심적인 기능을 수행한다. 특히 헌법재판소의 판결이 입법자에게 내용적인 지침을 제공한다는 의미에서 헌법재판소의 기본권재판도 역시 인권정책의 측면에서 영향력을 행사한다.

연방수준에서 특별히 인권정책을 담당하는 전문기관으로는 우선 2003년 이래 존속하고 있는 독일인권연구원(DIMR)을 들 수 있다. 이 기관은 소위 국제연합의 파리(Paris)원칙에 따른 독립된 국가인권위원회에 해당하는 것이다. 보다 더 최근에는 연방수준의 차별금지부서(ADS)가 설립되었으며, 이 기관은 인종차별주의에 따른 차별이나 (민족적 출신배경, 장애, 연령, 종교 혹은 세계관, 성별, 성적(性的) 정체성으로 인한) 불이익에 대한 보호를 담당하는 독립된 연방부서이다. 이 기관은 유럽의 차별금지지침에 부응하기 위하여 실행에 옮겨진 일반동등대우법(AGG)에 기초하여 설립되었으며, 이 법에 기초하여 작업을 수행하고 있다(Klose, 2009: 46-50; Krennerich, 2010: 87-89).

정당은 국가와 사회 사이의 중간영역에서 등장할 뿐만 아니라, 국가·정부영역에서도 역시 직접 등장한다. '정부 내 정당'으로 기능을 수행하면서 정당은 국가인권정책을 공동결정한다. 정당은 의회 내에서는 교섭단체로서 기능을 수행하며, 의회 밖에서도 역시 다소 제도화된 팀을 운영하며, 이 팀은 때때로 비정부기구와 교류활동을 수행한다.

다양한 비정부기구는 국가적·국제적 수준에서 인권을 위해 노력을 경주하며, 직접적 혹은 간접적으로 국가인권정책에 영향을 미치고 있다. 비정부기구는 여러 행위영역에서 활동을 하고 있는데, 이들의 활동을 개관하자면, 대체로 인권교육, 역량강화, 네트워킹, 모니터링, 공개적 항의 및 캠페인, 로비·변호활동, 법적수단의 활용, 인권보호를 위한 국제적 수단의 이용, 인권옹호자의 보호, 당사자의 보호·돌봄, 계몽활동, 인권범죄자에 대한 형사고발 등을 들 수 있다.

전체적으로 바라볼 때, 정부·의회에 대한 인권정책 관련 비정부기구의 관계는 대체로 비평적·건설적이라고 특징지을 수 있다. 인권정책에 대한 비판에도 불구하고, 비정부기구는 정책에 영향을 미치기 위하여 정부·의회와의 교류도 역시 탐색하고 있다. 거꾸로 비정부기구의 전문성과 더불어 정책구성에 대한 시민사회의 참여가 요청된다는 점을 고려하여, 정부·의회는 비정부기구와의 대화에 관심을 갖고 있다. 하지만 대화하려는 자세와 관련해서는 예를 들면 내무부나 경제부에 비해서 외무부나 개발협력부가 보다 더 적극적인 태도를 보이는 경향이 있다. 어쨌든 국가적 행위자와 비국가적 행위자 사이의 교류가 사실상 실질적인 성질을 지니고 있는지, 그리고 어느 정도로 인권기구의 전문성과 관심사가 정책형성에 실제로 반영되는지는 그때그때 사안에 따라 경험적으로 검토해야 할 질문이다(Krennerich, 2010: 91-94).

3) 내용적 차원

국가인권정책의 내용적 차원과 관련해서는 우선 1990년 이래 2~3년 간격으로 연방의회에 제출된 연방정부의 인권보고서를 참고할 수 있다. 이 보고서를 통해 그동안 인권과 관련된 주제의 폭이 상당히 넓어졌다는 점을 일단 확인할 수 있다. 2000년까지 제출된 보고서를 살펴보면, 인권정책이 처음에는 전적으로 혹은 주로 대외관계의 사안으로 다루어진 경향이 있었다. 하지만 그 이후에는 정책영역이 더 확대되었으며, 인권정책이 외무와 내무의 여러 관할영역을 포괄하는 통합적 정책으로 명시되었다.

따라서 최근에는 대체로 인권과 무관한 정책영역이 거의 없다는 점이 강조되고 있다. 현재 대외·개발정책의 인권주제와 관련해서는 사상·종교의 자유와 더불어 사형제도의 철폐, 고문, 아동노동과 아동군인, 인신매매, 강제결혼, 할례(割禮)의 금지가 의제로 다루어지고 있다. 외무장관과 개발협력장관은 인권의 불가분성에 대한 신봉을 밝히고 있으며, 특히 물에 대한 권리를 포함하여 개별적인 사회적 권리에 대한 독일의 관여를 강조한 바 있다.

제도적 측면에서 연방정부는 국제형사재판소(ICC)의 검토 및 강화에 참여한다는 입장을 밝혔다. 또한 유엔인권이사회가 각국 권력의 이해관계가 부딪히는 각축장으로 변질되지 않고, 세계적으로 인권신장을 위해 기여할 수 있도록 노력하겠다는 점을 밝혔다. 인권과 관련하여 실행해야 할 국내정책의 목표 및 내용으로는 노동시장에서의 양성평등, 공정한 교육기회, 노령자에 대한 차별금지조치, 품위를 유지하면서 요양보호를 받을 권리, 사생활보호와 개인전산자료보호, 여성에 대한 폭력과 인신매매 퇴치가 거론되고 있다(Krennerich, 2010: 94-96).

외부와 내부의 비평에도 불구하고 인권측면에서 독일은 비교적 좋은 모습을 보여주고 있다. 이와 동시에 정부는 인권의 존중에 대해서뿐만 아니라, 보호·신장에 대해서도 역시 노력을 경주하고 있다는 가정에서 출발할 수 있다. 하지만 정치적 일상 업무에서 인권정책에 대해서는 비교적 부차적인 의미와 중요성이 부여되는 것으로 보인다. 비록 정치행위가 일반적으로 지침으로 삼아야 할 '가치의 나침반'으로서 인권이 기능을 수행해야 한다고 하지만, 정책이 종종 다른 이해관계에 의해 결정된다는 점을 고려할 때, 인권이 구체적인 정책에 미치는 영향력은 상당히 제한적이라고 말할 수 있다.

다시 말하면, 여러 다른 부문과 영역에 두루 걸치는 포괄적 정책영역이라는 의미에서 인권정책의 통합적 성격이 실제로 충분히 고려된다고 보기 힘들다. 여전히 여러 정책영역(안보·이주·대외경제·에너지·환경 등)에서 인권에 대한 요구가 일관된 타당성을 유지하지 못하고 있으며, 소관사항과 거리가 먼 사안이라는 이유로 몰이해나 저항에 부딪히곤 한다. 정치적 행위가 인권측면에서 수반하는 결과를 진지하게 헤아리고, 관찰·분석·평가하기 위한 자세나 역량이 부족한 경우가 적지 않다.

심지어 인권정책의 전통적인 영역에 속한 대외관계에 있어서조차, 여러 가지 인권문제(보기: 세계시장, 경제금융위기, 무역·특허권 관련법, 원료채굴, 자원분쟁, 토지횡령 혹은 토지불법점유, 식량위기, 환경파괴, 이주가 수반하는 문제)가 제대로 고려되지 못하고, 양자·다자관계의 정책에서 영향력을 별로 행사하지 못하고 있다. 그래서 인권정책은 정합성을 갖춘 정책전략의 결과라기보다는 오히려 개별적인 조치의 합으로 나타나는 경향이 있다. 결국 독일의 국가인권정책은 앞에서 언급한 인권적 접근방안에 비추어볼 때, 일반적 수준에서뿐만 아니라 개발정책과 같은 특별한 정책영역에서도 역시 아직 개선의 여지가 적지 않다고 평가할 수 있다(Krennerich, 2010: 97-98; Lohrenscheit, 2008: 68).

V. 결론

본 연구는 유럽연합 인권정책의 동향과 특징을 살펴보는 데 목적을 두고, 마스트리히트조약 발효(1993) 이후의 일반현황을 개관하였으며, 공동외교안보정책의 틀 속에서 인권정책의 수단·기제 및 도전·과제를 기술하였다. 그리고 유럽연합 인권정책의 맥락에서 독일의 경우를 중심으로 하여 국가인권정책의 사례를 소개하였다. 이상에서 논의한 사항을 바탕으로 하여 본고에서 강조하고자 하는 사항은 다음과 같이 몇 가지 명제로 정식화할 수 있다.

첫째, 유럽연합의 기반을 이루는 것은 자유와 민주주의의 원칙, 인권·기본권 존중의 원칙, 법치국가의 원칙이다. 이러한 원칙에 대한 신봉은 특히 마스트리히트조약(1993년 발효)에서 비로소 일차적 법(조약)의 수준에서 착근되었다. 하지만 이미 제도의 자기이해, 유럽연합 확대과정, 대외관계에서 언제나 본질적으로 중요한 의미를 지니고 있었다. 오늘날 이러한 책임과 의무는 유럽연합의 대내적 통합과정과 대외적 행위를 관통하는 나침반으로서 기능을 수행하고 있다.

둘째, 이 연속선상에서 유럽연합 인권정책의 방향을 보여주는 중요한 이정표를 살펴볼 때, 암스테르담 유럽연합조약(1999년 발효)은 인권과 관련하여, 유럽연합을 자유·안전·법의 공간으로서 유지·발전시켜야 하고, 국경검사·망명·이주·범죄예방퇴치와 관련된 조치와 결합시켜 사람의 자유로운 교류를 보장해야 한다고 규정하였다. 2004년에 유럽이사회는 자유·안전·법의 영역에서 새로운 목표를 설정하였으며, 다년간 작업프로그램(헤이그 프로그램)을 통과시켰다. 2009년에 유럽연합이사회는 자유·안전·법의 공간을 발전시키기 위하여 스톡홀름 프로그램을 통과시켰다. 2010년에 유럽연합 법무장관은 유럽연합이 유럽인권협약에 가입하는 사안에 대하여 유럽연합과 유럽이사회가 협상을 벌이기로 결정하였다.

셋째, 특히 공동외교안보정책의 틀 속에서 인권정책의 특징을 살펴볼 때, 정합성과 일관성을 갖춘 접근방안을 개발하는 데 중점을 두고 있다는 사실을 확인할 수 있다. 이 인권정책의 접근방안에서는 공동체와 유럽연합의 여러 가지 활동을 서로 조율하고, 제3국과의 대화·협력에서 주류화의 형태로 인권을 포함시키고, 민주주의·인권을 위한 유럽이니셔티브(EIDHR)의 프로젝트를 인권정책과 더 잘 연계시키는 일이 강조되었다. 이와 관련하여 여러 가지 다양한 인권정책의 수단과 기제가 거론되고 있다.

넷째, 유럽연합은 포괄적이고 분화된 인권정책을 추구하고 있지만, 다른 한편으로는 인권전담기구가 아니라, 안보·경제·환경·이주정책과 같은 다른 이해관계를 갖고 있는 정치적 행위주체라는 점에 유의할 필요가 있다. 이와 같은 근본적인 구성·구조의 문제로 인하여, 인권을 민주주의·시장경제·지역통합의 유럽모형에 포함시킬 경우, 대외관계에서 유럽연합의 인권정책이 안고 있는 구조적인 문제점이 드러나고 있다. 전체적으로 살펴볼 때, 인권침해를 자행하는 국가에 대한 강력한 대외정책의 조치는 그 적용에 있어서 상당 부분 상위의 더 포괄적인 안보·경제정책의 목표에 의존하고 있다.

다섯째, 독일의 사례를 중심으로 하여 국가인권정책을 살펴볼 때, 독일은 유럽연합 인권정책의 흐름에 대체로 부응하면서 국가인권정책을 비교적 모범적으로 추진하고 있다. 하지만 특히 인권적 접근방안을 준거로 삼고, 독일의 국가인권정책을 형식적·과정적·내용적 차원에서 고려할 때, 여러 가지 측면에서 아직도 여전히 쟁점과 더불어 개선의 여지를 남겨놓고 있다.

참고문헌

양현모·홍재환 편. 『EU의 행정과 정책연구』. 서울: 신조사, 2011.

Boom, D. "Afrika: Aufstieg mit Hindernissen". *Politische Bildung.* No. 3 (2011), pp. 82-95.

Brunkhorst, H. "Vorschlag der Sicherheit? Eine Replik auf Walter Reese-Schaefers Plaedoyer fuer einen aggressiven Neo-Etatismus". *Zeitschrift fuer Menschenrechte. Journal for Human Rights.* No. 1 (2007), pp. 52-54.

Dicke, K. and Froehlich, M. "Menschenrechte". Woyke, W. (ed.). *Handwoerterbuch Internationale Politik.* Opladen: Barbara Budrich, 2011, pp. 338-347.

Froehlich, S. "Zur Rolle der Europaeischen Union in der Welt". *Politische Bildung.* No. 1 (2011), pp. 74-90.

Gandenberger, G. and Reitz, S. "Menschenrechtsbildung = Menschenrechte+Bildung? Ueberlegungen zur Menschenrechtsbildung am Beispiel der Behandlung des Themas Recht auf Bildung". *Politische Bildung.* No. 3 (2010), pp. 101-130.

Gimbal, A. "Europaeische Menschenrechtskonvention". Weidenfeld, W. and Wessels, W. (eds.). *Europa von A bis Z.* Baden-Baden: Nomos, 2011, pp. 161-165.

Hamm, B. et al. "Privatwirtschaft und Menschenrechte: Wachsende Verantwortung". Debiel, T. et al. (eds.). *Globale Trends 2010. Frieden - Entwicklung - Umwelt.* Frankfurt/M.: Fischer, 2010, pp. 201-221.

Haspel, M. "Die Menschenrechte. Eine Einfuehrung in Geschichte und Systematik". *Politische Bildung.* No. 3 (2010), pp. 9-28.

Heinz, W. "Die Europaeische Union und die Menschenrechte". *Politische Bildung.* No. 3 (2010), pp. 64-81.

Hoffmeister, F. "Charta der Grundrechte". Weidenfeld, W. and Wessels, W. (eds.). *Europa von A bis Z.* Baden-Baden: Nomos, 2011, pp. 100-105.

Klein, N. "Hoher Vertreter der Union fuer Aussen- und Sicherheitspolitik". Weidenfeld, W. and Wessels, W. (eds.). *Europa von A bis Z.* Baden-Baden: Nomos, 2011, pp. 273-275.

Klose, A. "Grundlagen und Struktur des deutschen und europaeischen Gleichbehandlungsrechts". *Politische Bildung.* No. 4 (2009), pp. 46-61.

Krennerich, M. "Die staatliche Menschenrechtspolitik der Bundesrepublik Deutschland: Grundlagen, Akteure und thematische Schwerpunkte". *Politische Bildung.* No. 3 (2010), pp. 82-100.

Lohrenscheit, C. "Citizenship and Human Rights". Georgi, V. (ed.). *The Making of Citizens in Europe: New Perspectives on Citizenship Education.* Bonn: Bundeszentrale fuer politische Bildung, 2008, pp. 63-69.

Mueller-Graf, P.-C. and Kainer, F. "Raum der Freiheit, der Sicherheit und des Rechts". Weidenfeld, W. and Wessels,

W. (eds.). *Europa von A bis Z.* Baden-Baden: Nomos, 2011, pp. 326-328.

Reese-Schaefer, W. "Sicherheit, Freiheit und Terrorismus". *Zeitschrift fuer Menschenrechte. Journal for Human Rights.* No. 1 (2007), pp. 37-51.

Regelsberger, E. "Gemeinsame Aussen- und Sicherheitspolitik". Weidenfeld, W. and Wessels, W. (eds.). *Europa von A bis Z.* Baden-Baden: Nomos, 2011, pp. 234-245.

Tannous, I. "Menschenrechtspolitik". Weidenfeld, W. and Wessels, W. (eds.). *Europa von A bis Z.* Baden-Baden: Nomos, 2011, pp. 302-306.

Woyke, W. "Einleitung". *Politische Bildung.* No. 3 (2010), pp. 5-8.

〈Abstract〉

A Study on Human Rights Policy in the European Union

The purpose of this paper is to share the results of a study that focused on human rights policy in the EU. In this context this article deals with the following themes: general trend and relevant facts about human rights policy in the EU after the Maastricht treaty (1993), in which the principle of respect for human rights was formally anchored on the level of the primary law (i.e. treaty document); human rights policy in the framework of the common foreign and security policy of the EU; and the state human rights policy exemplified by the German case. The bottom line of this paper can be formulated as follows. First, the principles of freedom and democracy, respect for human and basic rights, and rule of law constitute the basis of the EU. Second, the crucial point of human rights policy in the framework of the common foreign and security policy of the EU lies in develop coherent and consistent approaches. Third, although the EU pursues a comprehensive and differentiated human rights policy, it is necessary, on the other hand, to pay attention to the fact that the EU is not an organization in exclusive charge of human rights, but dependent also somewhat or, in lots of cases, more heavily on the interests of security, economy, environment, and migration policy. Fourth, regarding the example of national human rights policy, Germany tends to do justice to the stream of human rights policy of EU on the whole, but, it shows on the other hand some points or aspects of deficit in the three dimensions of polity, politics, and policy, at least in the light of the desirable human rights approach.

[Key words] EU, human rights policy, common foreign and security policy, state human rights policy, Maastricht treaty

제 7 장

사회통합방안으로서의 다양성관리에 대한 동향과 함의[1)]

1) 제7장의 내용은 『한독사회과학논총』 제24권 제1호(2014.03.)에 게재한 필자의 글을 부분적으로 수정·보완한 것임.

〈국문초록〉

본고의 목적은 다문화사회에서 사회통합에 기여할 수 있는 접근방안으로서 다양성관리에 관한 동향과 추세를 살펴보고, 우리 사회에서의 담론과 실천을 위한 함의를 도출하는 데 놓여 있다. 본고에서 강조할 사항은 다음과 같다. 첫째, 다문화사회에 대비하고 통합문제를 다루기 위해서는 다양한 측면과 관점을 동시에 생각하는 사고방식이 점점 더 많이 요청된다. 둘째, 사유경제영역의 경우와 유사하게, 이윤에 일차적인 지향을 두지 않고 있는 영역에서도 역시 다양성의 개념규정뿐만 아니라, 중요성과 목표도 역시 적실성이 있다는 결론을 내릴 수 있다. 다양성 이미지는 추가이득으로 간주할 수 있으며, 대내적·대외적으로 사용자와 기관으로서의 비영리조직이나 사회적 기업의 위신과 이미지에 긍정적인 영향을 미친다. 셋째, 다양성의 이행을 통하여 해당 조직은 상당한 정도의 이득과 개선을 기대할 수 있다는 것을 확인할 수 있다. 그 이득과 개선은 약간의 손해와 위험부담으로 인하여 과소평가되어서는 안 된다. 그렇지만 대부분의 이득은 포괄적이고 전략적인 이행방안이 추진되어야 비로소 기대할 수 있다. 그러한 이행방안에는 대내외적 소통의 강화, 포괄적인 훈련, 그리고 전체적인(총체적인) 주류화 따위가 속한다. 넷째, 다양성은 구성원 모두를 인정하고 존중해 주는 문명화된 사회질서의 기본원칙에 기반을 두고 있다. 결국 모든 당사자와 참여자의 행복과 복지를 위해 보이지 않는 잠재능력을 끌어내고 진흥시킬 수 있는 구조와 기능을 수립하는 일에 보다 더 많은 주의와 관심을 기울일 필요가 있다.

[주제어] 다양성관리, 민족·국민, 간문화조직유형, 간문화인사관리, 실행전략

Ⅰ. 서론

유럽집행위원회가 구속력이 있는 국제법 규정으로 지정하고, 독일의 국내법에서도 도입된 차별금지법을 고려할 때, 다양성관리는 경영 및 인사관리 영역에서도 역시 앞으로 그 의미와 중요성이 커질 것으로 보인다(Doege, 2008: 7-8; Stuber, 2009: 37-38, 96-100). 사회복지기관에 대해서도 다양성에 대한 취급·관리는 결정적으로 중요하다. 왜냐하면 일상적인 업무수행에서 다수의 다양한 고객 및 직원과 이러저러한 방식으로 관계를 맺어야 하기 때문이다. 따라서 중·장기적으로 바라볼 때, Siemens, Deutsche Bank, DaimlerChrysler와 같은 글로벌 플레이어(global players)와 마찬가지로, 비영리기업 혹은 사회적 기업, 이를테면 카리타스(Caritas)와 같은 자선단체나 지역의료보험조합(AOK: Allgemeine Ortskrankenkasse)과 같은 공공행정기관도 다양성관리의 관점을 그들의 비전이나 기업철학에 통합시킬 필요가 있다.

사회적 기업은 국제적인 네트워크의 구축에도 주의를 기울여야 한다. 상승작용의 효과를 이용할 수 있기 위해서는 다양성 영역에서의 접근방안을 경영의 중요한 측면으로 간주해야 한다. 그렇게 함으로써 사회의 문화적 다양성에 적응하고, 평행사회(parallel society)와 같은 사회적 구획이나 분리현상을 줄이는 데 기여할 수 있다(평행사회에 관해서는 정창화·허영식, 2011: 222-226; 허영식·정창화, 2012: 110-114 참조). 그리고 이러한 접근방안을 다른 사회적 부문으로 확장하거나 전이시키는 데에도 기여할 것이다. 조직이나 기관 수준에서 서로 다른 심정과 태도, 혹은 재능과 소질을 갖고 있는 사람들이 협력을 잘 하고, 그렇게 함으로써 생산적이고 긍정적인 결과를 함께 도출할 수 있다면, 이것은 사회 전체에 대한 파급효과도 역시 갖게 될 것이다. 더 나아가서 지구촌사회에서 이것은 평화롭고 인간적인 행위를 위한 기본 전제조건이 될 것이다(Becker, 2006: 9-12; Doege, 2008: 8-10; Stuber, 2009: 79-84).

유럽연합 수준에서 살펴볼 때, 2007년은 '기회균등의 해'로 설정되었다. 유럽집행위원회가 주도한 이 운동 및 행사의 목표는 차별문제의 해결을 위해 효과적으로 대처하고, 다양성을 긍정적인 가치로서 보급·확산시키고, 모든 사람을 위한 기회균등을 진흥하는 데 놓여 있다. 이 조치의 실행을 위해 유럽집행위원회는 1억 3천 6백만 유로의 예산을 책정하였다. 유럽 기회균등의 해에서 중심에 놓여 있는 것은 다음과 같은 네 가지 핵심주제이다.

〈표 7-1〉 유럽 기회균등의 해에 설정된 핵심주제

권리	동등한 대우와 차별받지 않을 권리에 대한 감수성을 제고한다.
사회적 참여	이제까지 불이익을 받은 집단의 사회적 참여를 강화할 수 있는 가능성과 방안에 대한 토론을 활성화한다.
인정	다양성의 가치를 인정하고 다양성을 고려한다.
존중과 관용	사회적 결속과 통합을 진흥시킨다.

출처: Bambach and Kuhn-Fleuchaus, 2011: 241 재구성

유럽 기회균등의 해는 유럽의 관점에서 다양성의 주제를 독일의 지평으로 끌어올 수 있는 기회도 역시 제공한다. 다양성관리는 다양성·관용·존중, 그리고 현대적인 기업문화를 상징적으로 표현하는

대명사이다. 다양성관리는 전체적으로 바라볼 때 혁신능력과 경제성을 강화시키는 데 기여할 것으로 기대된다. 왜냐하면 직원의 서로 다른 전제조건과 능력을 인식·진흥·이용할 수 있는 자만이 장기적으로 성공을 거둘 것이기 때문이다. 이때 관련된 모든 이해당사자(직원·기업·고객)가 이득을 볼 수 있다. 오늘날 다양성개념에 지향을 두고 인사관리정책을 추진하고 있는 기업·시설·조직·행정기관은 장래에 유지·발전할 가능성이 그만큼 더 많다(Liegl, 2011: 61-65).

하지만 다양성의 주제는 관련된 범위가 상당히 넓고 복합적이기 때문에, 도입을 했을 경우 저절로 잘 굴러갈 것이라고 예단하면 안 된다. 기업의 성공을 제고할 수 있는 다른 수단이나 도구와 마찬가지로, 다양성도 역시 도입을 할 때 경영진의 적극적인 뒷받침과 포괄적인 실행계획을 필요로 한다. 이 맥락에서 다양성에 지향을 두고, '보이지 않는 잠재력'을 진흥시키는 개별적인 프로그램을 단계적으로 도입하는 방안을 권장할 만하다. 기업이 여기서 끌어낼 수 있는 이득은, 기업 확장과 이윤회수를 위한 투자와 비교해 볼 때, 결코 무시할 수 없다. 직원의 만족도 측면에서 긍정적인 효과, 시장에서의 긍정적인 이미지, 그리고 경쟁력의 개선을 기대할 수 있다. 이것은 모두 추구할 만할 가치가 있는 목표인 것이다(Luethi et al., 2010: 13-14).

이러한 맥락에서 본고의 주된 목적은 다문화사회에서 사회통합에 기여할 수 있는 적절한 접근방안으로서 다양성관리에 관한 동향과 추세를 살펴보고, 여기에 기초하여 우리 사회에서의 담론과 실천을 위한 함의를 도출하는 데 놓여 있다. 이러한 목적에 도달하기 위하여, 우선 다문화사회의 사회통합문제를 해결하기 위한 방도로서 다양성관리의 적실성과 필요성에 주의를 기울인다. 이어서 다문화사회에서 다양성의 한 가지 차원인 민족·국민에 초점을 맞추어, 다양성관리 차원에서 고려해야 할 사항에 관해 논의한다. 이때 간문화조직유형과 간문화인사관리에 중점을 둔다. 그 다음 다문화사회에서 사회통합에 기여할 수 있는 방안으로서 좀 더 구체적인 수준에서 다양성관리의 실행전략에 관해 기술한다.

II. 다문화사회의 사회통합문제와 다양성관리

1. 다문화사회의 사회통합문제: 다양성과 경제성의 관계

다문화사회의 사회통합문제와 관련하여 우선 다양성과 경제성의 관계에 초점을 맞출 경우, 경제는 성장을 위한 시도와 노력에서 언제나 새로운 최적화의 잠재력을 찾아야 한다. 이와 동시에 품질의 표준과 계속적으로 변하는 환경을 고려하지 않으면 안 된다. 현재 우리는 미래의 도전이 지니고 있는 파악하기 어려운 복합성에 대하여 전체적인 답변을 마련하기 위하여, 열쇠가 되는 기본적인 측면을 탐색하는 분석을 필요로 한다. 지금 경영학적인 목표, 경제동향, 그리고 사회적·정치적·문화적 전개과정을 관통하는 공통적인 측면은 무엇인가?

그것은 다름 아니라 다양성, 그리고 이와 더불어 차이의 의미와 중요성이 증가하고 있다는 것이다. 이를 역으로 표현하면, 다양성을 적절하게 다룰 수 없는 자는 얼마 지나지 않아 패배자에 속할 것이다. 이와 마찬가지로 차이를 생산적으로 이용하지 못하는 조직이나 기구는 우수한 조직이나 기구에 속할 수 없을 것이다(Aretz, 2006: 65-69; Petersen and Dietz, 2008: 311; Stuber, 2009: 15-16, 73-75). 바로 이러한 배경과 문제의식으로 인하여 미국에서도 역시 다양성관리의 필요성과 중요성을 인식하게 되었다. 다양성관리는 사람들 사이의 차이와 다양성을 긍정적으로 고려하는 것을 핵심으로 삼고 있는데, 이를 네 가지로 풀이하면 다음과 같이 제시할 수 있다.

〈표 7-2〉 다양성관리의 핵심요소

차이의 인식과 인정
모든 특별한 것의 존중
차이의 잠재력 이용
다양성의 진흥

출처: Bambach and Kuhn-Fleuchaus, 2011: 309 재구성

2. 다양성관리의 적실성과 필요성

결국 여기서는 기업경영의 새로운 기본자세가 중요한데, 이것은 만약 필연적으로 고려해야 할 사항이 아니라면, 적어도 점점 더 많은 적실성을 갖추고 있다. 다양성관리의 적실성 혹은 필요성을 함축하고 있는 동향과 추세를 경제적·사회적·문화적 측면에서 좀 더 구체적으로 살펴보면 다음과 같다.

1) 경제적 측면

세계화와 유럽통합은 서로 다른 문화 혹은 정신상태의 만남과 교

차를 점점 더 빈번하게 만들고 더욱 강화시키고 있다. 여기서 여러 다른 국적 혹은 국민은 종종 단지 표면적으로만 역할을 수행하며, 다른 측면의 차이를 통하여 복합적인 도전으로 나타난다. 포괄적인 구조조정으로 인하여, 점점 더 많이 서로 다른 교육과 경험, 사고방식과 작업방식, 경영스타일과 소통스타일을 갖고 있는 직원이 생산적으로 협력하지 않으면 안 되는 상황이 발생하고 있다. 따라서 다양성을 적절하게 이용할 경우 비로소 시너지효과(상승효과)가 나타날 수 있다.

고객과 시장에 대한 지향이 증가하면서 (잠재적인) 구매자의 특성을 고려해야 할 필요성, 즉 다양한 차이를 고려해야 할 필요성도 역시 늘어나고 있다. 신흥시장에서 등장하는 기회를 충분히 이용하기 위해서는 기업이 마케팅 측면을 넘어서서 해당 지역에서 적실성이 있는 동반자와 간문화적 관계를 구축할 수 있어야 한다. 기업 인수합병(M&A)은 언제나 여러 서로 다른 기업문화의 만남과 교차를 수반한다. 모든 직원이 원칙적으로 차이 및 다양성과 친숙하다면, 합병·융합과정이 보다 더 부드럽게 진행될 것이다. 전략적 제휴는 거의 언제나 근본적으로 서로 다른 동반자 사이의 협력을 요청한다. 양질의 상품이나 서비스를 산출하기 위한 시도와 노력은 해당 기업에 현존하고 있는 서로 다른 모든 지식과 능력을 충분히 잘 활용할 것을 요청한다(Luethi et al., 2010: 18-20; Pauser, 2011: 40-43; Stuber, 2009: 32-36).

2) 사회적 측면

여성의 통합이 경제의 모든 영역에서 진척되고 있다. 따라서 이에 부응하는 잠재력과 필요를 고려하지 않고 방치하는 기업은 그만큼 줄어든 가능성에 만족해야 한다. 민족적 소수집단이 인구에서 차지하는 비중이 점점 더 커지고 있으며, 이와 더불어 판매시장과 노동시장에서 점점 더 많은 부분을 차지하고 있다. 따라서 어떤 기업도 장기적으로 특수성을 고려하지 않은 채 이 영역을 다룰 수는 없다. 장애는 기술진보를 고려할 때 점점 더 '지장'으로 간주되지 않는 경향이 있으며, 이에 따라 기업은 장애자의 잠재력을 활용할 수 있는 가능성을 더 많이 확보하고 있다.

동성애자는 주변집단으로 숨어서 살아가던 과거의 상태에서 점점 더 많이 벗어나는 경향이 있으며, 스스로 동성애자임을 밝히고 자신감을 보여주고 있다. 이 맥락에서 그들 자신은 물론이고 다른 사람들도 역시 그들이 직원과 고객으로서 경제적 관점에서 통합되기를 기대하고 있다. 나이가 적은 사람과 나이가 많은 사람 사이의 관계는 앞으로 근본적으로 변화할 것으로 보인다. 특히 고령인구의 의미와 중요성이 증가할 것이다. 따라서 고령에 대한 긍정적인 취급, 연령의 차이에 대한 긍정적인 취급이 매우 중요할 것으로 예상된다. 신앙 및 종교와 관련된 문제는 이미 오늘날 사회적·정치적 과정에 대하여 많은 영향을 미치고 있다. 이동성과 개인성이 증가하면서 신앙·종교의 다양성이 기업에 대해서도 역시 점점 더 많은 의미와 중요성을 지니고 있다.

상기한 사회적 주제는 모두 암스테르담 유럽연합조약에서 잠재적으로 '보호할 가치가 있는' 것으로 지칭되었다. 유럽의 각 국가와 독일의 각 연방주는 이미 상기한 주제와 관련된 불이익과 차별을 금지하는 법적인 규정을 도입하였다. 따라서 기업도 역시 사회적 다양성과 함께 적절하게 살아갈 수 있는 방도를 모색할 수밖에 없다(Luethi et al., 2010: 16; Stuber, 2009: 39-58).

3) 문화적 측면

최근의 유의미한 전개과정을 살펴볼 때, 사회에서 개인화의 현상이 두드러지게 진행되고 있으며, 이것은 특히 전통적인 가치구조와 행동유형(패턴)에서 벗어나거나 그것과 거리를 유지하려는 경향을 의미한다. 이 맥락에서 눈에 띄는 현상으로는 다음과 같은 것을 들 수 있다.

〈표 7-3〉 다양성관리의 적실성을 암시하는 문화변동의 현상

• 결혼 수의 경감
• 혼자 자식을 기르는 사람의 증가
• 결혼하지 않은 상태에서 살아가는 생활공동체(동거)의 증가
• 직업생활과 개인생활의 양립가능성이 지닌 의미와 중요성의 증가
• 개인성에 대한 경향과 관련하여, '타자'에 대한 탐색의 증가와 차이에 대한 관용의 강화
• 전통적이고 보수적인 가치·역할·구조 등에 대한 거부의 증가
• 신매체와 통신수단의 발전과 관련하여, '친숙한 것'을 더 신속하고 포괄적으로 마련할 수 있는 가능성 증가

출처: Stuber, 2009: 59-63 재구성

상기한 현상은 모두 다양성과 개인성의 방향을 가리키고 있다. 사실상 많은 기업은 이미 개별적인 측면을 다루고 있다. 예를 들면, 직업과 개인생활 사이의 조화를 개선하기 위한 유연한 근로시간모형, 간문화 훈련프로그램, 여성을 위한 동등대우사업, 융통성 있는

퇴직모형 따위를 기획 및 실행하고 있다. 하지만 이와 같은 개별적인 해결방안은 단편적이고 조직의 선의에 의존하고 있는 경우가 많다. 다시 말하면, 기업정책에의 전략적인 편입이 부족하며, 경제적 성공에 기여할 수 있는가의 질문에 대한 명백한 답변이 결여되어 있다.

이 맥락에서 다양성관리는 그러한 틀을 제공하며, 요청되는 경제성(business case)을 담보하고 있다. 아마도 더 중요한 사실은 다양성관리는 어떤 직원도 고려하지 않은 상태로 방치하지 않고, 모두의 통합에 기초하고 있다는 것이다. 차이의 인식·존중·이용의 핵심적인 구성요소는 다음과 같이 두 가지 방향에서 적용되고 있다. 한편으로 기업에서 출발하여 직원을 향하여 적용된다. 즉, 인사관리의 측면에서 적용된다. 다른 한편으로 개별적인 직원에서 출발하여 그가 함께 협력을 하거나 아니면 외부적으로 접촉하는 사람을 향해 적용된다.

직원을 일관되게 존중하고 특수한 필요를 고려하는 기업은 그들의 확고한 충성을 확보할 수 있다. 또한 직원 전체의 잠재력을 충분히 끌어내어 활용할 수 있고, 이것을 기업경영과정에 끌어들일 수 있다. 직원이 그들 나름대로 차이를 자신의 사고와 행위에 통합시킨다면, 그들은 집단 속에서 혹은 부서와 영역의 경계를 넘어서서 협력을 더 잘 할 수 있다. 그렇게 함으로써 또한 조정에 필요한 비용이 절감된다. 다양성관리를 통해 시장과 고객의 다양성을 더 잘 고려할 수 있으며, 결국 매상을 올리거나 고객의 만족을 제고시킬 수 있다. 그리고 타자에 대한 개방성은 기업이 따라잡아야 하고 대비해야 하는 변화에 대해서도 역시 더 긍정적인 태도를 취하도록 만든다.

따라서 다양성관리는 혁신적인 기업에게 프로필과 이미지를 개선할 수 있는 기회를 제공하며, 이 측면은 점점 더 많이 등장하는 유사한 상품과 서비스를 고려할 때, '미묘한 차이'라는 의미에서 경쟁력을 제고시키는 데에도 기여할 것이다. 단일성 혹은 획일성에 대하여 다양성에 기대를 건다는 것은 이국적인 것을 단지 허용하는 데 그치지 않고, 필요한 경우 혼성 혹은 혼합을 장려한다는 것을 의미한다. 그런데 이것은 용기와 야망을 함축하고 있으며, 복합적이고 사실상 총체적인 개념과 구상이기 때문에, 기존의 타성에 젖은 기업이나 조직은 처음에 그것을 부담스러운 일로 받아들이거나 아니면 심지어 저항을 하는 경우가 있다(Stuber, 2009: 59-66).

III. 다양성의 한 가지 차원으로서의 민족·국민과 다양성관리

유럽에서 사람들은 유럽연합의 확대와 독일을 향한 이주를 통하여 서로 다른 민족·국민의 접근을 체험하고 있다. 이 맥락에서 바라볼 때, 헌정애국주의(자유민주적 기본질서의 유지·발전에 대한 원칙적인 동일시)의 최소합의를 넘어서서 추가로 문화적·종교적 문화요소를 강조할 경우, 전통적인 동화정책으로의 회귀라는 우려를 불러일으키는 소위 '주도문화(Leitkultur)'의 아이디어는 다양성의 원칙과 상당 부분 양립하기 어려울 수 있다는 점을 확인할 수 있다(주도문화의 개념을 둘러싼 논쟁에 관해서는 허영식·정창화, 2012: 45-53, 157-164 참조). 유럽에서 여러 민족·국민이 함께 모여 살면서 많은 사람들은 서로 다른 문화와 언어의 병존이나 공존을 체험하고 있다. 따라서 여기서는 일단 주도문화 대신 동등한 권리를 갖고 있는 다양성이 더 많이 요청된다는 귀결을 도출할 수 있다.

이 과정은 또한 세계화의 진척과 더불어 국제적인 수준에서 이루어지고 있는 융합과 결합의 증가를 통하여 촉진되고 있다. 따라서 '문화적 다양성'의 주제가 지닌 의미와 중요성이 앞으로 더 증가할 것으로 보인다. 이와 더불어 서로 다른 가치와 행동방식을 어떻게 다룰 것인가 하는 질문이 자연스럽게 제기된다. 이러한 추세를 더욱 강화시키는 요인은 독일에서 전개되고 있는 인구통계학적 동향이다. 경제활동인구의 감소로 인하여 기업은 자질과 능력을 갖춘 직원을 채용하기 위하여 앞으로 더 많은 경쟁을 벌여야 한다.

노동시장에서의 애로를 극복하기 위해서는 여성과 노인 근로자가 더 많이 취업에 참여하도록 해야 하며, 다른 문화권에서 온 노동력의 이주를 더 적절하게 활용해야 한다. 이를 통해 기업의 직원구성에는 여성과 노인, 그리고 외국인 근로자나 다른 민족·문화 출신의 근로자가 더 많이 포함될 것이다. 여기서 흥미로운 질문은 세계화의 틀 속에서 문화적 동질화(McWorld)로 나아갈 것인지 아니면 지방문화의 다변화(Multikulti)로 나아갈 것인지에 관한 것이다. 이 질문과 관련하여 물론 문화용해를 상징적으로 표현하는 '맥월드' 명제를 뒷받침하는 측면도 관찰할 수 있지만, '다문화' 명제를 뒷받침하는 측면이 더 강한 것으로 보인다(Kreuzhuber, 2011: 113-116; Stuber, 2009: 49-52).

1. 간문화조직유형

민족·국민의 영역에서 중요한 영향을 미치는 요인은 기업의 형태이다. 물론 국제적인 고객과 협력업체를 갖고 있는 다국적 기업이 중소기업에 비해 다양성의 문제를 더 많이 안고 있다. 정도의 차이는 있지만 어쨌든 다문화직원의 형태를 통해 다양성이 이미 이러저러한 방식으로 기업문화에 반영되어 있다. 이 맥락에서 조직유형이 개발되었는데, 이를 통하여 문화적·인구통계학적 차이에 따라 조직을 분화시킬 수 있다. Cox(1994)가 분류한 조직유형에 의거하면, 획일(단일문화)조직, 다원조직, 다문화조직으로 구분할 수 있다.

획일적 조직은 인구통계학적·문화적으로 등질적인 직원구성을 특징으로 한다. 다원주의적 조직은 주도적으로 소수집단에서 직원을 찾고 채용하려고 하지만, 기업에서 이 소수집단이 아직 비례적으로 반영되지는 못하고 있다. 여기서는 자신들의 가치·규범·규칙으로 조직문화를 각인시키는 지배적인 집단이 있다. 다시 말하면, 문화적 통합이 아직 제대로 이루어지지 못하고 있으며, 소수집단이 비례적으로 고위직에 참여하지 못하며, 따라서 갈등의 소지를 많이 남겨놓고 있다. 그에 비해서 다문화조직은 다양성을 받아들일 뿐만 아니라, 다양성이 기업을 위해 가장 중요한 가치로 간주된다. 조직에서 간문화적 기준에 해당하는 전형적인 특징은 다음과 같다(Cox, 1994: 225-230).

- 문화: 간문화적 협력이 더 좋은 상품과 서비스를 수반한다고 가정한다.
- 적응과정: 이것은 상호 적응이 이루어지고 있는가의 질문과 관련된다. 여기에 해당하는 정황증거로는 휴가조정, 이슬람신도를 위한 별도 공간, 차별철폐조치, 기득권을 가진 집단이나 정주민을 위한 훈련을 들 수 있다.

- **구조적 통합:** 이것은 소수집단의 구성원을 위한 진흥조치가 이루어지고 있는지 그리고 그들이 높은 지위에서 채용되는지의 질문과 관련되어 있다. 그들은 모범적인 역할을 수행해야 하며, 조직에 대한 모든 직원의 동일시를 강화하는 데 기여해야 한다.
- **비공식적 통합:** 비공식적인 네트워크에의 참여는 직업에서의 성공을 위해 매우 중요하다. 예를 들면, 멘토(mentor)를 활용하여 직원의 고립현상을 줄여나갈 수 있다.
- **인적자원관리체제의 문화적 왜곡:** 문화적 왜곡은 채용면접을 실시하기 전 이미 서류심사에서 작용할 수 있다. 또한 문화적 왜곡을 막기 위해서는 면접을 실시하는 동안이나 시험을 치르는 동안 그에 대응하는 조치를 취할 필요가 있다.
- **집단간 갈등:** 갈등 그 자체는 나쁜 것이 아니다. 여기서 중요한 문제는 갈등이 새로운 학습효과의 단서를 제공할 수 있도록 하려면 그 갈등을 어떻게 다루어야 할 것인가의 질문과 관련된다.

다양성관리의 도입은 문화적인 조건에 의해 얼마든지 다르게 나타날 수 있으며, 나라에 따라 서로 다른 양상을 띨 수 있다. 미국과 같은 나라는 유럽의 여러 나라와 비교해 볼 때, 일상적인 경험과 미디어를 통하여 소수집단과의 접촉·교류에 더 많이 적응되어 있는 것으로 보인다.

〈표 7-4〉 간문화조직유형

	획일적	다원적	다문화적
문화	다양성을 부인하거나 낙담시킴	다양성을 부인하거나 관용함	다양성을 긍정적인 가치로 간주함
적응과정	동화	동화	다원주의
구조적 통합	최소	부분적	충분
비공식적 통합	최소	제한적	충분
인적자원관리체제의 문화적 왜곡	많음	보통	최소
집단간 갈등	최소	비교적 종종	최소

출처: Cox, 1994: 226, 243; Leenen et al., 2006: 137-138 재구성

2. 간문화인사관리

획일(단일문화)조직에서 출발하여 다문화(간문화)조직에 이르는 등급은 간문화인사관리에 대한 7단계 모형에서도 역시 확인할 수 있다. 이 모형은 네덜란드의 사회복지영역에서 나온 연구결과에 의거하여 개발되었으며, 상당히 일반화 가능성이 있는 것으로 보인다. 이 모형은 일차적으로 공공(행정)기관·의료원·요양보호시설과 같은 비영리부문의 조직 혹은 사회적 기업과 관련된다.

〈표 7-5〉 간문화인사관리의 7단계 모형

7 간문화조직
6 통합적 문화관리(다양성관리)
5 인적자원에 대한 간문화관리
4 소수집단 구성원의 편입
3 서비스에 대한 간문화관리
2 소수집단 고객에 대한 서비스
1 단일문화조직

출처: Bambach and Kuhn-Fleuchaus, 2011: 71 재구성

(1) 1단계(단일문화조직): 기업은 민족적 소수집단에 속한 고객이나 직원을 포함하고 있지 않거나 아니면 단지 극소수에 불과한 고객이나 직원을 포함하고 있다. 직원은 동질적인 구성을 보여준다. 소수집단의 대표자가 고위직에 있는 경우는 거의 없다. 인적자원관리는 다수집단에 의해 지배된다. 그에 따라 직원의 탐색·선발·진흥에 있어서 문화적 편견이 유지되고 있다. Cox는 이 조직유형을 획일적 조직이라고 지칭한다.

(2) 2단계(소수집단 고객에 대한 서비스): 의료원이나 개별체인점의 서비스가 이용된다. 예를 들면, 초·중등학교는 외국인 아동과 청소년을 받아들여야 하는 과제를 안고 있다. 이런 배경에서 바라볼 때, 왜 학교가 서구의 사회통합에서 선구적인 역할을 수행했는지 쉽게 이해할 수 있다.

(3) 3단계(서비스에 대한 간문화관리): 기업은 새로운 고객부문을 발견하고, 상품을 선정하거나 소수집단에 속한 고객을 상대할 때 이 점을 고려하려는 시도를 한다. 직원은 문화적 차이를 적절하게 다루는 일과 관련하여 감수성을 갖춘다. 예를 들면, 특정한 민족·문화·생활방식을 갖고 있는 표적집단을 위하여 그들이 사용하는 소비재에 대해 상품시장전략을 강구한다.

(4) 4단계(소수집단 구성원의 편입): 새로운 고객부문에게 더 좋은 서비스를 제공하기 위하여 이 인구집단 출신의 직원을 채용하는 것이 유리하다는 의식이 증가하고 있다. 직원구성이 사회적 다양성을 비례적으로 반영한다면, 효과적인 서비스를 위한 조건이 마련된다.

(5) 5단계(인적자원에 대한 간문화관리): 차별, 집단 괴롭힘, 그리

고 다른 불평등 문제를 해결하거나 줄이기 위한 조치가 따로 분리된 인사정책의 과제로 간주된다. 직원은 매우 이질적이다. 목표의식을 갖고 소수집단에 속한 직원을 채용한다. 문화에 대해서는 관용을 베풀려는 노력이 이루어진다. 그러나 경영진에 대한 소수집단의 참여는 아직 비례에 미치지 못하며, 비공식적인 네트워크에의 참여도 역시 부족한 여지가 많이 남아 있다. 집단 사이에는 수면 하에서 적지 않은 갈등의 소지가 존재한다. Cox는 여기서 다원적인 조직이라는 용어를 사용한다.

(6) 6단계(통합적 문화관리 혹은 다양성관리): 직원 사이의 차이를 인정하고 그것을 잘 이용한다. 생활방식, 필요, 문화에 결부된 성격이나 생활단계(이력 혹은 경력)에서의 차이가 직원의 질(質)관리에 영향을 미친다. 기업에서 현존하는 다양성을 능동적으로 이용한다.

(7) 7단계(간문화조직): 문화적 다양성이 부가가치를 창출하는 데 기여한다. 상품개발과 서비스가 다문화고객의 필요와 욕구에 지향을 둔다. 직원의 재능과 소질을 적절하게 활용함으로써, 기업의 생산성과 성장 또는 조직의 효과성과 효율성이 명백하게 제고되도록 한다. 소수집단은 다수집단에 동화의 의미에서 적응하는 것이 아니라, 그들의 가치와 규범이 동등한 대우를 받는다. 소수집단이 모든 기능(機能)수준에서 골고루 대변된다. 고위경영진 및 직원협의회와 같은 공식적·비공식적 힘의 출처는 집단구성을 고려하여 안배된다. 많은 경우에 있어서 명백한 다수는 더 이상 존재하지 않으며, 그 대신 조직은 여러 소수집단으로 구성되고, 이들은 서로 보완하고 서로를 필요로 한다. Cox는 여기서 다문화조직이라는 용어를 사용한다(

Bambach and Kuhn-Fleuchaus, 2011: 72-73).

상기한 7단계 모형은 기업이 나아갈 방도 혹은 가능한 개발과정을 보여주기 때문에 조직개발의 영역에서도 역시 찾아볼 수 있다. 이 개발모형은 비영리조직이나 사회적 기업을 위한 모형으로도 활용할 수 있다. 서로 다른 문화, 행동방식과 사고방식을 갖고 있는 여러 민족·국민이 만나게 되면 종종 오해와 갈등이 발생한다. 따라서 기업이 간문화조직(혹은 다문화조직)으로 변화하기 위해서는 다양성관리의 접근방식이 반드시 기업의 비전이나 기본지침에 착근되어야 한다.

간문화협력을 성공적으로 실행에 옮기기 위해서는 가능하면 해당 기업의 모든 직원이 거기에 부응하는 자질과 능력을 갖추도록 하는 것이 중요하다. 간문화능력을 갖추기 위해서는 여러 영역에 걸친 능력이 필요하다. 여기에는 우선 간문화소통을 위해 중요한 전제조건이 되는 언어능력이 속한다. 게다가 배경을 이해할 수 있기 위해서는 그때그때 해당하는 문화에 대한 지식도 역시 요청된다. 또한 다른 사람들과의 접촉·교류와 관련되고 건설적인 소통을 가능케 하는 사회적 능력과 기능(技能)이 필요하다(Luethi et al., 2010: 48-50; Sauberer, 2011: 440-445; 간문화능력 및 간문화교육에 관해서는 허영식·김진희, 2013 참조).

간문화능력의 습득·함양·신장에 도움을 주기 위하여 간문화소통관리연구소(IKM: Institut fuer Interkulturelles Kommunikations-Management)는 교수방법에 대하여 다음과 같은 지침 혹은 차원을 제시하였다.

〈표 7-6〉 간문화능력의 함양·신장을 위한 교수방법의 지침

정보제공차원	일반적(포괄적) 수준이나 특별한(특정한) 수준에서 간문화소통에 대한 정보와 역사적 사실을 전달한다는 것을 의미한다.
인지적 차원	그때그때 해당하는 자(自)문화와 타(他)문화의 구조 및 기능에 대한 인식, 그리고 배경 및 맥락과 관련된다.
정의적(情意的) 차원	타문화에 속한 사람을 더 잘 이해할 수 있기 위하여, 정서적으로 그 사람의 마음속으로 들어가, 그 사람의 입장에서 상태·상황·처지 따위를 바라볼 수 있는 능력의 함양·신장을 포함하고 있다.
소통 및 행동관련 차원	그때그때 타문화 혹은 표적문화를 적절하게 다루기 위하여, 행위로 옮길 수 있는 참여자의 의지를 개발하는 일과 관련된다.

출처: IKM, 2005; Bambach and Kuhn-Fleuchaus, 2011: 74-75 재구성

Ⅳ. 사회통합을 위한 다양성관리의 실행전략

다문화사회의 사회통합에 기여하기 위한 적절한 접근방안으로서 다양성관리를 도입할 때, 대부분의 경우 상당한 변화를 수반하기 때문에, 담당자 혹은 관련자는 다양성관리를 도입하기 이전에 장기적인 전략과 더불어 현재의 직원 및 고객구조에 대해 의식을 갖고 있어야 한다. 그 변화의 중점은 대부분 기존의 단일문화를 개선하여 다양성에 지향을 둔 기업문화를 수립하고 착근시키는 데 놓여 있다. 다양성변화과정은 시간적으로 대개 몇 년(5~8년)을 요구하며, 피할 수 있는 오류를 간과할 경우 그 기간은 더 연장될 수도 있다.

다양성관리의 기본조건은 기업에 따라 서로 다르게 나타날 수 있

기 때문에, 기업이 처한 상황을 위해 특정한 실행지침을 개발하지 않으면 안 된다. 관련 문헌을 찾아보면, 해결책과 실행계획은 다양성이라는 주제 그 자체와 마찬가지로 다양하다. 예를 들면, 'Wagner & Partner 다양성훈련협회'는 다양성관리를 성공적으로 실행에 옮기기 위해 유의해야 할 기준을 다음과 같이 제시하고 있다(Wagner & Partner, 2003; Bambach and Kuhn-Fleuchaus, 2011: 225-226 재인용).

- 취한 조치가 사실적인 필요에 부응하도록 하고, 접근방안 전체에 대한 사람들의 승인을 보장하도록 하기 위해, 모든 경우에 있어서 선행 작업으로 상세한 분석을 수행해야 한다.
- 차이를 강조하다보면 정도가 지나쳐 오히려 협력을 더 어렵게 만드는 과도한 강조로 변모할 수 있는 위험성이 존재한다. 따라서 여기서 중요한 점은 차이 그 자체가 아니라, 차이와 관계없이 자원을 가장 적절하게 이용하고 모든 사람을 장려하는 데 놓여 있다.
- 경영진(중간관리자를 포함하여 특히 최고경영층)이 접근방안 전체를 뒷받침하지 않으면 안 된다.
- 단지 개별적이고 단편적인 직무연수나 계속교육으로는 별 의미가 없으며, 다양성관리는 포괄적인 접근방안으로 간주해야 한다.
- 참여자를 어떤 집단이나 문화의 대표자로 간주할 것이 아니라, 개개인으로서 바라보아야 한다. 서로 다른 많은 집단이 존재하는 것과 마찬가지로 집단 내에서도 역시 매우 많은 차이가 존재한다.

- 모든 기업에 해당하는 궁극적인 프로그램이나 조치가 있는 것이 아니기 때문에, 다양성관리는 언제나 그때그때의 각 기업에 맞추어 이루어져야 한다.

기업에서 다양성을 실행에 옮기고 계속해서 업데이트하기 위한 조치로는, 예를 들면 기업에서 매년 실시하는 자체평가에서 혹은 기업경영과 인사경영에 대한 도구를 구성하면서, 특히 합의를 통한 기업목표의 설정 및 성과평가체제와 관련하여, 다양성과 관련된 특징을 고려하는 일을 들 수 있다.

1. 도입을 위한 주장

다양성관리의 도입이 필요한 이유는 다음과 같이 고용구조, 비용, 창의성과 문제해결, 인적자원 마케팅, 마케팅, 재정, 융통성, 국제화에 관한 여덟 가지 주장에서 확인할 수 있다(Krell and Sieben, 2011: 161-162; Wondrak, 2011: 193-194).

- **고용구조에 관한 주장:** 인구통계학적 전개과정으로 인하여 직원구성이 점점 더 간문화적인 양상을 띠고 있다는 점을 적절히 다루지 않으면 안 된다. 이것은 다양성에 지향을 둔 인사정책을 요구한다.
- **비용에 관한 주장:** 기업에서 지배적인 집단에 속하지 않는 직원이 적응을 하는 데 어려움을 많이 느낄 경우 성과를 내는 데 방해가 될 수 있다. 여기에 더하여 차별을 받는 경험을 하게 되면, 그것은 동기를 부여하는 데 장애요인으로 작용하며 해당 직

원의 사기를 떨어뜨릴 것이다. 따라서 다양한 직원을 갖고 있는 기업에서 다양성관리는 효율성을 제고하고, 비용을 절감시키는 데 기여할 것이라고 가정할 수 있다.

- 창의성과 문제해결에 관한 주장: 물론 동질적인 집단이 이질적인 집단에 비해 문제를 더 신속하게 해결할 수는 있지만, 다양한 구성원을 가진 혼합집단의 해결이 대개 더 창의적이고 적절한 경우가 많다. 하지만 이를 위한 전제조건은 직원이 다양한 구성원을 가진 혼합팀에서 작업하려는 준비와 자세를 확고하게 갖추는 일이다.
- 인적자원 마케팅에 관한 주장: 다양성관리를 성공적으로 실천에 옮기는 회사는 기업에서 지배적인 집단에 속하지 않는 모든 사람을 위해 더 매력적인 고용주로 등장한다. 또한 현존하는 인적자원도 역시 더 많은 동기를 부여받으며, 직장에 대한 애착심을 더 많이 갖게 된다.
- 마케팅에 관한 주장: 다양한 구성원을 가진 직원은 이와 마찬가지로 다양한 특징을 가진 고객의 필요와 바람을 더 잘 고려할 수 있다. 게다가 다양성관리를 실천하는 회사는 목표의식을 가진 홍보전략을 통하여 윤리적 측면에 강한 지향을 두고 구매결정을 내리는 구매자의 마음에 더 쉽게 그리고 더 가깝게 다가갈 수 있다.
- 재정에 관한 주장: 오늘날 투자에 대한 의사결정은 상당히 높은 정도로 사회적 측면에 지향을 두고 있다. 이에 따라 다양성프로그램을 가진 기업의 주식에 투자하는 경향이 점점 더 많이 늘어나고 있다. 다양성관리는 또한 기업에 대한 신용평가에 있어서

도 역시 중요한 요인으로 작용하고 있다.

- 융통성에 관한 주장: 단일문화조직은 의사결정을 내리는 위원회나 부서의 동질성, 그리고 동조성에 대한 강한 압력을 특징으로 한다. 그래서 그것은 초문화조직(transcultural organization)이나 다양성관리를 실천에 옮기는 조직과 달리, 주위환경에서 발생하는 변화에 대응하는 데 있어서 융통성이 떨어질 수 있다.
- 국제화에 관한 주장: 기업 내에서의 다양성은 인정과 존중을 장려하며, 편견을 제거하거나 줄여나가고, 그렇게 함으로써 국제시장에서 성공적으로 행위를 할 수 있는 준비와 자세를 갖추도록 한다. 상기한 주장에 더하여 기업의 경쟁력을 위해 추가로 도움을 줄 수 있다. 특히 세계적 수준에서의 활동을 통한 매상증가와 판로확장, 충원가능성의 개선, 근로만족도와 동기부여의 제고, 인수·합병과정에서의 부드러운 이행(移行) 따위를 이 맥락에서 거론할 수 있다.

2. 이행을 위한 접근방안

새로운 기본자세로서 다양성을 기업에 도입하기 위해서는 이행(履行)을 위한 두 가지 접근방안을 구분할 수 있는데, 그 하나는 다양성도입이며 다른 하나는 다양성주류화(diversity mainstreaming)이다.

- 다양성도입: 여기서는 다년간에 걸쳐 문화적 변화를 가져옴으로써 조직에 새로운 개념 혹은 구상을 끌어들이고 도입하는 일이 중요하다. 다양성이라는 새로운 개념이나 구상을 조직으로

끌어들임으로써, 대개 다년간에 걸친 문화적 변화가 개시된다. 기존의 접근방안에 대하여 새로운 접근방안 혹은 패러다임이 도입되는 것이다.

- **다양성주류화:** 두 번째 과정에서 다양성의 원칙이 조직의 기존 구조에 통합되며, 업무활동이 지속적으로 다양성의 이용에 지향을 둔다. 이 다양성주류화에서는 인적자원영역과 기업소통에 핵심적인 의미와 중요성이 부여된다.

이 두 가지 과정은 서로 겹치며, 다양성과 관련된 작업에서 처음에는 도입이 그리고 나중에는 주류화의 부분이 더 많은 비중을 차지한다. 시간이 가면서 도입활동의 부분이 상대적으로 줄어들고, 나중에는 주류화에 속하는 부분이 더 많은 비중을 차지한다. 다양성주류화의 틀 속에서 가장 중요한 조치에는 예를 들면, 근로형태·근로시간·일자리 측면에서 얼마나 더 많은 다양성을 가져올 수 있는지의 문제제기 하에서 채용공고나 인적자원관리체제를 검토하는 일이 속한다(Stuber, 2009: 144-146).

3. 하향식 접근방안과 상향식 도입방안

새로운 주제를 효과적으로 도입하기 위해서는 기업경영진이 그 주제를 믿을 만하게 대변할 필요가 있다. 따라서 다양성관리의 도입을 위해서는 기업경영진(사업가와 모든 수준의 관리자 포함)의 뒷받침이 필수적이다. 이것은 지도부가 다양성을 적절하게 다루는 데 적합하다는 것, 그리고 필요한 경우에는 특별히 교육·훈련을 받아야 한다는 것을 전제로 한다. 또한 핵심사업과의 연관성도 역시 소홀히 다룰 수 없는 전제조건이 된다. 왜냐하면 그렇게 해야 비로소 다양성관리를 기업경영의 장기적인 전략개념으로 간주할 수 있기 때문이다.

도입은 하향식 접근방안이라는 의미에서 우선 기업경영진에서 출발하여 상위 관리직 수준에서 이루어진다. 이것은 목표설정에 대한 합의, 워크숍 혹은 이와 유사한 조치를 통해 행해질 수 있다. 이러한 과정이 속행하는 동안, 이와 나란히 이른바 상향식 활동의 도입이 시작된다. 이를 통해 직원을 새로운 전략과 친숙하게 만들고, 다양성존중에 대한 그들의 감수성을 제고시킬 수 있다. 네트워크, 토의형태, 그리고 다른 행사를 도입할 때, 직원의 편에서 나오는 아이디어나 자극에 큰 의미를 부여한다.

하향식 활동과 상향식 활동 모두 다양성에 대한 감수성을 기르고 신장시키는 일에 주된 목표를 두고 있다. 다시 말하면, 앞에서 언급한 획일적 조직(단일문화조직)을 점차 다문화조직 혹은 간문화조직으로 거듭나게 하는 데 주된 과제가 놓여 있는 것이다. 상기한 두 가지 이행(履行)방향에서 다양성의 서로 다른 측면에 대한 의식을 갖추도록 하고, 기업에서 그것이 갖고 있는 적실성에 대한 의식을 갖추도록 해야 한다. 여기에 기초하여 개인성에 대한 존중을 장려하고, 차이에 대한 건설적인 취급을 개발하게 된다.

상향식 운동의 보기로는 독일은행(DB)이 사보를 통해 전개한 홍보캠페인("우리를 번영시키는 것은 다름 아니라 차이점이다.")을 들 수 있다. 이 광고의 모티브는 구내식당이나 다른 행사에서 활용하는 식단표나 게시판에도 등장하였다. 이를 통해 차이와 다양성에 대한 직원의 의식을 일깨우고 이에 대한 감수성을 기르고자 하였다. 하향식 도입의 보기로는 Ford사가 발표한 다양성정책을 들 수 있다. Ford사 유럽지사장의 서명을 담고 있는 책자에는 다양성을 갖고 무엇을 도달할 수 있는지, 사람들이 어떻게 행동해야 하는지, 그리고 직원에게서 무엇을 기대하는지에 대한 것이 정식화되어 있다(Stuber, 2009: 146-179).

4. 도구

조직문화는 비록 책상머리에서 설계하고 이행할 수 있는 것은 아니지만, 조직문화의 변화를 관리하기 위해서는 체계적인 방법이나 절차방식이 요청된다. 이 맥락에서 Cox의 자동조절시스템에 지향을 두고 Krell이 설계한 (조직)문화변동모형을 소개하면 다음과 같다.

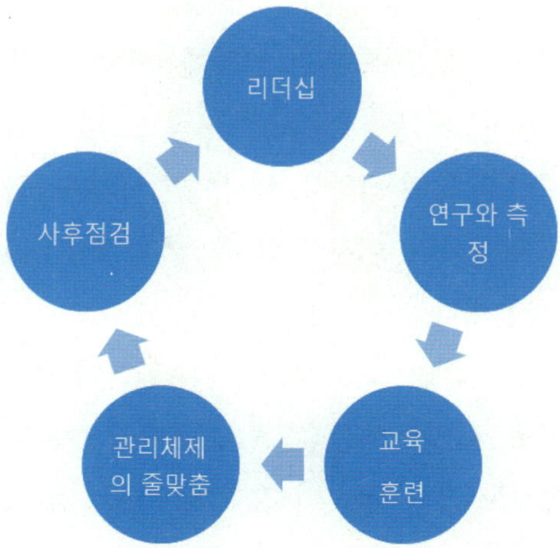

출처: Cox, 1994: 231; Cox, 2001: 19; Krell and Sieben, 2011: 166 재구성

〈그림 7-1〉 조직문화변동모형

- 리더십은 우선 다양성관리를 조직의 전략과 비전 혹은 기본원칙에 착근시키고, 이것에 대하여 포괄적으로 소통하는 일과 관련된다(기업경영진의 공언과 헌신, 지도부와 다양성 담당자의 역할).
- 연구와 측정은 변화과정을 위해 중요한 의미가 있는 데이터의 수집·확보와 관련된다(고객과 근로자의 구성변화에 관한 통계자료, 다양성감사(기업에서 어떤 서로 다른 문화가 존재하는지에 관한 특별한 방법을 통한 분석), 직원대상 설문조사).
- 교육(훈련)은 계몽·설득작업과 관련된다(다양성훈련, 코칭, 멘토링).
- 관리체제의 줄맞춤(alignment)은 인사정책과 관련된다. 인사정책과 관련된 모든 도구·기준·절차·실천은 한편으로 차별의 잠재성 측면에서, 그리고 다른 한편으로 동등대우의 잠재성 측면에서 검토되며, 그에 따라 결과에 비추어 조절된다.
- 사후점검(추적조사)은 다른 모든 구성요소와 중첩되지만, 특히 연구 및 측정과 많이 겹친다. 왜냐하면 지속가능한 결과에 도달하는 일이 중요하고, 이것은 다시금 계속적인 개선과정을 전제로 하기 때문이다.

다양성훈련은 미국에서 다양성관리와 관련하여 가장 빈번하게 활용되는 도구이며, 독일인사경영협회(DGFP)의 설문조사에 따르면, 그동안 독일에서도 역시 점점 더 많이 활용되고 있다고 한다. 그동안 다양성훈련의 두 가지 형태가 자리를 잡았으나, 실제로는 종종 조합시켜 적용되고 있다(Stuber, 2009: 151-152, 160; Stumpf, 2005; 239-241).

- 의식훈련은 의식을 형성하는 조치를 가리킨다. 이 형태의 출발점은 지도부와 직원이 그들의 기업에서 다양성이 존재하는지에 대하여, 그리고 지배적인 집단에 속하지 않는 사람들이 불이익을 감수해야 하는지에 대하여 우선 의식을 갖추도록 하는 것이다.
- 기능(技能)함양훈련에서는 다양한 직원의 협력과 경영을 위해서 요청되는 구체적인 능력 혹은 다른 (국민)문화와의 접촉에서 요청되는 구체적인 능력을 습득하는 일이 중요하다.

훈련을 개별적인 조치가 아니라, 포괄적인 다양성프로그램의 많은 모듈(구성요소) 중 하나로 구상하고 실행함으로써 그 효과성을 제고할 수 있고 또한 그렇게 해야 한다. 조직변형을 위한 도구로서 또한 언급할 수 있는 것으로는 다양성에 지향을 둔 지도부 대상 평가, 최고경영진을 위한 자문단, 멘토프로그램, 사회적 행사의 실행, 기회균등 관련 세미나, 프로젝트 수행집단, 그리고 의사결정에서의 이질성 확보 등을 들 수 있다.

5. 이행순환과정

이념형 수준에서 바라볼 때, 다양성관리의 이행(履行)과정은 다음과 같이 여덟 가지 단계(국면)를 거쳐야 한다(European Institute for Managing Diversity, 2005; Bambach and Kuhn-Fleuchaus, 2011: 234 재인용).

- 기업의 다양성프로필 작성
- 다양성과 관련하여 취약부분의 확인

- 취약부분과 관련하여 다양성개념 설계
- 구상(개념)과 직원의 참여가능성에 대한 내부적 소통
- 다양성구상(개념)을 뒷받침하기 위한 훈련
- (측정에 기반을 둔) 평가
- 기업문화의 일부로서 전개시킬 다양성관리모델 개발
- 외부적 소통

여기서 다양성의 관리차원, 즉 기업에 특정한 구상(개념), 훈련과 적절한 도구, 세심하게 짜낸 전략, 리더십, 그리고 통제와 평가가 지닌 가치를 인정해야 한다. 효과적인 실행은 기업의 비전과 연결되어 있다. 여기에 더하여 설득력 있는 경제적 모티브가 확고한 기반이 된다. 다양성개념과 관련한 명료성이 필요하며, 이와 더불어 전략적 계획, 분명한 행위지침과 과정절차, 필요에 대한 집중, 그리고 다양성의 긴장관계와 복합성에 대한 긍정적인 취급이 필요하다.

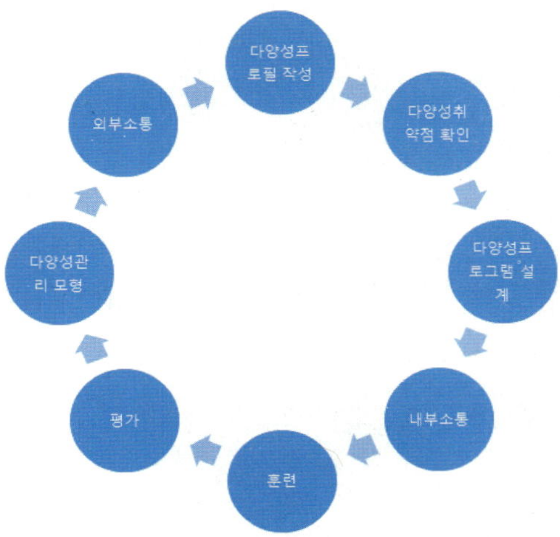

출처: Bambach and Kuhn-Fleuchaus, 2011: 235 재구성
〈그림 7-2〉 다양성관리의 이행순환과정

다양성은 세계화에서 주주가치에까지 미치는 경제부문에서의 근본적인 변화를 고려할 때 핵심적인 주제로 간주할 수 있다. 다양성의 이행(履行)은 두 가지 서로 겹치는 과정으로 구성된다. 도입은 새로운 주제를 기업에 끌어들이고, 의식과 변화를 창출한다. 주류화는 다양성이 모든 체제·과정·내용에 통합되는 것을 확실하게 만든다. 시간이 지나가면서 도입의 의미와 중요성은 상대적으로 줄어들며, 주류화의 의미와 중요성은 상대적으로 더 증가한다. 따라서 다양성의 잠재력을 지속가능하게 이용하기 위해서는 다양성의 전략적인 도입 이외에 포괄적인 다양성주류화가 유의미한 가치가 있다.

다양성접근방안은 개관하기 힘든 복합성을 안고 있기 때문에, 선견지명을 갖고 신중하게 기획을 할 필요가 있다. 한편으로 기업은 이제까지 성공적인 결과를 가져왔던 체제가 장래에는 그러한 성공을 보장할 수 없다는 점을 인식하지 않으면 안 된다. 개선된 목표에 도달하기 위해서 다양성은 확고한 경제성을 필요로 하며, 또한 변화과정을 뒷받침하고 추진할 수 있는 지도부와 직원을 필요로 한다(Stuber, 2009: 265). 이것은 다시금 정확한 현황·목표분석을 요청한다. 바로 여기서 이행전략을 도출할 수 있다. 이를 위한 틀은 원활한 네트워크를 갖춘 다양성조직과 여기에 부응하는 성공측정체제이다. 다양성은 기업에 따라 분화시켜 관찰하지 않으면 안 된다. 따라서 각 기업은 어떤 차원이 중심에 놓여 있으며, 정확히 무엇을 개선할 것인지에 대해 처음부터 숙고해야 한다(Becker, 2006: 41-42; Stuber, 2009: 181).

V. 결론

이상의 논의를 바탕으로 할 때, 본고에서 요약 및 결론 차원에서 강조하고자 하는 사항은 다음과 같이 몇 가지 명제로 정식화할 수 있다.

첫째, 우리 사회에서는 종종 양극화하는 흑백논리 사고와 행위가 지배하곤 한다. 하지만 다문화사회에 대비하고 적응하기 위해서는, 그리고 다문화사회의 통합문제를 다루기 위해서는, 적어도 다양한 측면과 관점을 동시에 생각하는 사고방식이 점점 더 많이 요청된다. 그리고 이러한 사고방식이 경제와 개인생활에서 혁신과 창의성을 발휘하고 더 좋은 결과를 가져오는 데 도움이 될 것이다. 그러나 이를 위해서는 의식적인 태도의 변화를 필요로 한다. 서로를 풍부하게 해주는 차이와 다양성의 상승효과를 추구하기 위해서는 공통의 목표, 합의를 본 협력규칙, 이해와 상호존중이 기본적인 전제조건이 된다. 다양성관리에서 대개 관찰할 수 있는 관리모듈과 경제적 적실성 사이의 구획과 관련하여, 다양성은 물론 일차적으로 경제적인 도구이지만, 또한 경영과 인사개발의 접근방안이기도 한다. 다시 말하면, 다양성관리는 가치에 기반을 둔 경영행동에서 성공적으로 실행에 옮길 수 있다.

둘째, 다양성관리가 기본적으로 경제적인 지향을 지니고 있다는 점을 고려할 때, 다양성관리가 비영리기업 혹은 사회적 기업에 대해서도 역시 적실성과 유의미성을 갖추고 있는지에 대한 근본적인 질문이 제기된다. 사유경제영역의 경우와 유사하게, 이윤에 일차적인 지향을 두지 않고 있는 영역에서도 역시 다양성의 개념규정뿐만 아니라, 중요성과 목표도 적실성이 있다는 결론을 내릴 수 있다. 이러한 유사성은 생산성, 협력, 노사관계와 같은 조직 내부적 측면에 적용되는 것으로 보인다. 또한 고객과 수익 지향의 질문과 관련해서도 역시 유사성을 관찰할 수 있다. 이윤에 일차적인 지향을 두지 않고 있는 영역에서도 역시 조직이 다양성을 위한 관여와 헌신을 외부에 알림으로써 공론장이 인지할 수 있도록 하는 일이 유의미한 것으로 보인다.

셋째, 다양성의 중기적인 목표설정은 다양성에 대한 의식적인 존중 및 차이에 대한 합목적적 이용과 관련된다. 그러한 다양성 이미지는 추가이득으로 간주할 수 있으며, 대내적·대외적으로 사용자와 기관으로서의 비영리조직이나 사회적 기업의 위신과 이미지에 긍정적인 영향을 미친다. 이 맥락에서 비영리조직의 미래지향적인 목표는 세 가지 요청사항(어려운 시대에도 불구하고 전통을 유지하면서 동시에 지양(止揚)할 것, 전통적인 개념을 새롭게 규정할 것, 그리고 새로운 현실을 파악하면서 더 이상 적절하게 사용할 수 없는 것은 버릴 줄도 알아야 한다는 것)으로 요약하여 제시할 수 있다.

넷째, 다양성의 이행을 통하여 해당 조직은 상당한 정도의 이득과 개선을 기대할 수 있다는 것을 확인할 수 있다. 물론 그 이득과 개선은 약간의 손해와 위험부담으로 인하여 과소평가되어서는 안 된다. 그렇지만 대부분의 이득은 포괄적이고 전략적인 이행방안이 추진되어야 비로소 기대할 수 있다. 그러한 이행방안에는 대내외적 소통의 강화, 포괄적인 훈련, 그리고 전체적인(총체적인) 주류화 따위가 속한다.

다섯째, 다양성은 제한점보다는 더 많은 기회를 제공하며, 얼마

지나지 않아 사라지고 마는 어떤 새로운 관리방법이 아닌 것이다. 오히려 다양성은 구성원 모두를 인정하고 존중해 주는 문명화된 사회질서의 확고한 기본원칙에 기반을 두고 있다. 다양성이라는 도전에 대해서 이러한 준칙을 설정할 수 있다. 당신 자신이 대우받고 싶은 바와 같은 방식으로 다른 사람을 대우할 것이 아니라, 더 나아가서 가능하면 그 사람이 원하거나 좋아하는 것에 부응할 수 있도록 그렇게 행동하라. 결국 모든 당사자와 참여자의 행복과 복지를 위해 이제까지 보이지 않는 잠재능력을 끌어내고 진흥시킬 수 있는 다양성관리에서 가능하면 많은 긍정적인 경험과 체험이 이루어져야 할 것이다.

참고문헌

정창화·허영식. "다문화사회에서 사회통합의 착근을 위한 다양성관리." 『유럽연구』. 제29권 제3호(2011년 겨울), pp. 217-243.

허영식·김진희. "간문화능력과 간문화교육에 대한 동향과 함의: 독일의 사례를 중심으로." 『한독사회과학논총』. 제23권 제3호(2013년 가을), pp. 31-60.

허영식·정창화. 『간문화주의를 통한 사회통합과 국가정체성 확립』. 파주: 한국학술정보(주), 2012.

Aretz, H.-J. "Strukturwandel in der Weltgesellschaft und Diversity Management in Unternehmen." Becker, M. and Seidel, A. (eds.). *Diversity Management. Unternehmens- und Personalpolitik der Vielfalt.* Stuttgart: Schaeffer-Poeschel, 2006, pp. 51-74.

Bambach, M. and Kuhn-Fleuchaus, C. *Diversity Management. Unsichtbare Potentiale foerdern.* Stuttgart: Steinbeis-Edition, 2011.

Becker, M. "Wissenschaftstheoretische Grundlagen des Diversity Management." Becker, M. and Seidel, A. (eds.). *Diversity Management. Unternehmens- und Personalpolitik der Vielfalt.* Stuttgart: Schaeffer-Poeschel, 2006, pp. 3-48.

Cox, T. *Cultural Diversity in Organizations. Theory, Research & Practice.* San Francisco, CA: Berrett-Koehler Publishers, 1994.

Cox, T. *Creating the Multicultural Organization. A Strategy for Capturing the Power of Diversity.* San Francisco, CA: Jossey-Bass, 2001.

Doege, P. *Von der Antidiskriminierung zum Diversity-Management.* Goettingen: Vandenhoeck & Ruprecht, 2008.

European Institute for Managing Diversity.

"Implementierungsprozess von Managing Diversity."
http://www.iegd.org/English/FramesHomePage.htm (2005년 1월 30일 검색).

IKM. "Leitlinien zur methodisch-didaktischen Vorgehensweise zur Vermittlung interkultureller Kompetenz."
http://www.ikm-institut.chg/methodisch.htm (2005년 1월 9일 검색).

Krell, G. and Sieben, B. "Diversity Management: Chancengleichheit fuer alle und auch als Wettbewerbsvorteil." Krell, G. et al. (eds.). *Chancengleichheit durch Personalpolitik.* Wiesbaden: Gabler, 2011, pp. 155-174.

Kreuzhuber, M. "Mythos Migration." Pauser, N. and Wondrak, M. (eds.). *Praxisbuch Diversity Management.* Wien: Facultas, 2011: pp. 109-122.

Leenen, R. et al. "Kulturelle Diversitaet in Unternehmen. Zur Diversitaetsorientierung von Personalverantwortlichen." Becker, M. and Seidel, A. (eds.). *Diversity Management. Unternehmens- und Personalpolitik der Vielfalt.* Stuttgart: Schaeffer-Poeschel, 2006, pp. 125-146.

Liegl, B. "Exkurs: Rechtliche Mindeststandards als Grundlage fuer Diversity Management." Pauser, N. and Wondrak, M. (eds.). *Praxisbuch Diversity Management.* Wien: Facultas, 2011: pp. 59-77.

Luethi, E. et al. *Teamentwicklung mit Diversity Management. Methoden-Uebungen und Tools.* Bern: Haupt, 2010.

Pauser, N. "Grundlagen des Diversity Managements." Pauser, N. and Wondrak, M. (eds.). *Praxisbuch Diversity Management.* Wien: Facultas, 2011: pp. 27-48.

Petersen, L.-E. and Dietz, J. "Diversity Management." Petersen, L.-E. and Six, B. (eds.). *Stereotype, Vorurteile und soziale*

Diskriminierung. Theorien, Befunde und Interventionen. Weinheim: Beltz, 2008, pp. 311-319.

Sauberer, G. "Interkulturelles Management." Pauser, N. and Wondrak, M. (eds.). *Praxisbuch Diversity Management.* Wien: Facultas, 2011: pp. 437-448.

Stuber, M. Diversity. *Das Potential-Prinzip. Ressourcen aktivieren - Zusammenarbeit gestalten.* Koeln: Wolters Kluwer, 2009.

Stumpf, S. "Interkulturelles Management." Thomas, A. et al. (eds.). *Handbuch Interkulturelle Kommunikation und Kooperation.* Goettingen: Vandenhoeck & Ruprecht, 2005, pp. 229-242.

Wagner & Partner. "Was ist Diversity Management?."

http://diversitytraining.at/sitemap/fachart/diversity1/htm(2003년 4월 21일 검색).

Wondrak, M. "Implementierung von Diversity Management." Pauser, N. and Wondrak, M. (eds.). *Praxisbuch Diversity Management.* Wien: Facultas, 2011: pp. 193-216.

〈Abstract〉

Diversity Management as Social Integration Approach

The purpose of this paper is to share the findings of a study that focused on the trend of discourse on diversity management as an approach towards social integration and its implications. To achieve the aim, this article identifies following themes: the problem of integration of multicultural society and diversity management, ethnic group/nation as a dimension of diversity and diversity management, and implementation strategy of diversity management for social integration. The bottom line of this study can be formulated as follows: In order to prepare for multicultural society and address the integration problems, we need more than ever the thinking modes, which consider simultaneously diverse aspects and perspectives. Similarly in the cases of private economic domain, the significance and goals of diversity as well as its conceptual definitions have relevance also for the non-profit organizations or public offices. A set of strategic implementation approaches or instruments such as the strengthening of both internal and external communication, a comprehensive training/education, and, last but not least, a total mainstreaming can be considered preconditions for securing the desirable profits and ameliorations. After all, diversity is based on the fundamental principle of civilized social order, which is oriented towards a triad of understanding, acceptance/recognition, and respect for all of the members in a given organization in particular or society in general.

[Key words] diversity management, ethnic group/nation, intercultural organizational type, intercultural personal management, implementation strategy

제 8 장

다문화사회에서 편견의 문제와 다양성관리[1]

1) 제8장의 내용은 『민족연구』 제57호(2014.03.)에 게재한 필자의 글을 부분적으로 수정·보완한 것임.

〈국문요약〉

본고는 다문화사회에서 편견의 문제와 이 문제에 적절하게 대처하기 위한 다양성관리의 접근방안을 살펴보는 데 목적을 두었다. 이 목적을 달성하기 위하여 편견연구와 다양성관리, 편견의 개념과 특징, 편견에 대한 관리로서의 다양성관리에 관하여 기술하였다. 본고에서 강조하고자 하는 사항은 다음과 같다. 첫째, 편견은 다양성에 대한 반응으로서 관찰할 수 있으며, 따라서 다양성에 지향을 둔 연구와 다양성관리가 다루어야 할 도전과 과제로 남아 있다. 둘째, 편견은 개인적·집단적 정체성을 위해 중요한 기능을 수행하고 있기 때문에, 편견을 교정하기란 쉬운 일이 아니다. 다양성관리의 차원에서 바라볼 때, 편견으로 인하여 차별을 받는 집단에 대한 공감을 불러일으키는 단기적인 조치를 통하여 특정한 집단에 대한 적대적인 태도나 반감을 극복하는 것은 어려운 일이다. 셋째, 편견의 발생기제로는 사회적 범주화, 타집단 동질성효과와 돌출효과, 현실주의적 집단갈등, 개인적인 경험과 사회적 학습을 고려할 수 있으며, 편견의 부정적인 결과(사회적 차별과 갈등)는 강화·정당화시키는 요인과 억제하는 요인에 의해 조절된다. 넷째, 다양성관리는 편견이 수반할 수 있는 부정적인 결과에 대하여 적절하게 대응할 수 있어야 한다. 이 맥락에서 편견의 감소, 억제요인의 활성화, 강화·정당화요인의 감소와 같은 접근방안을 고려할 수 있다. 다섯째, 편견이 다양성관리를 위해 중요한 의미를 갖고 있음에도 불구하고, 이제까지 적실성을 갖춘 연구는 별로 없는 편이다. 따라서 기업과 같은 조직에서의 편견문제에 대한 다양성관리의 정책적·실천적 과제에 대한 관심과 담론이 요청된다.

[주제어] 편견, 정체성, 다양성관리, 강화·정당화요인, 억제요인

Ⅰ. 서론

이주운동의 증가와 인구통계학적 변화는 노동시장에서의 변화를 수반하고 있으며, 이러한 변화에 대하여 점점 더 많은 기업이 다양성관리를 통해 대응하고 있다. 그 이유로는 여러 가지를 생각해 볼 수 있다. 다양성관리는 기업과 같은 조직으로 하여금 다양한 집단에 더 가까이 다가가고 간문화적 관점에서 이들을 통합시키는 데 도움을 준다. 게다가 직원의 인구통계학적 양상을 고객의 그것에 적응시킴으로써 기업은 고객의 만족도와 매상고를 제고시키고자 원한다. 또한 다양성관리를 통하여 기업은 창의적인 다양성과 더불어 재화와 용역의 질을 향상시킬 수 있다고 기대한다. 기업은 다양성관리를 이미지 관리의 수단으로 간주하며, 기업에 대한 여론을 가능하면 유리하게 하고, 다양성활동과 관련하여 다른 기업과의 경쟁에 있어서 유리한 위치를 차지하려고 한다. 그렇게 함으로써 기업은 공론장에 대한 관계를 개선하고, 기업의 목표와 전략에 대한 공공의 지지를 바라게 된다.

이상에서 살펴본 바와 같이 다양성관리의 잠재적 효용성에 대해서는 별 이의가 없는 것처럼 보인다. 그러나 긍정적인 효과에 대한 기대와 더불어 다른 한편으로는 다양성관리를 위한 본래적인 이유를 간과해서는 안 된다. 본래적인 문제는 다양화·다변화된 직원은 종종 갈등잠재성을 수반한다는 데 놓여 있으며, 이것은 특히 근로집단의 기능을 방해하고, 집단결정의 이행에 부정적인 영향을 미칠 수 있다. 갈등잠재성의 원인은 다양하다. '사공이 많으면 배가 산으로 간다.'는 속담이 있듯이, 다양한 관점의 수가 늘어나면 집단작업의 조정이 그만큼 더 어렵게 될 수 있다(Krell and Sieben, 2007: 235-238; Vedder, 2006: 10-11; Doege, 2008: 7-10). 서로 다른 집단소속감을 가진 사람들이 마찰 없이 상호작용하는 것을 방해하는 근본적인 심리현상이 다름 아니라 편견인데, 본고에서는 이러한 심리현상에 중점을 두고 다양성관리의 목표와 과제를 탐색하고자 한다.

편견은 불신, 개인적인 갈등, 그리고 직원 사이의 협력부족을 수반할 수 있다. 편견은 기업에서 사회적 차별을 낳는 일차적인 이유이다. 이것은 예를 들면 직원채용·선발에 있어서 소수집단에 속한 자를 차별하는 데에서 확인할 수 있다. 그런데 이와 같은 차별은 직원의 재능을 감소시키는 결과를 수반할 뿐만 아니라, 차별을 받는 당사자의 업무수행과 경력에 부정적인 영향을 미치기도 한다. 게다가 어떤 개인에 대한 차별을 관찰하게 되면 이것은 동일한 인구통계학적 집단에 속한 다른 사람들에게도 역시 부정적인 결과(보기: 좌절, 자신감의 상실)를 가져올 수 있다.

이와 같이 편견은 직장에서 심각한 갈등을 수반하고, 기업의 인재풀(talent pool)을 제한하고, 직원의 성과와 신체적·심리적 건강에 피해를 줄 수 있다. 따라서 다양성관리를 위해 중요한 사항은 편견이 인지와 행동에 어떤 영향을 미치는지, 그리고 직장에서 이러한 영향이 어떤 결과를 수반할 수 있는지에 대해 이해하는 일이다. 다양성관리의 실제를 살펴보면, 이제까지 종종 징후의 치유에만 초점을 맞추고, 차별을 낳는 원인의 이해를 별로 다루지 않는 경향이 있다. 따라서 다양성관리자가 성공적으로 개입할 수 있는 방안을 모색하기 위해서는 편견을 다루지 않으면 안 된다(Petersen and Dietz,

2006: 106-107; Petersen and Dietz, 2008: 311).

이런 배경과 문제의식에서 출발하여, 본고는 다문화사회에서 편견의 문제에 초점을 맞추어 이 문제를 적절하게 다루고 해결하기 위한 접근방안으로서 다양성관리의 과제를 탐색하는 데 주된 목적을 둔다. 이 목적에 도달하기 위하여 우선 다양성관리의 관점에서 편견의 문제와 편견에 대한 연구를 살펴보고, 이어서 편견의 개념과 특징에 대하여 보다 더 자세하게 논의한다. 여기에 기초하여 그 다음에는 편견에 대한 관리로서의 다양성관리에 중점을 두고, 편견의 부정적인 영향에 대하여 다양성관리가 어떻게 대처할 수 있는가의 질문에 주의를 기울인다. 마지막으로 결어부분에서는 본고에서 강조하고자 하는 사항을 몇 가지 명제로 정식화하여 제시하고자 한다.

II. 편견연구와 다양성관리

1. 연구대상으로서의 편견

인문사회과학의 간학문적 접근방안으로서 편견에 대한 연구는 사회적 다양성을 적절하게 다루기 위한 기초연구의 한 영역으로 간주할 수 있다. 편견은 대개 다양성에 대한 반응으로서 관찰할 수 있으며, 따라서 다양성에 지향을 둔 연구와 다양성관리가 다루어야 할 도전과 과제로 남아 있다. 이 맥락에서 편견연구의 문제제기·범주(기본개념)·이론·연구결과는 이 분야에서 적절한 목표와 수단을 탐색하는 데 있어서 일련의 인식도구와 통찰을 제공해 줄 수 있다.

편견연구의 분야는 좁은 의미와 넓은 의미로 구분하여 살펴볼 수 있다. 명시적으로 편견연구에 종사하는 사람들이 수행하는 연구의 흐름을 좁은 의미의 편견연구에 포함시킬 수 있다. 여기서 편견연구는 주로 심리학·사회심리학·사회학의 영역에 속한다. 이 분야에서의 연구전통은 20세기 전반으로 소급시킬 수 있다. 편견연구를 위해 주요한 계기를 제공한 것으로서 특히 유대인에 대한 증오를 국가독트린으로 삼았던 나치정권을 들 수 있다. 나치독재정권을 피해 독일에서 미국으로 도피했던 프랑크푸르트학파의 연구자들이 수행한 연구가 편견연구의 맥락에서 많이 인용되고 있다.

여기서 나온 개념으로서 권위주의적 인성을 들 수 있으며, 이 개념은 편견을 국가정권에 지향을 둔 성격구조의 표현으로서 해석하고 있다. 이러한 접근방안 이외에 다른 사회심리학적 개념이 등장하였는데, 여기서 두 가지 보기를 들자면, 그 하나는 좌절·공격성에 대한 가설이며, 다른 하나는 독단주의이론이다. 전자의 가설에 따르면, 편견은 사실상 좌절에 원인을 제공하는 자가 아니라 오히려 어떤 다른 대체물(대체대상, 희생양)을 향한다고 한다. 후자는 편견을 경직된 신념체계의 표현으로 간주한다.

편견연구를 넓은 의미에서 바라볼 때, 심리학·사회심리학·사회학 이외에 일련의 다른 학문분야에서 편견의 발생과 작용방식에 대한 연구가 이루어지고 있다. 여기서는 비록 명시적으로 그리고 중점적으로 편견연구의 개념을 사용하고 있지는 않지만, 편견연구를 위해 역시 중요한 단서를 제공해 줄 수 있다. 여기에 속하는 학문분야로는 역사학·정치학·문예학과 같은 분야를 들 수 있다(Benz and Widmann, 2007: 35-36; Petersen and Six, 2008: 17-18).

2. 편견과 정체성의 연관성

편견의 측면 중에서 개인적·집단적 정체성을 뒷받침하는 기능이 근본적으로 중요하다. 정체성형태의 두 가지, 즉 개인정체성과 집단정체성은 서로 밀접한 관계에 놓여 있다. 왜냐하면 사람들은 자존감의 일부를 집단소속감에서 끌어오기 때문이다. 이때 그들은 자기가 속한 집단을 이상화하고, 다른 집단보다 더 우월한 것으로 바라보려는 경향을 갖고 있다. 이와 같이 타집단에게 부정적인 속성을 부여하고, 자기가 속한 집단을 이상화하려는 경향은 마치 동전의 양면과 같이 상호보완관계에 놓여 있다.

역사적 관점에서 바라볼 때, 민족·국민과 같은 대집단이 발생하거나 형성되는 데 있어서 갈등의 요소로서 편견이 종종 중요한 역할을 수행했다는 점을 확인할 수 있다. 예를 들면, 유대인에 대한 편견·차별의 사례를 통해 자기가 속한 집단을 구성하고 안정화시키는 편견의 기능을 잘 인식할 수 있다. 근대 반유대주의의 전신으로서 이미 유대인에 대한 초기기독교의 반감을 지적할 수 있다. 유대인에 대한 기독교의 적대감은 2세기에 시작되었다. 긍정적인 기독교의 자아상과 정체성을 위한 전제조건으로서 그리고 기독교의 집단형성을 위한 한 가지 요인으로서 유대인에 대한 반감이 작용했던 것이다.

자기집단의 창출과 안정화를 위한 편견의 작용방식과 효과는 독일과 다른 유럽국가에서 19세기 후반에 근대 반유대주의가 발생하는 과정을 통해서도 예시적 차원에서 보여줄 수 있다. 이와 같은 적대감의 형태가 부상한 것은 당시 민족주의의 보급·확산과 매우 밀접한 관계에 놓여 있었다. 특히 민족주의운동이 자유주의와 근대성에 저항하는 과정에서 유대인에 대한 반감이 역할을 수행하였다. 독일

제국의 수립과 더불어 유대인이 형식적으로 동등한 권리를 가진 시민이 되었는데, 당시 사회적·경제적 변동으로 인하여 어려움에 처한 지역이나 위협을 느낀 사람들이 특히 유대인을 위협적인 경쟁자로 인지하였다. 다시 말하면, 유대인은 이상화된 자기집단 혹은 동질적인 민족공동체에 방해가 되는 세력으로 간주되었다.

경제적인 문제를 넘어서서 또한 유대인은 집단적 수준에서 신비적인 성질을 띠게 되었으며, 이 맥락에서 심지어 근대의 모든 위험요소를 구체적으로 보여주는 화신(化身)으로 간주되었다. 제1차 세계대전 이후에 와서 반유대주의는 더욱 과격한 형태를 띠게 되었으며, 이 맥락에서 유대인은 이제 증오의 대상이 된 민주주의, 러시아 공산주의(러시아혁명의 배후세력인 볼셰비즘), 그리고 황금만능주의에 입각한 자본주의에 대한 상징으로 나타났다. 그런데 심지어 유대인에 대한 대학살과 민족사회주의 지배체제의 붕괴가 끝난 제2차 세계대전 이후에도 역시 부분적으로 남아 있는 유대인에 대한 반감의 잔재는 자기가 속한 집단의 자아상(즉, 자아에 대한 심상)과 정체성을 안정화시키는 편견의 기능을 계속 유지하고 있다(Benz and Widmann, 2007: 39-41).

상기한 바와 같이, 반유대주의의 사례는 어떻게 편견이 상황과 맥락 속에서 작용을 하고, 이와 동시에 사회적·정치적 상태가 바뀌면 어떻게 이러저러한 방식으로 변화할 수 있는가를 잘 보여주고 있다. 여기서 편견은 다양성을 자기가 속한 집단의 세력에 위협을 가하는 것으로 인지하는 동질성 이데올로기의 요소로 나타난다. 그때그때 상황과 맥락에 따라 민족·인종·국민·문화 따위가 동질적이거나 순수한 상태로 남아 있기를 바라는 소망이 작용하곤 한다.

어쨌든 편견이 개인적·집단적 정체성을 위해 매우 중요한 기능을 수행하고 있기 때문에, 편견을 교정하기란 상당히 어려운 일이다. 다양성을 다루기 위한 전략, 즉 다양성관리를 위해서 여기서 중요한 결론을 도출할 수 있다. 낙인이 찍힌 소수집단이나 차별을 받는 집단에 대한 공감을 불러일으키는 단기적인 조치를 통하여 특정한 집단에 대한 적대적인 태도나 반감을 극복하기란 그렇게 쉬운 일이 아니다(공감을 통한 편견감소모형에 관해서는 Bierhoff, 2008: 344-348 참조). 어떤 행사의 틀 속에서 소수집단의 대표자를 등장시키거나, 특정한 문화에 대한 지식을 전달하거나, 아니면 소수집단이 희생양으로 고통을 당한 장소를 방문하는 일은 물론 다양한 교육적 효과를 가질 수는 있지만, 보다 더 근본적인 수준에서 바라볼 때, 반유대주의자나 인종차별주의자로 하여금 그들의 신념을 바꾸도록 동기를 부여할 수 있을 것인가 하는 질문에 대해서는 여전히 회의적인 답변이 남아 있다.

적대적인 태도나 반감이 특히 사회변동의 과정에서 중요한 역할을 수행한다는 점을 고려할 때, 편견과 정체성 사이의 연관성은 다양성을 둘러싼 토론에 대해서 한층 더 중요한 의미를 지니고 있다. 그러한 적대적 태도나 반감은, 예를 들면, 근대화의 진전을 통해서 제기된 위협적인 상황이나 맥락에 대한 책임을 종종 특정한 집단에게 전가시키려고 하는 욕구와 필요를 반영하곤 한다. 반유대주의의 발생과정에 대한 연구에서 확인할 수 있는 바와 같이, 편견의 작용방식과 기능은, 완전히 다른 사회적·정치적 상태와 맥락에도 불구하고, 필요한 수정을 가한다면, 현대사회에서 관찰할 수 있는 외국인 혐오증이나 (인종)차별주의에도 역시 적용할 수 있다.

보다 더 일반적인 수준에서 살펴볼 때, 여기서 편견은 변화에 대한 적대감이나 두려움의 증후군을 함축하고 있다. 현대사회에서 사회변동을 위협적인 요인으로 간주하려는 보다 더 큰 세계관의 일부분으로서 외국인이나 다른 소수집단에 대한 부정적인 태도가 나름대로 기능을 수행할 수 있는 것이다. 이러한 현상을 가리켜 '전통주의 증후군'(Stolz, 2000: 20-21)이라고 부를 수 있다. 어쨌든 여기서 발생하는 갈등상태는 적어도 다음과 같은 일반화로 정식화할 수 있다. 한편으로 집단과 사회의 다원적·복합적 구성을 건설적으로 다루기 위한 필요, 즉 다양성관리의 필요성이 증가하고 있는 반면, 다른 한편으로 익숙한 무엇인가에 대한 향수, 자기 자신의 것으로 간주할 수 있는 맥락 속에서 느낄 수 있는 편안함에 대한 향수도 역시 늘어나고 있는 것이다(Benz and Widmann, 2007: 41-43; Nell, 2006: 281-283).

이상의 논의에서 살펴본 바와 같이, 편견은 한편으로 다양성에 대한 반응(반작용)으로서 관찰할 수 있고, 다른 한편으로 정체성(개인정체성과 집단정체성의 상호 밀접한 관계 포함)을 안정화시키는 기능을 수행한다는 점, 그리고 다양성과 정체성 사이에는 경우에 따라 긴장관계와 갈등이 발생할 수 있다는 점을 고려할 때, 여기서 문제가 되고 있는 개념 사이의 관계는, 다양성관리의 관점에서 바라볼 때, 다음과 같이 간단히 도식화하여 제시할 수 있다.

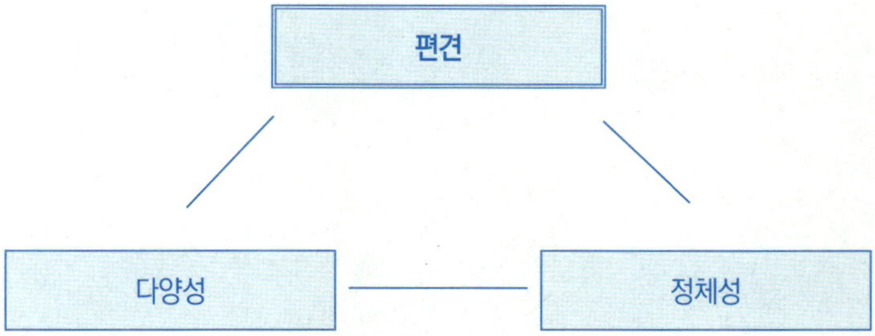

[그림 8-1] 편견·다양성·정체성 사이의 관계

Ⅲ. 편견의 개념과 특징

1. 편견과 관련된 개념과 연관성

[그림 8-2]에 소개된 모형은 사회심리학적 연구결과와 이론에 기초하고 있으며, 다양성관리에 대해서 편견과 관련된 개념이 지닌 의미를 서술하기 위한 기본적인 틀로서 간주할 수 있다. 이 도식에 따르면, 고정관념과 편견의 형성은 여러 가지 서로 다른 기제에 의해 영향을 받으며, 행동에 대한 고정관념과 편견의 영향은 강화·정당화시키는 요인(justification factors)과 억제하는 요인(suppression factors)에 의해 조절된다.

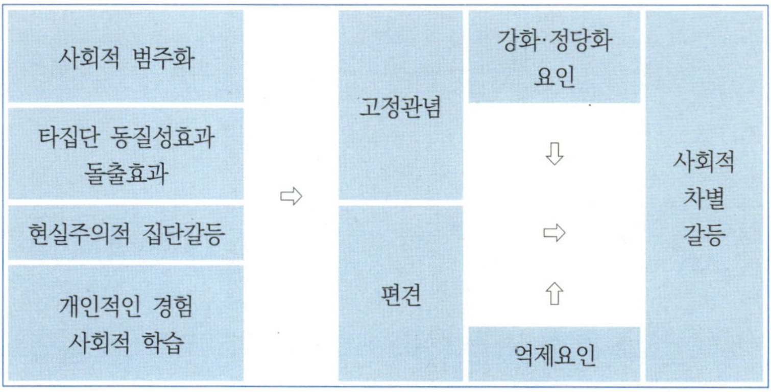

출처: Petersen and Dietz, 2006: 108 재구성

[그림 8-2] 편견과 관련된 개념과 연관성

현대심리학에서 고정관념은 어떤 사회집단의 구성원에 대한 일련의 신념이나 아니면 어떤 범주에 대한 일련의 특징을 연상하는 것으로 이해되고 있다. 고정관념은 긍정적인 내용과 부정적인 내용을 포함할 수 있지만, 타집단(즉, 자기가 속하지 않은 집단)과 관련된 고정관념은 대개 부정적인 성질을 갖고 있다. 편견은 어떤 집단의 모든 구성원 또는 대부분의 구성원에 대한 부정적인 태도이며, 그 집단의 구성원에 대한 고정관념과 견해에 기반을 두고 있다. 따라서 편견은 고정관념과 동의어는 아니다. 고정관념은 타집단의 구성원에 대한 모든 신념의 총체로 구성되어 있고 인지적인 구성요소를 더 많이 포함하고 있는 반면, 편견은 타집단 구성원에 대한 대개 부정적인 평가와 태도를 나타내며 정의적(情意的)인 구성요소를 더 많이 포함하고 있다.

사회적 차별의 개념은 구체적인 행동과 관련되며, 따라서 행동적인 구성요소를 더 많이 포함하고 있다. 사회적 차별은 특정한 집단이나 사회적 범주에 속한다는 이유만으로 어떤 개인이나 사람들을 우대하거나 아니면 거부한다는 것을 의미한다. 오늘날 점점 더 다문화적 특징을 띠고 있는 사회에서 고정관념과 편견, 그리고 사회적 차별은 과거에 해당하는 것이라고 생각할 수도 있지만, 여러 경험적인 연구결과에 따르면, 유감스럽게도 세계 여러 곳에서 고정관념과 편견이 여전히 사회적 행동에 영향을 미치고 있으며, 사회적 차별이 일상생활에서 널리 퍼져 있다(Petersen and Dietz, 2006: 108-109; Six, 2008: 172-173; Bambach and Kuhn-Fleuchaus, 2011: 49-53; Hansen and Sassenberg, 2008: 259; Nicklas, 2006: 109-110; Schulte, 2006: 369; 허영식, 2010: 95-97, 241-242).

2. 편견의 발생기제

고정관념과 편견을 발생시키는 핵심적인 기제는 사회적 범주화를 하고, 사람들을 자기집단에 속한 구성원과 타집단에 속한 구성원으로 구분하려는 일반적인 경향에 놓여 있다(Klauer, 2008: 28-29; Petersen, 2008: 223-224; Nicklas, 2006: 114-115). 이때 고정관념은 자기가 속한 집단에 대해서보다는 타집단에 대해서 더 빨리 더 뚜렷하게 생겨난다. 왜냐하면 타집단에 속한 구성원과의 접촉은 개인적인 대인관계에서보다는 집단적 맥락에서 더 빈번하게 이루어지기 때문이다. 타집단에 대한 고정관념은, 내용과 핵심적인 가정의 측면에서 바라볼 때, 자기가 속한 집단에 대한 고정관념에 비해 대개 더 부정적인 양상을 띤다. 타집단의 구성원은 핵심적인 특징과 관련하여 전체적으로 매우 유사한 것으로 간주된다(타집단 동질성

효과, effect of other group homogeneity). 이에 비해서 자기가 속한 집단의 구성원에게 있어서는 핵심적인 특성과 관련하여 변이의 정도가 더 강하다(자기집단 이질성효과, effect of own group heterogeneity).

고정관념은 또한 인지에 있어서 이른바 돌출효과(salience effect)에 의해 발생할 수 있다. 눈에 띄는 특징이 그렇지 않은 특징에 비해 고정관념을 형성할 수 있는 가능성이 더 많다. 예를 들면, 인종이나 성역할에 대한 고정관념이 눈에 별로 띄지 않는 다른 사회적 범주에 대한 고정관념보다 더 강하게 나타나고 더 널리 퍼지는 경향이 있다. 고정관념과 편견은 종종 집단 사이에서 발생하는 현실주의적인 갈등의 결과이기도 하다(Fritsche and Kessler, 2008: 218-219). 예를 들면, 희소자원을 둘러싸고 벌어지는 경쟁이 진행되면서 경쟁관계에 놓여 있는 타집단의 구성원에게 전체적으로 부정적인 속성을 부여할 수 있다. 여기에 더하여 고정관념과 편견은 개인적인 경험(관찰한 행동에서 집단특징의 도출)과 사회적 학습(학교·가정·대중매체를 통한 경험)을 통해서도 발생할 수 있다(Petersen and Dietz, 2006: 109).

3. 편견의 내용과 귀결

노동세계에서 다양화·다변화가 증가하면서 유감스럽게도 고정관념과 편견으로 인하여 피해자가 될 수 있는 집단의 수도 역시 늘어나고 있다. 예를 들면, 인종이나 민족 측면에서 소수집단에 속하는 사람들이 종종 고정관념과 편견의 피해자가 되고 있다. 노골적인 편견을 갖고 있는 사람들은 인종적·민족적 소수집단에 속하는 사람들을 열등한 근로자로 간주하고, 정주민의 일자리를 부당하게 빼앗아 간다고 간주하는 경향이 있다.

이와 같이 고정관념과 편견은 사람들이 타집단의 구성원을 어떻게 인지하고 판단·평가하는가에 대하여 여러 가지 방식으로 영향을 미친다. 정보의 수용·저장·기억에 있어서 고정관념과 일치하는 사태나 사항을 선호하는 경향이 있다. 애매모호하거나 양면가치를 띠고 있는 정보를 고정관념에 맞추어 해석하는 경향이 있으며, 일치하지 않는 정보가 나타날 경우, 종종 그 이유를 외부적 원인으로 돌리곤 한다. 타집단에 대하여 적절한 정보를 갖추고 있지 않을 경우, 고정관념에서 해당정보를 도출하거나 보완하기도 한다.

또한 사회적 상호작용에서 고정관념이 작용할 경우, 특정한 집단에 속한 구성원은 상호작용 상대방의 기대에 적응하려는 태도를 보일 수 있다. 타집단 구성원에 대한 고정관념에 따라 행동할 경우, 그 타집단 구성원은 상대방의 고정관념에 대하여 동조적인 반응을 보이고, 결국에는 원래의 고정관념을 확증하는 방식으로 행동을 할 수 있다. 이러한 현상은 이른바 '자기성취적 예언'의 보기로 간주할 수 있다(Greitemeyer, 2008: 80-84). 예를 들면, 직원채용에 있어서 인사관리를 담당한 자가 특정한 인종·민족에 속하는 지원자에 대하여 처음부터 부정적인 기대를 갖고, 이 후보자에게 별로 친절하지 않은 행동을 보일 경우, 다른 지원자와 비교해 볼 때 채용면접에서 그 당사자의 행동은 결국 더 부정적인 방식으로 나타날 가능성이 많다(Petersen and Dietz, 2006: 109-111; Benz and Widmann, 2007: 45-47).

Ⅳ. 편견에 대한 관리로서의 다양성관리

상기한 바와 같이, 고정관념과 편견은 사회적 차별의 과정을 유발할 수 있고, 근로집단의 상호작용과 소통, 그리고 결국에는 목표로 삼고 있는 결과에 대하여 부정적인 영향을 미칠 가능성이 적지 않다. 따라서 다양성관리자는 고정관념과 편견이 수반할 수 있는 이와 같은 부정적인 결과에 대하여 적절하게 대응할 수 있어야 한다. 상기한 [그림 8-2]에 비추어볼 때, 이 맥락에서 다음과 같이 적어도 세 가지 접근방안(편견의 감소, 억제요인의 활성화, 강화·정당화요인의 감소)을 모색할 수 있다.

1. 편견의 감소

다양성관리자는 고정관념과 편견을 고치는 일이 일반적으로 어렵다는 점을 의식하고 있어야 한다. 일단 고정관념이 형성되면, 동기부여의 과정과 인지적 과정이 그 고정관념을 유지하는 데 기여한다. 동기부여의 관점에서 특별히 언급해야 할 점은 고정관념과 편견이 긍정적인 자존감과 사회적 정체성을 획득하거나 유지하는 데 도움을 주고, 그렇기 때문에 사람들이 이러한 목적으로 형성된 고정관념을 문제시하지 않으려는 동기를 갖게 된다는 것이다.

인지적인 관점에서도 역시 예상할 수 있는 점은 사람들이 일단 확립된 고정관념을 물리치기보다는 오히려 고착화시키려는 경향을 보인다는 것이다. 다시 말하면, 자신의 기대와 불일치하는 정보와 비교해 볼 때, 기대와 일치하는 사항에 대해 더 많은 주의를 기울이고, 이것을 더 잘 저장하고, 또한 장기적으로 더 잘 기억하려는 성향이 있다. 게다가 고정관념으로 인하여 사람들은 자신의 가정(假定)에 부응하는 정보를 선택적으로 탐색하고 그 의미를 더 중요하게 평가하려고 한다. 이러한 현상을 가리켜 확증편견(confirmation bias)이라고 한다.

또한 타집단 구성원의 행동방식이 주어진 고정관념과 일치할 경우에는 당사자의 내부에서 원인을 찾으려는 반면, 일치하는 않을 경우에는 외부적 원인(주위여건)으로 그 이유를 설명하려는 경향이 있는데, 이러한 경향도 역시 고정관념과 편견을 유지하는 데 기여한다. 여기에 더하여 고정관념에 부응하지 않는 타집단 구성원과 접촉을 할 경우, 고정관념의 변경을 방해하는 과정으로서 이른바 '하위유형화(subtyping)'를 들 수 있다. 타집단 구성원이 고정관념에 부응하지 않는 행동을 보일 경우, 그것을 집단고정관념을 고치기 위한 계기로 삼는 대신에, 오히려 이제는 당사자 및 그와 유사한 사람들에 대하여 하위고정관념(substereotype)을 설정하는 것이다(Machunsky, 2008: 45-50; Petersen and Dietz, 2006: 114- 115).

상기한 바와 같이, 고정관념과 편견의 감소를 어렵게 만드는 일반적인 동기부여의 과정과 인지적 과정에 더하여, 다양성관리자가 또한 의식하고 있어야 하는 점은 고정관념과 편견을 갖고 있는 직원에 대하여 단지 조직의 맥락에서만 접근하고 어떤 영향을 미칠 수 있다는 것이다. 그런데 바로 여기서 고정관념과 편견을 감소시킬 수 있는 가능성을 위한 전제조건을 기대하기가 그렇게 쉽지 않다. 그러한 가능성은 긍정적인 집단간 접촉을 마련하는 일이다.

그러나 소위 '접촉가설(contact hypothesis)'에 대한 여러 사회심리학적 연구에 따르면, 집단간 접촉을 통하여 고정관념과 편견을 성공적으로 감소시키기 위해서는 일정한 전제조건이 충족되지 않으면 안 된다(Nicklas, 2006: 115-116; Stuermer, 2008: 288-289). 여기서 유의미한 전제조건은 소수집단에 속한 구성원이 적어도 다수집단의 구성원과 동등한 지위를 갖고 있거나 심지어 더 높은 지위를 갖고 있어야 한다. 그런데 바로 이 핵심적인 전제조건을 예를 들면 기업의 집단간 접촉에서 충족시킬 수 없다.

상기한 난점을 고려할 때, 고정관념과 편견에 대한 일반적인 감소를 추구하는 대신에, 오히려 한편으로 강화·정당화요인(justification factors)을 감소시키고 다른 한편으로 억제요인(suppression factors)을 활성화시킴으로써, 고정관념·편견과 그 부정적인 결과 사이의 연관성에 대하여 어떤 영향을 미치는 접근방안이 다양성관리자를 위해 더 유망하고 현실주의적인 것처럼 보인다(Petersen and Dietz, 2006: 115).

이 맥락에서 다양성관리와 밀접한 관련이 있는 개념으로서 간문화관리(intercultural management)에 주의를 기울일 필요가 있다. 간문화관리가 무엇이고 어떤 유용성이 있는가 하는 질문에 대해서 다음과 같이 간단히 답변할 수 있다. 간문화관리는 간문화적 행위가 필요한 상황 혹은 상태에서 긍정적인 결과를 추구하거나 도출하기 위한 관리의 한 분야이다. 다양성관리를 위해서는 간문화관리의 방법과 훈련을 포기할 수 없다. 다시 말하면, 간문화관리는 다양성관리의 과정과 프로젝트를 조직하고 진행하는 데 있어서 중요한 역할을 수행한다. 간문화관리는 간문화적 질문이나 문제에 대한 답변을 제공하고자 하며, 간문화능력(intercultural competence)의 함양·증진을 위한 훈련을 실시한다. 그리고 다양성관리를 도입하고 실행하는 데 있어서 중요한 도구이면서 동시에 다양성관리의 성공을 위한 요인으로서 작용한다(Sauberer, 2011: 439; Merkens, 2006: 229-231; 허영식·정창화, 2012: 104-105).

둘 또는 그 이상의 문화가 서로 소통을 하거나 협력을 해야 하는 경우에는 언제나 간문화적 행위가 필요한 상황이 발생한다. 이러한 상황은 다국적기업이나 중소기업에서도 발생할 수 있으며, 국제연합과 같은 국제기구에서도 발생할 수 있다. 간문화관리를 필요로 하는 계기의 보기로는 다음과 같은 것을 들 수 있다.

〈표 8-1〉 간문화관리가 요청되는 계기

국제화와 기업확장
국내외의 새로운 시장과 표적집단(target group)을 위한 신제품과 새로운 서비스의 개발
직원의 해외파견 준비
계속교육 혹은 연수에 대한 필요
인수합병과 전략적 협력
정보통신체제의 도입
내부적·외부적 소통이 수반하는 문제
변동관리와 다양성관리

출처: Sauberer, 2011: 440 재구성

간문화관리가 상기한 과제(간문화적 행위가 필요한 상황 혹은 상태에서 긍정적인 결과를 추구하거나 도출해야 한다는 것)를 해결하기 위한 방법에는 여러 가지가 있을 수 있으며 비판적인 접근방식을 필요로 한다. 본고에서 중점을 두고 있는 편견문제와 다양성관리의 맥락에서 바라볼 때, 특히 간문화훈련이 문화들 사이의 차이점과 공통점에 대한 분화된 의식을 마련해야 한다는 원래 의도와는 어긋나게, '간문화훈련의 역설'이라는 의미에서, 오히려 고정관념과 편견을 고착화시키지 않는가 하는 점에 유의해야 한다(Radtke, 2010: 145-146; Pauser, 2011: 245). 이와 같은 유의사항을 염두에 두면서 간문화관리 차원에서 이루어지는 간문화훈련의 질적 제고를 위해 고려해야 할 사항을 체크리스트 형태로 제시하면 다음과 같다.

〈표 8-2〉 간문화훈련을 위한 체크리스트

①	훈련을 실시하기 전에 구상과 선정된 훈련방법을 명료화한다.
②	훈련의 목표와 더불어 참여자·장소·수업언어에 대한 정보를 확정한다.
③	훈련의 구상·방법·내용·기간을 참여자를 고려하여 조정한다.
④	이론적인 투입이 참여자들에 의해 실제적인 상황(구체적인 문제와 그 해결)과 보기가 되는 사례에서 적용될 수 있도록 한다.
⑤	참여자의 수는 최대 15명 정도로 국한시킨다.
⑥	강사 혹은 진행자는 훈련분야에서 교육을 받고 전문성을 갖춘 사람으로 인정받아야 한다.
⑦	문화의 개념, 가치변동과 문화변동에 대하여 이미 도입부분에서 다룬다.
⑧	간문화상황·만남·접촉 따위에서 '해야 할 것과 하지 말아야 할 것(허가사항과 금지사항)'에 대하여 비평적인 검토를 한다.
⑨	교재와 참고자료는 출처와 보충설명, 강사(진행자)에 대한 정보를 포함하도록 한다.
⑩	설문지나 평가지를 통하여 참여자의 만족도를 조사한다.
⑪	내용과 방법을 기술한 수료증명서를 작성한다.
⑫	목표달성, 고객의 만족도, 진행방식 등에 대하여 환류·성찰할 수 있는 평가회를 갖는다.

출처: Sauberer, 2011: 441 재구성

2. 억제요인의 활성화

조직의 맥락에서 억제요인의 활성화는 다양성을 위한 기업풍토의 진흥을 통하여 도달할 수 있다. 이와 관련하여 다음과 같이 네 가지의 구체적인 조치를 지적할 만하다.

〈표 8-3〉 억제요인의 활성화를 통한 다양성관리 방안

①	편견을 가진 사람들에게 차별적인 행동방식의 부당함을 상기시키기 위하여 무엇이 편견을 안고 있는 행동이고 그렇지 않은 행동인가를 기술하는 명백한 기업규범·규칙의 도입
②	차별적인 행동을 정당화하는 데 기여할 수 있는 업무수행·실천의 종결
③	직원채용과 인적자원개발에서 차별이 발생할 수 있는 가능성을 줄이기 위하여 인사관리의 결정에 대한 명백한 기준의 도입
④	동등한 대우와 다양화·다변화의 가치를 지향한 기업문화의 착근

출처: Brief and Barsky, 2000: 91-129; Petersen and Dietz, 2006: 116 재구성

상기한 표에서 첫 번째 사항은 특히 잠재적 편견을 갖고 있는 사람들이 편견에서 벗어난 이미지를 유지하는 데 주의를 기울인다는 점에 기초하고 있다. 그들은 가능하면 차별을 정당화할 수 있을 경우에만 차별을 하려는 경향이 있다. 분명한 기업규범의 목표는 모든 차별적 행동의 부당함을 규정함으로써 잠재적 편견을 가진 사람들이 그들의 편견을 행동으로 옮기지 못하도록 하는 데 놓여 있다. 또한 기업규범은 타집단 구성원에 대한 차별을 금지해야 할 뿐만 아니라, 차별의 보다 더 미묘한 차별형태(보기: 자기가 속한 집단의 구성원 선호)도 역시 금지하도록 해야 한다.

두 번째와 세 번째 사항은 고정관념과 편견을 가진 사람들이 타집

단 구성원에 대한 부정적인 태도를 차별적인 행동으로 옮기도록 허용하는 맥락이나 상황이 가능하면 발생하지 않도록 하는 일과 관련된다. 두 번째 사항에서는 예를 들면 소수집단에 속하는 고객이 필요한 재정적 수단을 갖추고 있지 못하다는 이유만으로 그 고객을 아예 상대하지 않는 행동을 제거하는 일이 중요하다. 세 번째 사항은 인사결정을 위한 기준의 일반적인 명료성을 강조하고 있다. 예를 들면, 직원의 능력이 인사결정을 위한 선발기준이라는 점을 조직이 명확히 규정한다면, 관리자가 해당직원의 적절성에 대해서 자의적으로 주관적인 기준을 적용하지 못할 것이다.

네 번째 측면은 특히 첫 번째 측면을 보완하는 것으로서, 편견과 가치의 관계에 대한 연구결과에 기반을 두고 있다. 편견을 가진 사람은 동등한 대우에 관한 사회규범에 동조하는 방식으로 행동하려고 애를 쓸지 모르지만, 편견에서 벗어난 사람과 비교해 볼 때, 평등가치를 옹호하는 정도가 상당히 낮다. 따라서 기업이 표방하는 가치는 편견을 가진 사람이 아니라 편견에서 벗어난 사람이 편안한 마음으로 일할 수 있는 작업환경을 마련하는 데 적지 않은 기여를 할 수 있다(Petersen and Dietz, 2006: 115-117).

3. 강화·정당화요인의 감소

고정관념·편견과 부정적인 현상(보기: 직원선발과정에서의 사회적 차별) 사이의 연관성에 대한 강화·정당성요인의 작용방식을 고려할 때, 한편으로 직원의 편견성향과 다른 한편으로 조직맥락에서의 정당화 사이의 상호작용이 매우 중요하다는 점이 명백하다. 여기서 특히 '프로필적응원칙(profile adjustment principle)'의 의미와 중요성을 강조할 필요가 있다. 이 원칙은 예를 들면 다음과 같은 발언의 형태로 표현된다. "우리는 주로 우리나라 사람들을 고객으로 갖고 있기 때문에 우리나라 직원을 채용해야 한다." "외국인을 채용하면 기업에서 갈등을 유발하기 때문에 외국인을 채용해서는 안 된다." "근로집단의 동질성이 과거에 기업의 성공에 기여했기 때문에, 우리의 근로집단은 주로 우리나라 사람들로 구성되어 있다."(Petersen and Dietz, 2006: 112; Petersen and Dietz, 2008: 313).

그러나 프로필적응원칙 이외에 조직맥락에서 편견을 가진 상호작용에서 발생하는 다른 상황과 특징도 역시 문제점으로 지적할 수 있다. 그러한 상황과 특징에는 다음과 같은 사항이 포함된다.

〈표 8-4〉 강화·정당화요인과 관련된 상황과 특징

①	이데올로기적 모호성. 이때 차별을 정당화하기 위하여 편견과 별 관련이 없는 가치나 주장을 이용할 수 있다. 보기: "외국인의 가치관이 우리 기업의 그것과 일치하지 않기 때문에 나는 그를 채용하지 않는다."
②	상황과 관련된 모호성. 이때 차별적인 행동에 대해서 차별과 별 관련이 없는 근거를 댄다. 보기: "나는 외국인 직원을 이 연수과정을 위해 추천하지 않을 것이다. 나의 동료들도 역시 외국인 직원을 추천하지 않았다."
③	차별을 요구하는 상황. 보기: 인사평가에서 거칠고 신랄한 비판
④	차별적 행동에 대한 평가기준으로서 기능을 수행할 수 있는 규범이 존재하지 않는 상황. 보기: 인사결정에 대한 애매하고 불확정한 기준
⑤	타집단에의 소속이 특별히 두드러지지 않은 상황

출처: Petersen and Dietz, 2006: 117-118 재구성

강화·정당화요인의 감소는 상기한 상황과 특징에 대하여 분명한 지침을 제시한 기업지침(corporate code)을 통해서 비로소 성취할 수 있다. 그러한 종류의 지침은 그동안 여러 대기업에서 표준으로

자리를 잡아가고 있다. 하지만 기업지침을 정식화하고 이것을 기업의 홈페이지에 탑재한다고 해서 충분한 것은 아니다. 오히려 더 중요한 점은 기업지침의 내용이 직원들에게도 잘 알려지고, 조직문화 속에 착근되어야 한다.

사실상 조직문화 속에 여전히 착근되어 있지 못한 경우가 적지 않기 때문에, 다양성관리자는 그의 관심사가 기업지침의 해당부분에 명시적으로 분명하게 정식화되도록 하는 데 주의를 기울일 뿐만 아니라, 더 나아가서 직원들이 이 지침내용을 그들의 행동으로 옮길 수 있도록 하는 데에도 역시 유의해야 한다. 이 맥락에서 어떤 사람이 주어진 규칙을 위반할 경우, 예를 들면 벌금을 부과한다거나 위반한 행동에 대한 교정을 촉구함으로써 제재조치를 가하고, 극단적인 경우에는 근로계약을 파기할 수 있도록 조치하는 일도 역시 중요하다(Petersen and Dietz, 2006: 117-118; Petersen and Dietz, 2008: 315-316).

상기한 기술에서 확인할 수 있는 바와 같이, 고정관념과 편견이 다양성관리를 위해 상당히 중요한 의미를 갖고 있음에도 불구하고, 이제까지 이에 대한 연구는 별로 없는 편이다. 그래서 이 글에서는 기존의 연구를 사회심리학의 연구에 기반을 둔 모형에 통합시키고, 여기에 기초하여 고정관념과 편견이 다양성관리에 대해 지닌 함의를 도출하려는 시도를 수행하였다. 여기서 다시 지적해야 할 점은 기업과 같은 조직에서 고정관념과 편견에 대한 다양성관리는 적지 않은 도전을 안고 있다는 점이다.

고정관념과 편견은 상당한 수준의 감수성을 갖고 비로소 다루어야 할 까다로운 주제이다. 비록 기업의 경영진이 고정관념과 편견에 대한 관리를 뒷받침해 주고, 그에 부응하는 수단을 마련해 준다고 할지라도, 다양성관리자가 개입을 할 경우 특정한 집단(보기: 외국인·여성·노인)에 지향을 둘 것인지, 아니면 일반적으로 타집단 구성원에 지향을 둘 것인지 결정하지 않으면 안 된다.

특정한 관리는 다양성관리자가 모든 집단을 적절하게 고려하지 못할 위험성을 안고 있다. 다른 한편으로 특정한 관리는 일정한 타집단에게 해당하는 고정관념(보기: 연령이 많은 직원은 산업재해를 더 많이 초래한다.)에 주의를 기울이고 사실적 근거를 대면서 그 고정관념에 대해 반박할 수 있는 가능성을 더 많이 제공해 준다. 이에 반해서 일반적 관리는 조직에서 작용하는 타집단 모두를 고려하지 못하는 위험성을 안고 있지 않다. 그 대신 다른 한편으로 특정한 고정관념과 편견에 대해 충분히 주의를 기울이지 못할 가능성이 더 많다.

물론 모든 다양성관리자가 기업의 특수한 상황을 염두에 두어야 하지만, 그럼에도 불구하고 일반적인 수준에서 다양성관리자에게 권장하고자 하는 대안은 여러 가지 서로 다른 타집단과 관련하여 고정관념과 편견에 대해 일반적인 접근방식으로 취급하는 것이 더 바람직하다는 것이다. 하지만 기업지침을 정식화할 때 일정한 집단에 대한 특정한 고정관념과 편견을 보완적으로 예시적 차원에서 언급할 수는 있을 것이다(Petersen and Dietz, 2006: 118-119; Petersen and Dietz, 2008: 316-317).

V. 결론

이 글은 다문화사회에서 편견의 문제와 이 문제에 적절하게 대처하기 위한 다양성관리의 접근방안을 살펴보는 데 목적을 두었다. 이러한 목적에 다가가기 위하여 편견연구와 다양성관리, 편견의 개념과 특징, 그리고 편견에 대한 관리로서의 다양성관리에 관하여 기술하였다. 이상의 논의를 바탕으로 할 때, 본고에서 강조하고자 하는 주요사항은 다음과 같이 정리할 수 있다.

첫째, 인문사회과학의 간학문적 접근방안으로서 편견에 대한 연구는 사회적 다양성을 적절하게 다루기 위한 기초연구의 한 영역으로 간주할 수 있다. 편견은 대개 다양성에 대한 반응으로서 관찰할 수 있으며, 따라서 다양성에 지향을 둔 연구와 다양성관리가 다루어야 할 도전과 과제로 남아 있다. 이 맥락에서 편견연구의 문제제기·범주(기본개념)·이론·연구결과는 다양성관리에서 적절한 목표와 수단을 탐색하는 데 있어서 일련의 인식도구와 통찰을 제공해 줄 수 있다.

둘째, 편견은 개인적·집단적 정체성을 위해 중요한 기능을 수행하고 있기 때문에, 편견을 교정하기란 그렇게 쉬운 일이 아니다. 다양성을 다루기 위한 전략, 즉 다양성관리를 위해서 여기서 중요한 결론을 도출할 수 있다. 낙인이 찍힌 소수집단이나 차별을 받는 집단에 대한 공감을 불러일으키는 단기적인 조치를 통하여 특정한 집단에 대한 적대적인 태도나 반감을 극복하는 것은 상당히 어려운 일이다.

셋째, 사회심리학적 연구결과와 이론에 기초하여 편견 및 이와 관련된 개념과 그 연관성에 대해 유의할 필요가 있다. 고정관념과 편견을 발생시키는 기제와 관련해서는, 사회적 범주화, 타집단 동질성 효과와 돌출효과, 현실주의적 집단갈등, 그리고 개인적인 경험과 사회적 학습을 고려할 수 있으며, 고정관념과 편견의 영향과 부정적인 귀결(사회적 차별과 갈등)은 강화·정당화시키는 요인과 억제하는 요인에 의해 조절된다.

넷째, 고정관념과 편견은 사회적 차별의 과정을 유발할 수 있고, 근로집단의 상호작용과 소통, 그리고 목표로 삼고 있는 결과에 대하여 부정적인 영향을 미칠 가능성이 적지 않다. 따라서 다양성관리는 고정관념과 편견이 수반할 수 있는 부정적인 결과에 대하여 적절하게 대응할 수 있어야 한다. 이 맥락에서 적어도 세 가지 접근방안, 즉 편견의 감소, 억제요인의 활성화, 강화·정당화요인의 감소를 고려할 수 있다.

다섯째, 고정관념과 편견이 다양성관리를 위해 상당히 중요한 의미를 갖고 있음에도 불구하고, 이제까지 이에 대한 연구는 별로 없는 편이다. 하지만 기업과 같은 조직에서 고정관념과 편견에 대한 다양성관리는 적지 않은 도전과 과제를 안고 있다. 다양성관리자는 물론 조직의 특수한 상황을 염두에 두어야 하지만, 여러 가지 서로 다른 타집단과 관련하여 고정관념과 편견에 대해 보다 더 일반적인 접근방식으로 취급하는 것이 더 바람직하다.

참고문헌

허영식. 『다문화사회와 간문화성』. 서울: 강현출판사, 2010.

허영식·정창화. 『간문화주의를 통한 사회통합과 국가정체성 확립』. 파주: 한국학술정보(주), 2012.

Bambach, M. and Kuhn-Fleuchaus, C. *Diversity Management. Unsichtbare Potenziale foerdern.* Stuttgart: Steinbeis-Edition, 2011.

Benz, W. and Widmann, P. "Langlebige Feindschaften - Vom Nutzen der Vorurteilsforschung fuer den Umgang mit sozialer Vielfalt". Krell, G. et al. (eds.). *Diversity Studies. Grundlagen und disziplinaere Ansaetze.* Frankfurt/M.: Campus, 2007, pp. 35-48.

Bierhoff, H.-W. "Solidaritaet gegenueber Fremdgruppenmitgliedern". Petersen, L.-E. and Six, B. (eds.). *Stereotype, Vorurteile und soziale Diskriminierung. Theorien, Befunde und Interventionen.* Weinheim: Beltz, 2008, pp. 341-349.

Brief, A. and Barsky, A. "Establishing a climate for diversity: The inhibition of prejudiced reactions in the workplace". Ferris, G. (ed.). *Research in personnel and human resources management.* Amsterdam: JAI, 2000, pp. 91-129.

Doege, P. *Von der Antidiskriminierung zum Diversity-Management.* Goettingen: Vandenhoeck & Ruprecht, 2008.

Fritsche, I. and Kessler, T. "Die Theorie des realistischen Gruppenkonflikts". Petersen, L.-E. and Six, B. (eds.). *Stereotype, Vorurteile und soziale Diskriminierung. Theorien, Befunde und Interventionen.* Weinheim: Beltz, 2008, pp. 214-222.

Greitemeyer, T. "Sich selbst erfuellende Prophezeiungen". Petersen, L.-E. and Six, B. (eds.). *Stereotype, Vorurteile und soziale Diskriminierung. Theorien, Befunde und Interventionen.* Weinheim: Beltz, 2008, pp. 80-87.

Hansen, N. and Sassenberg, K. "Reaktionen auf soziale Diskriminierung". Petersen, L.-E. and Six, B. (eds.). *Stereotype, Vorurteile und soziale Diskriminierung. Theorien, Befunde und Interventionen.* Weinheim: Beltz, 2008, pp. 259-267.

Klauer, K. "Soziale Kategorisierung und Stereotypisierung". Petersen, L.-E. and Six, B. (eds.). *Stereotype, Vorurteile und soziale Diskriminierung. Theorien, Befunde und Interventionen.* Weinheim: Beltz, 2008, pp. 23-32.

Krell, G. and Sieben, B. "Diversity Management und Personalforschung". Krell, G. et al. (eds.). *Diversity Studies. Grundlagen und disziplinaere Ansaetze.* Frankfurt/M.: Campus, 2007, pp. 235-254.

Machunsky, M. "Substereotypisierung". Petersen, L.-E. and Six, B. (eds.). *Stereotype, Vorurteile und soziale Diskriminierung. Theorien, Befunde und Interventionen.* Weinheim: Beltz, 2008, pp. 45-52.

Merkens, H. "Interkulturelles Management - Die Herausforderung des 21. Jahrhunderts". Nicklas, H. et al. (eds.). *Interkulturell denken und handeln. Theoretische Grundlagen und gesellschaftliche Praxis.* Frankfurt/M.: Campus, 2006, pp. 229-239.

Nell, W. "Diversity Management vor migrationsgesellschaftlichem Hintergrund". Becker, M. and Seidel, A. (eds.). *Diversity Management. Unternehmens- und Personalpolitik der Vielfalt.* Stuttgart: Schaeffer-Poeschel, 2006, pp. 277-294.

Nicklas, H. "Klammern kollektiver Identitaet - Zur Funktion von Vorurteilen". Nicklas, H. et al. (eds.). *Interkulturell denken und handeln. Theoretische Grundlagen und gesellsch-*

aftliche Praxis. Frankfurt/M.: Campus, 2006, pp. 109-116.

Pauser, N. "Weiter! Bildung! Diversity Trainings". Pauser, N. and Wondrak, M. (eds.). *Praxisbuch Diversity Management.* Wien: facultas, 2011, pp. 243-254.

Petersen, L.-E. "Die Theorie der sozialen Identitaet". Petersen, L.-E. and Six, B. (eds.). *Stereotype, Vorurteile und soziale Diskriminierung.* Theorien, Befunde und Interventionen. Weinheim: Beltz, 2008, pp. 223-230.

Petersen, L.-E. and Dietz, J. "Die Bedeutung von Stereotypen und Vorurteilen fuer das Diversity Management". Becker, M. and Seidel, A. (eds.). *Diversity Management. Unternehmens- und Personalpolitik der Vielfalt.* Stuttgart: Schaeffer-Poeschel, 2006, pp. 105-122.

Petersen, L.-E. and Dietz, J. "Diversity Management". Petersen, L.-E. and Six, B. (eds.). *Stereotype, Vorurteile und soziale Diskriminierung. Theorien, Befunde und Interventionen.* Weinheim: Beltz, 2008, pp. 311-319.

Petersen, L.-E. and Six, B. "Vorwort". Petersen, L.-E. and Six, B. (eds.). Stereotype, *Vorurteile und soziale Diskriminierung. Theorien, Befunde und Interventionen.* Weinheim: Beltz, 2008, pp. 17-18.

Radtke, F.-O. "Paradoxien Interkultureller Paedagogik. Oder: Wie sieht's aus Eurer Identitaet?". Hirsch, A. and Kurt R. (eds.). *Interkultur - Jugendkultur. Bildung neu verstehen.* Wiesbaden: VS, 2010, pp. 145-174.

Sauberer, G. "Interkulturelles Management". Pauser, N. and Wondrak, M. (eds.). *Praxisbuch Diversity Management.* Wien: facultas, 2011, pp. 437-448.

Schulte, A. "Diskriminierung als soziales Problem und politische Herausforderung". Nicklas, H. et al. (eds.). *Interkulturell denken und handeln. Theoretische Grundlagen und gesellschaftliche Praxis.* Frankfurt/M.: Campus, 2006, pp. 369-380.

Six, B. "Soziale Dominanz und Diskriminierung". Petersen, L.-E. and Six, B. (eds.). *Stereotype, Vorurteile und soziale Diskriminierung. Theorien, Befunde und Interventionen.* Weinheim: Beltz, 2008, pp. 172-183.

Stolz, J. *Soziologie der Fremdenfeindlichkeit. Theoretische und empirische Analysen.* Frankfurt/M., 2000.

Stuermer, S. "Die Kontakthypothese". Petersen, L.-E. and Six, B. (eds.). *Stereotype, Vorurteile und soziale Diskriminierung. Theorien, Befunde und Interventionen.* Weinheim: Beltz, 2008, pp. 283-291.

Vedder, G. "Die historische Entwicklung von Diversity Management in den USA und in Deutschland". Krell, G. and Waechter, H. (eds.). *Diversity Management. Impulse aus der Personalforschung.* Muenchen: Rainer Hampp, 2006, pp. 1-23.

〈Abstract〉

Problem of Prejudice in Multicultural Society and Diversity Management

The purpose of this paper is to share the results of a study that focused on the problem of prejudice and the task of diversity management in modern multicultural society. In this context this article deals with the following themes: research on prejudice and diversity management, connection between prejudice and identity, concept and characteristics of prejudice, and diversity management as management of prejudice. The bottom line of this paper can be formulated as follows. First, prejudice can be regarded as sort of reaction to diversity, and so remains as challenge and task which the research oriented to diversity or diversity management has to deal with. Second, as prejudice plays an important role in relation to both personal and collective identity, it seems to be not so easy to correct it appropriately from the perspective of diversity management. Third, social categorization, effect of other group homogeneity and effect of salience, realistic group conflict, and personal experience and social learning can be considered as mechanisms for prejudice, and the negative consequences of prejudice such as discrimination and conflict are influenced by justification factors on the one hand and by suppression factors on the other. Fourth, diversity management must try to treat the negative consequences of prejudice properly. In this context, there are alternatives like reduction of prejudice, activation of suppression factors, and reduction of justification factors. Lastly, there are few relevant research results, notwithstanding the important meaning that the phenomena of prejudice imply for diversity management. Therefore it is necessary to pay more attention to the tasks related to policy and practice of diversity management oriented to the problem of prejudice in organization such as company.

[Key words] prejudice, identity, diversity management, justification factor, suppression factor

색 인

인명 색인

내용 색인

ㄱ

ㅎ

【저자소개】

허영식(Young-Sik Huh)

• 서울대학교 독어교육과 및 동 대학원 사회교육과 졸업
• 독일 프랑크푸르트(Frankfurt)대학교 사회과학부 철학박사(Dr. phil.)
(사회과학교육학 전공)
• 현) 청주교육대학교 사회교육과 교수

[저 서] 『간문화성과 한국의 정체성』 외 다수

E-mail: huhyousi@cje.ac.kr

정창화(Chang-Hwa Jung)

• 한국외국어대학교 독일어과 졸업
• 독일 슈파이어(Speyer)국립행정대학교 행정학 석·박사(Dr. rer. publ.)
• 한국행정연구원 수석연구원
• 현) 단국대학교 행정학과 교수

[저 서] 『간문화성과 한국의 정체성』 외 다수

E-mail: speyerjung@dankook.ac.kr

최치원(Chi-Won Choi)

• 고려대학교 정치외교학과 및 동 대학원 졸업
• 독일 브레멘(Bremen)대학교 사회과학부 철학박사(Dr. phil.)
(정치사상·철학 전공)
• 현) 고려대학교 평화와 민주주의연구소 연구교수

[저 서] 『정치철학의 의미에 대한 하나의 탐구』 외 다수

E-mail: cwchoi@korea.ac.kr

김진희(Jin-Hee Kim)

- 이화여자대학교 사회과교육과 졸업
- 서울대학교 교육학과 석사 졸업
- 서울대학교 교육학과 박사 수료
- 영국 써리대학교(University of Surrey) 국제정치학부 철학박사(Dr. phil.) (평생교육학 및 국제비교교육 전공)
- 현) 한국교육개발원 글로벌교육연구본부 연구위원
- 현) 한양대학교 다문화교육학과 겸임교수

[저 서] 『Transnational Migration and Lifelong Learning』 외 다수

E-mail: drkjh@kedi.re.kr

게오르크 바이세노(Georg Weißeno)

- Dr. habil. Universität Wuppertal (부퍼탈대학교 교수자격취득 박사)
- 현) Professor für Politikwissenschaft und ihre Didaktik an der PH Karlsruhe (칼스루에대학교 정치학과 교수)

[저 서] 『Bürgerrolle heute. Migrationshintergrund und politisches Lernen (오늘날 시민의 역할. 이주배경과 정치학습)』 외 다수

E-mail: weisseno@ph-karlsruhe.de

한국의 정체성 재정립과 사회통합을 위한

간문화주의와 다양성관리

초판인쇄 2014년 4월 20일
초판발행 2014년 4월 30일

지은이 허영식 외
펴낸이 안상준

표지디자인 최은정
제 작 우인도·고철민

펴낸곳 (주)박영story
서울특별시 금천구 가산디지털2로 53
등록 2014. 2. 12. 제2014-000009호(倫)
전 화 02)733-6771
f a x 02)736-4818
e-mail pys@pybook.co.kr
homepage www.pybook.co.kr
ISBN 979-11-85754-03-1 (93370)

정 가 20,000원